終わらない
被災の
時間

原発事故が福島県中通りの親子に与える影響《ストレス》

成　元哲 編著
牛島佳代
松谷　満
阪口祐介

石風社

装画　黒田征太郎

終わらない被災の時間

原発事故が福島県中通りの親子に与える影響《ストレス》

◉目次

第3章　情報不安・不確実性

第4章　生活拠点〈避難、保養、除染〉

第5章　原発事故の人間関係への影響

第2部　原発事故後の親子の生活と健康の社会的規定要因

福島県中通り九市町村・調査対象地域の地図

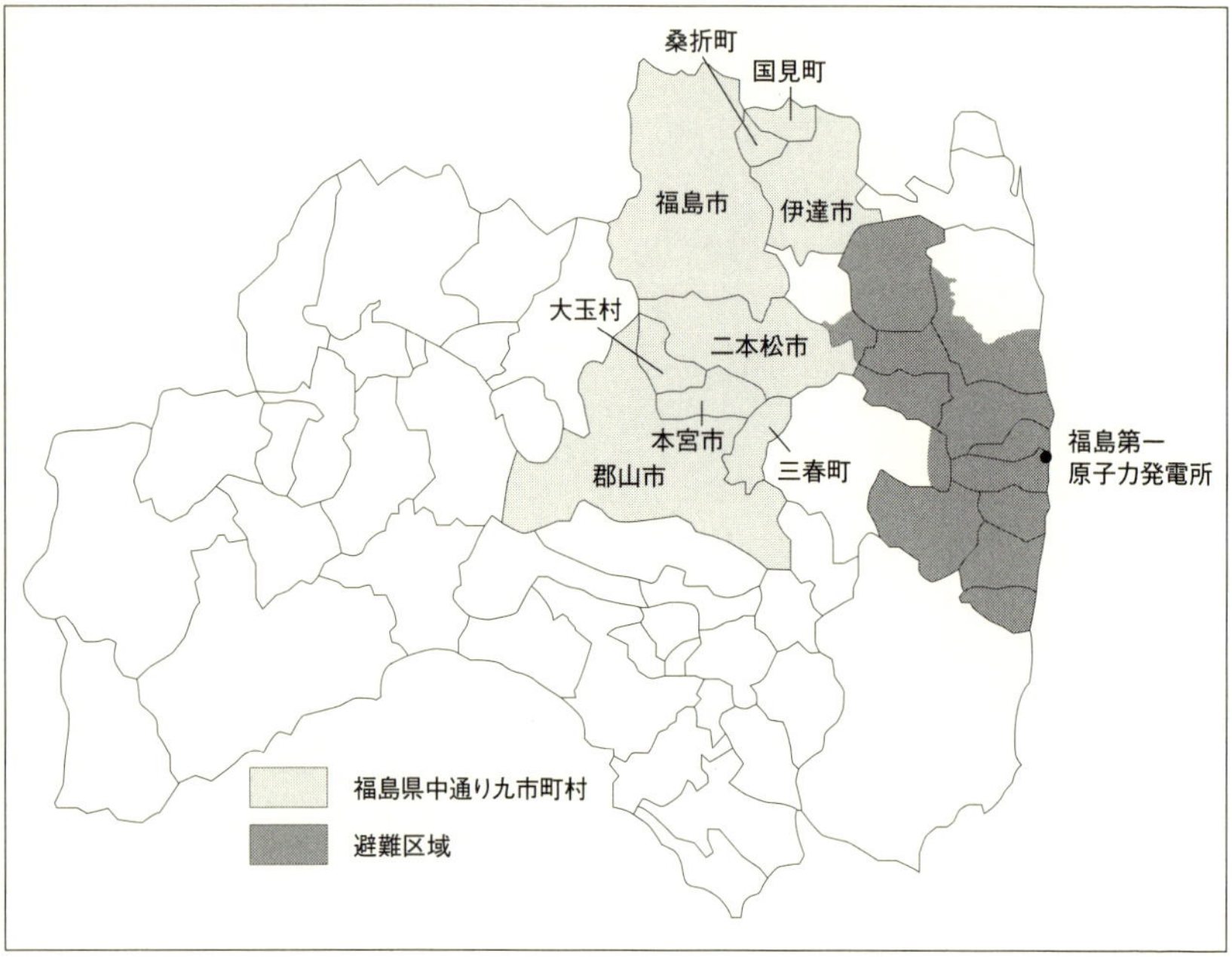

序章　福島原発事故の影響を記録することの意味

「時間の経過と共に、原発事故が過去の事になりつつある日々が続いています。いつもと変わらぬ生活の中で放射能を気にしない自分がいます。しかし、子供を見ていると「このままで良いのか？　何をすれば良いのか？　子供の将来はどうなるの？　放射能のせいで結婚出来ない？　親として責任を持てるの？」と自問自答の繰り返しです。考えると混乱してしまうのでなるべく考えないように、避けてしまいます。医師でも健康に害ある、ないと意見が分かれていると思います。本当はどーなのか？　誰にも分からないのだろうけど、はっきり示してほしいと思う毎日です。」

これは、福島原発事故からおよそ二年後、原発から約六〇キロメートル離れた郡山市に住む子育て中の母親から投げかけられた〈問い〉である。私たちはこれにどう答えることができるだろうか。本書は、避難区域に隣接する福島県中通り九市町村の二〇〇八年度出生児全員（調査時点では三～四歳）とその母親（保護者）を対象としたアンケート調査の記録である。

放射能は目に見えない。よほど強烈でただちに症状が出るレベルでない限り、人は放射能に曝《さら》されてもその自覚がない。また、低線量被ばくの場合、実際に症状が出るだけが「被害」ではなく、長期にわたる不安感が生活と心身の健康に与えるダメージは計り知れないものがある。とりわけ、避難区域外の福島県中通り地域は、「ただちに健康に影響はない」とされ、放射能リスクへの対処が個人の判断に委ねられてきた。その結果、「子どもを外で遊ばせる／遊ばせない」、「地元産食材を食する／食しない」、「避難する／避難しない」などをめぐって、同一地域内でも夫婦、家族、地域社会において亀裂《きれつ》が生じている。

その事故から四年。子どもの将来は大丈夫なのかという不安、放射能への対処をめぐる夫婦、家族、周囲の人との認識のずれ、食費や除染費用など原発事故への対処により生じた経済的負担感、補償をめぐる不公平感などは今も深刻であり、それが子ども、家族、地域社会に影を落としている。こうした生活障害に対する補償や支援策がないまま、原発事故が風化し始めていることに母親自身、不安と焦燥を感じている。その意味で、今なお「終わらない被災の時間」が続いている。

原発事故がもたらす影響に特に弱い集団の一つが子どもである。子どもは放射能への感受性が高く、長期的な被ばくの可能性があり、将来、差別への不安がある点で、原発事故と放射能に脆弱な集団である。したがって、原発事故が親子の不安・ストレス、放射能への対処行動などの生活全般をどのように変容させ、それが親子の心身の健康にいかなる影響をもたらすのかを、長期的な追跡調査により明らかにする必要があると考えた。そのような思いから、私たち「福島子ども健康プロジェクト」は調査を企画・実施した。本書はその第一回調査(二〇一三年一~五月実施)をもとに、原発事故が福島県中通りの親子の生活と健康に与えた影響を明らかにするものである。

本書では、次の三つの視点に着目する。

第一に、現段階で「顕在化したダメージ」だけでなく、「顕在化していないリスク」が子どもの現在の日常生活を制約し、子どもの行動・発達とその親の健康に多大な影響を及ぼしうることである。つまり、既に生じた被害だけでなく、将来生じるかもしれない被害の予期が現在の親子の活動を制約し、それが心身の健康に影響を及ぼしうるという視点である

第二に、単に病気がない状態ではなく、親子の生活全般に関わる良好な状態、すなわち、ウェルビーイング(well-being)を保障するという視点である。ただちに健康に影響がない状態であっても、日常生活における活動制限が生じている場合、生活の質が低下する。これがストレス、不安障害、生活習慣の変化を伴い、それが心身の健康に影響をもたらす。そのため、生活全般に関わるウェルビーイングを保障するという視点が必要とされる。

第三に、社会環境という視点が重要である。親子を取り巻く家族と地域社会の環境が、親子のウェルビーイングに影響を与える。例えば、家族の安定性、家庭の社会経済状況、地域社会の文

化や構造、ソーシャルサポートなどである。

以上の視点を踏まえて、第1部では、原発事故が親子の生活と健康に与える影響を明らかにし、第2部では、原発事故によって引き起こされた放射能不安とリスク対処行動を規定する社会的要因を明らかにする。これにより、子どもとその家族、地域社会にどのような支援体制を構築すれば、放射能不安やリスク対処行動をめぐる葛藤《かっとう》や軋轢《あつれき》を緩和し、地域全体の親子のウェルビーイングを向上させる生活環境が実現できるのかを探る。

次に、本書の構成と各章の主題について簡単に紹介しておこう。

第1部は、アンケート調査の単純集計と自由回答の分析に基づき、原発事故が親子の生活と健康にどのような影響をもたらしているのかを明らかにする。

第1章「原発事故後の親子の生活変化と健康影響」では、「福島子ども健康プロジェクト」の調査研究の目的、対象地域の特徴、調査研究の視点、自由回答と調査結果の概要について紹介する。

第2章「放射能不安と子どもの生活変化」では、原発事故後、母親が抱く子どもの将来の健康不安と差別不安について考察し、原発事故が親子の食生活、外遊びなどの日常生活にどのような影響を生じさせているのかを検証する。

第3章「情報不安・不確実性」では、放射能に関してどの情報が正しいのかわからないという状態がどのような対処行動を生み出しているのかを母親の自由回答から解き明かす。そして、「放射能慣れ」、「心理的閉め出し」が原発事故・放射能に関する「関心の低下」を生み出し、その「関心の低下」がどのような帰結をもたらしているのかを明らかにする。

第4章「生活拠点〈避難、保養、除染〉」では、原発事故により生活拠点に降り注いだ放射能がもたらす影響を避難、保養、除染に焦点を当て解明する。特に、避難行動を促した情報源、避難の障害要因、避難が困難な場合にとりうる選択肢として、放射線量が低い地域にリフレッシュに出かける保養と放射能を取り除く除染があり、それぞれについて考察を進める。

第5章「原発事故の人間関係への影響」では、夫婦・親族、近所・知人、県外の人との間の放射能をめぐる考え方の違いと補償をめぐる不公平感に焦点を当て、原発事故がもたらす人間関係への影響を検証する。

第6章「経済的負担と放射能不安」では、放射能被ばくを避けるために食生活と外遊びの制限を中心に対処行動がとられているが、原発事故前は予想しなかった出費の増加を招いていることを明らかにする。こうした経済的負担が家計状況に追い打ちをかけ、放射能不安を増幅する結果となっている様子が浮かび上がってくる。

第7章「補償・救済」では、原発事故により環境に放出された放射能でさまざまな生活問題が発生し、これに対して補償・救済を求める声が根強いことを確認する。しかし、福島県中通り地域では補償が打ち切られ、これに対する不満がある。また、原発事故の補償をめぐる不公平感が強く、事故後の行政・東京電力の取り組みに対する不信・不満もくすぶっている現状を明らかにする。

第8章「母親の健康」では、原発事故がもたらす生活環境の変化が母親の健康にどのような影響を及ぼしているのかについて検討する。特に、原発事故が母親の心に与えるダメージを精神的健康と出産不安に焦点を当て考察する。

第2部「原発事故後の親子の生活と健康の社会的規定要因」は、原発事故後の放射能不安とリスク対処行動を規定する社会的要因を統計解析に基づいて明らかにする。

第1章「原発事故後の生活変化と母親の精神的健康」では、原発事故後の母親の精神的健康が時間とともにどう変化しているのかを示すとともに、それが生活変化のうちどのような要因によってもたらされているのかを明らかにする。

第2章「家族の不安定性と子どもの問題行動」では、原発事故によって生じた家族関係の変容を「家族不安定性」として捉え、それが子どもの健康・発達とどう関連しているのかを明らかにする。

第3章「原発事故による被害の社会経済的格差」では、社会経済的格差が原発事故後の親子のリスク対処行動や母親の健康不安にいかなる影響を及ぼしているのかを分析する。

第4章「地域の放射能汚染と生活変化」では、調査対象地区内での放射線量の差が、そこで暮らす人々のリスク対処行動、放射能への健康不安、経済的負担感、補償をめぐる不公平感、地域への誇りなどにどのような影響を与えているのかを解明する。

第5章「避難する／しないをめぐって」では、放射能汚染のリスク対処行動の代表例ともいえる避難行動がどのような要因によって規定されているのか、また、避難願望が時間とともにどう変化しているのかについて確認する。

第6章「母親のサポート・ネットワークとストレス」では、原発事故後、全国平均に比べて高い傾向にある母親のストレスを緩和する要因としてサポート・ネットワークを取り上げ、どのような種類のサポート・ネットワークがストレスを緩和するのか、またそのサポート・ネットワークを持っているのはどのような社会層なのかを統計的に抽出する。

第7章「国、東電、自治体はどう見られているのか：原発事故対応の評価」では、調査対象者が、国、東電、自治体の原発事故対応についてきわめて厳しい評価をしていることを紹介する。その上で、その評価の地域差、行政に対する不信感の持続が地域にもたらす帰結などを解明する。

終章「終わらない被災の時間」では、これまでの調査結果を踏まえて、現段階での暫定的な結論を述べる。

私たち「福島子ども健康プロジェクト」は、原発事故が親子の生活と健康にもたらす影響とその経過を子どもの成長とともに、長期的に記録し、支援策を提案することを目指している。そのために、二〇一四年一月には、二〇一三年調査の回答者二六二八人の子どもとその母親（保護者）を対象に第二回調査を実施し、二〇一五年二月現在、二〇一四年一月調査の回答者一六〇四人の子どもとその母親（保護者）を対象に、第三回調査を実施している。

この調査を通じて、私たちは、親子の生活と健康、またその気持ちや考えの変化を記録し、定期的に調査結果を返す作業を続けている。こうした作業を通じて、私たちは冒頭の母親の〈問い〉

に答えることができるだろうか。おそらく、すべての人に共通する〈正解〉は見つからないだろう。しかしながら、福島県中通り地域の同じ年齢の子どもを持つ母親たちの気持ちや生活を知り、自らの考えを客観的に捉えなおすことで、自分なりの〈答え〉を見つけだせるかもしれない。私たちの調査が、ささやかながらその手助けとなることを願っている。

第1部　福島原発事故の親子の生活と健康への影響

第1章　原発事故後の親子の生活変化と健康影響

1　調査の目的

本書の目的は、福島第一原発事故による生活環境の変化や放射能不安が福島県中通り九市町村の親子に及ぼす影響を二〇一三年一～五月に実施したアンケート調査の結果をもとに記録することにある。そのために本章は、調査目的、調査対象の特徴、調査研究の視点、自由回答の概要、調査結果の概要について紹介する。

原発事故による影響を記録するに当たって、本書が着目するのは次の二点である。第一に、「避難区域外」に焦点を当てること、第二に、「子どもとその母親（保護者）」に焦点を当てることである。その理由は、原発事故の場合には、事故そのものの衝撃がもたらす影響よりも、目に見えない放射能の持続的な被ばくの可能性に関する恐怖、不安がもたらす影響が中心となるからである。[1]「見えない持続的な被ばく不安」の広範な広がりは、避難区域の地域的範囲を容易に越えてしまう。しかも、放射能の持続的な被ばく不安にとりわけ影響を受けやすい集団は子どもである。子どもは、周囲の空気や自分の身体が放射能にさらされる体験をすると、そのことが原因で、長期にわたって健康不安や結婚・出産への不安、さらに差別や心身への後遺症を気にしながら暮らさざるを得ない。[2]

そこで、私たち「福島子ども健康プロジェクト」の調査は、避難区域に隣接する福島県中通り九市町村の子どもとその母親（保護者）に焦点を当て、原発事故による生活環境の変化と健康影響を長期的に追跡し記録する。これにより、どのような支援体制を構築すれば、第一に、将来の子どもへの健康影響ならびに差別への不安を軽減することができるのか、第二に、放射能リスクへの対処をめぐる家族、地域の葛藤《かっとう》や軋轢《あつれき》を緩和することができるのか、第三に、子どものケアだけでなく、子どもを取り巻く家族、地域全体のウェルビーイングを向上させる生活環境が実現できるのか、その条件を探ることが調査研究の目的である。[3]

2　調査対象の特徴

（1）調査対象地域

では、なぜ避難区域外の福島県中通り九市町村を調査対象地域とするのか。また、この地域に住む三歳児（二〇〇八年度出生児）の子どもとその母親（保護者）が調査対象者なのかを述べておこう。

福島県中通り九市町村は避難区域に隣接した地域として、見えない持続的な放射能被ばくによる恐怖がもたらす不安、被害の裾野の広がりを体現する地域である[4]。この地域の放射線量は避難区域に比べると低いが、特定避難勧奨地点指定の目安とされる年間二〇ミリシーベルト以上の空間線量が局地的には観測されるホットスポットもある。そのため、福島県中通り九市町村は放射能による健康影響の不確実性が高く、特に子どもを持つ親を中心に不安が非常に高い。したがって、原発事故後、避難するかどうか、地元産食材を使うかどうかなど放射能リスクへの対処が最

(1) 原発事故による放射能被ばくがもたらす特有の心理社会的影響については、心理学者で精神科医の小西聖子、二〇一一年、「原子力災害」飛鳥井望編『新しい診断と治療のＡＢＣ 70／精神7 心的外傷後ストレス障害（PTSD）』最新医学社 p.160. を参照。

(2) 前田正治、二〇〇六年、「大規模事故（過失災）」外傷ストレス関連障害に関する研究会 金吉晴編、二〇〇六年、『心的トラウマの理解とケア第2版』じほう p.109 を参照。

(3) こうした試みは、原子力災害におけるレジリエンス要件の解明という課題となるが、参考になる先行研究がほとんどない。一九九九年のメキシコ洪水と9・11を事例にしたF.H. Norrisらの一連の研究（F.H. Norris, M. Tracy, S. Galea, 2009, Looking for Resilience: Understanding the Longitudinal Trajectories of Responses to Stress, Social Science & Medicine 68:2190-2198 など）は、今後の研究のためのヒントにはなる。

(4) 福島県を中心とした広範な地域がこれに該当するが、私たち「福島子ども健康プロジェクト」の守備能力に鑑み、調査対象地域を福島県中通り九市町村に制限せざるを得なかった。

も厳しく問われる地域である。

その結果、調査対象地域を選定した二〇一二年下半期に、原発から三〇～九〇キロほど離れた福島県中通り九市町村がおかれている状況は複雑な様子を呈しており、上図のように類型化することができる。[5] 第一に、不安を強く感じながらも仕事、家族、経済的事情などから避難したくてもできない人、第二に、避難区域から福島県中通りに避難してきた人、第三に、避難しない人、第四に、就職・転勤などで新たに入ってきた人、第五に、一度は避難したが、さまざまな事情で戻ってきた人、第六に、避難先と元の場所とを行き来する人、第七に、避難していった人。

これらの人々は、福島県中通り九市町村に住んでいることのリスクの評価、個人が感じる不安の強さ、放射能被ばくを避けるために実際とった対処行動など、それぞれ異なる。自然災害の場合は、地域ごとにある程度、被災の状況が似通っていることが多いが、原発事故を伴った福島県中通り九市町村は、たとえ同じアパートに住んでいる人で

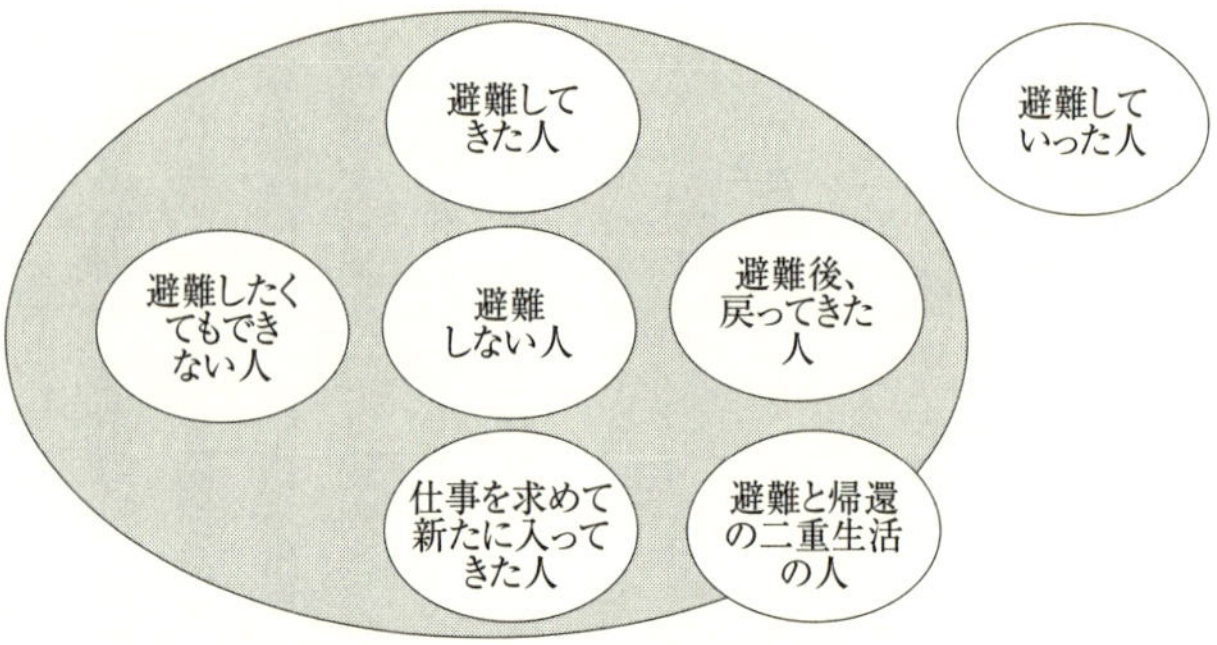

避難をめぐる地域社会の様子

あっても、それぞれ、リスク認知と対処行動が異なる。したがって、放射能不安を話題にすることが難しく、家族内および地域内で放射能への対処をめぐって葛藤《かっとう》や軋轢《あつれき》が生じやすい。しかし、どの人も、いつ元の生活に戻れるかについて明確な見通しを持てないことだけは共通している。

私たちの調査対象者は二〇一二年十月〜十二月の間に、福島県中通り九市町村の住民票に記載されている二〇〇八年度出生児（二〇〇八年四月二日〜二〇〇九年四月一日生まれ）全員とその母親（保護者）である。したがって、前期の「第七の避難していった人」のうち住民票も移動し、避難していった人は私たちの調査対象にはならなかった。

当初、福島県中通りは放射能汚染によって通常の生活ができない避難区域の外側、すなわち「避難区域外」とされた。それが、補償のために作られた「中間指針第一次追補」では「自主的避難等対象区域」となり、さらに、二〇一三年九月に発表された「子ども・被災者支援法」の「基本方針案」では「支援対象地域」となった。

こうした経緯から、福島県中通り九市町村では、避難せず、あるいは避難できずに、元の場所に暮らしている人が多いが、放射能をめぐる認知の違い、リスク対処行動の違い、補償の有無などによって家族、地域社会に葛藤《かっとう》を抱え、社会的亀裂《きれつ》が生じやすい。そのために、原発事故による生活と健康への影響に関する実態解明と社会的支援が求められる地域であると判断した。

（5）小西聖子「見通しを持てずにさまよう被災者の心」『臨床精神医学』40(11),2011 を参照し、筆者作成。

（2）調査対象者

子どものうち三歳児（二〇〇八年度出生児）を調査対象としたのは、次の二つの理由からである。

第一に、二〇〇八年度出生児は原発事故当時、一〜二歳で、本格的に外遊びをはじめる時期であり、子どもの生育過程において保護者が初めてさまざまな選択を迫られる年齢である。したがって、目に見えない持続的な放射能被ばく不安がもたらすさまざまな影響を判別する上で最も適した年齢層であると判断した。

第二に、三歳児健診によって健康・生育状況が判明する時期でもあり、その後の生育状況を追跡研究することにより、幼少期の生活環境がその後の成長・発達にどのような影響を及ぼすのかを明らかにすることができると考えたからである。

これまでの長期追跡研究の知見では、幼少期の生活環境と人生で起こった出来事の積み重ねの結果として、心身の健康、認知機能、学業や就職など社会的達成度が大きく規定されることが示されている。(6) 以上の理由から、福島県中通り九市町村の三歳児（二〇〇八年度出生児）とその母親（保護者）を調査対象として選定した。

3　調査研究の視点

他の事故や災害と同様に、原発事故は生活と健康に深刻なストレスを伴う出来事である。[7] ストレス理論では、原因となる刺激や脅威《きょうい》を「ストレッサ」、結果として生じるものを「ストレス反応」に分けて考える。震災に伴うストレスの場合、地震のゆれや地震によって住む場所を失うのが「ストレッサ」であり、その結果、余震に対する強い不安を呈する、生活の場を奪われ、生きる気力を失うなどが「ストレス反応」である。

一般に、災害後の心理反応の場合、「ストレッサ」が強ければ、それによって引き起こされる「ストレス反応」も強くなるが、[8] 同じような「ストレッサ」に遭遇しても、強く元気に生きながらえる人もいれば、「ストレッサ」に屈して病苦に伏す人もいるという個人差がある。心理学者ラザルスらは、こうした個人差を「ストレッサ」に対する認知的評価と、それに基づく対処のしかたの違いによると説明する。[9] ラザルスらによると、「ストレッサ」を正しく認知・評価し、的確な対処法を試みて成功すれば、「ストレス反応」は最小限に抑えられるが、認知・評価を怠り、

（6）H. Pearson, 2011, Study of a Lifetime, Nature, Vol.471,p.20-24. とP. Silva and W. Stanton,1996, From Child to Adult: The Dunedin Multidisciplinary Health and Development Study, Oxford University Press=2010, 酒井厚訳『ダニーディン 子どもの健康と発達に関する長期追跡研究：ニュージーランドの一〇〇〇人・二〇年にわたる調査から』明石書店を参照。

（7）石原邦雄、山本和郎、坂本弘編著、一九八五年、『講座 生活ストレスを考える 第一巻 生活ストレスとは何か：その理論と方法』垣内出版

（8）WHO,1992,Psychosocial Consequences of Disasters: Prevention and Management=1995, 長崎大学精神神経科学教室 中根允文、大塚俊弘訳『災害のもたらす心理社会的影響：予防と危機管理』創造出版

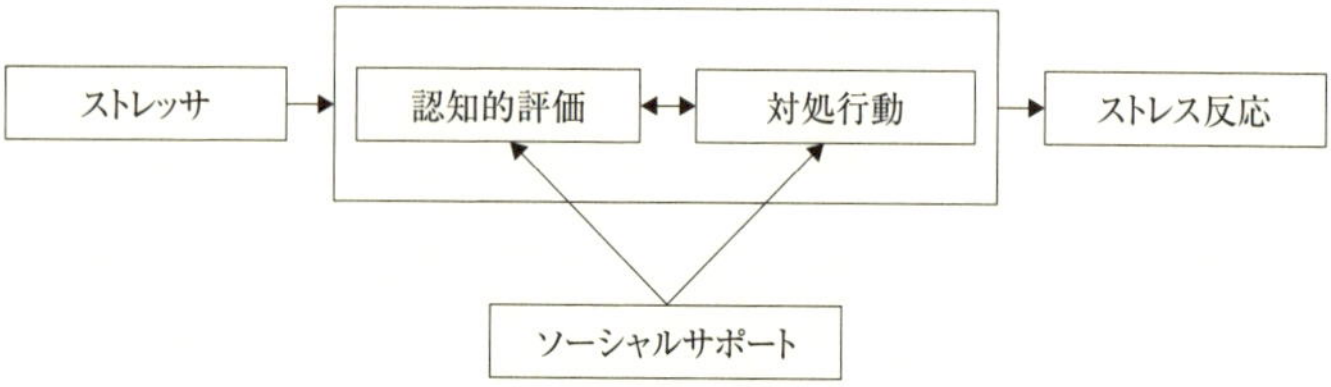

ストレス理論の考え方

的確な対処に失敗すれば、「ストレス反応」は強く現れるという考え方である。ストレスへの正しい認知・評価と的確な対処のためには、他者によるサポートが必要となる。それをソーシャルサポート（社会的支援）という。ラザルスらのストレス評価・対処モデルにソーシャルサポートを組み込んだ山田冨美雄の図式[10]を簡略化して示したものが、上の図である。ストレスの観点から介入を試みるに当たっては、対象とする人が「ストレッサ」を正しく認知・評価するのを助け、かつ的確な対処法を教えること、必要であれば専門機関を紹介することが重要な手立てとされる。

しかし、原発事故の場合、冒頭で指摘したとおり、放射能被ばくの不可視性、長期持続性、社会的差別を伴うといった特徴があり、特有のストレス反応メカニズム（機序）を呈するものと考えられる。そもそも放射能についてはどの程度なら安全なのかについて当事者も専門家も意見が分かれ、「ストレッサ」である放射能について「正しく」認知・評価するところから葛藤《かっとう》が生じる。これまでスリーマイル島原発事故とチェルノブイリ原発事故後の一般住民を対象とした研究では、放射能災害がもたらす主な影響の一つは不安が高まることである[11]。特に、子どもを持つ母親の場合、それぞれの事故から十年以上経過した時点でも、放射能による健康への脅威《きょうい》の認知が不安と密接にかかわっていた。[12]

放射能災害は、被ばく→不安・PTSD（心的外傷後ストレス障害）といった図式では説明しきれない。[13] 長崎原爆投下の場合、それを目撃し、体験したことが、半世紀以上にわたって精神的健康の悪化と関係し続けているという。[14] 二〇〇一年に、国によって被爆の影響が否定されている爆心地から半径一二キロメートル「以内」に居住する長崎の被爆体験者[15]の調査を行った金吉晴ら

---

(10) 山田冨美雄、一九九七年、「子どものストレスとトラウマ」、服部祥子・山田冨美雄編著、一九九七年、『阪神・淡路大震災と子どもの心身：災害・トラウマ・ストレス』名古屋大学出版会、p.12.

(11) E.J.Bromet,2011, Lessons Learned from Radiation Disasters, World Psychiatry, 10:2,p.83-4., E.J.Bromet and J.M. Havenaar, 2007, Psychological and Perceived Health Effects of the Chernobyl Disaster: A 20-year review, Health Physics, 93:5,p.516-521.

(12) E.J.Bromet and L. Litcher-Kelly, 2002, Psychological response of mothers of young children to the Three Mile Island and Chernobyl nuclear plant accidents one decade later, J.H.Havenaar, J.G.Cwikel, J.Bromet ed. Toxic Turmoil: Psychological and Societal Consequences of Ecological Disaster,p.69-84.

(13) 中根秀之、二〇一一年、「被爆者が受けている精神的傷害——世界の実例から」『臨床精神医学』40(11),p.1457.

(14) 金吉晴、二〇一一年、「東日本大震災における被ばく不安」『臨床精神医学』40(11),p.1461-1465.

(15) ここでは「被爆者」ではなく、「被爆体験者」であることに注意が必要である。

(16) 金吉晴前掲、p.1464.

(17) Y. Kim, A. Tsutsumi, T. Izutsu et al.,2011, Persistent Distress after Psychological Exposure to the Nagasaki Atomic Bomb Explosion, British Journal of Psychiatry, 199: 411-416.

国立精神神経センターの研究によると、被爆体験者の精神的健康不良の背景には、被爆に関する事後的な情報不安があるという。(16) この情報不安とは、放射能の潜在的な被害を知ることへの恐怖と放射能リスクに関する知識の不足を指している。(17) 要するに、被爆体験者は、放射能の潜在的な被害を知ることへの恐怖により、半世紀以上の間、不正確な情報を選択していたこと、また、被爆体験者には正確な情報が不足していたこと、この二重の側面があったと指摘する。

また、この金吉晴ら国立精神神経センターが行った調査方法を踏襲して、爆心地から半径一二キロメートル「以遠」に居住する被爆体験者の調査を行った長崎大学精神神経学教室の中根秀之らは、被爆者の精神的健康の悪化に、被爆体験に基づく記憶や不安、偏見・差別、被爆者の間の補償をめぐる不公平感も含む被爆後の経験が関連しており、他の要因では説明困難であると指摘する。(18) さらに、飛鳥井望によると、原発事故のような集団毒物汚染被害の場合は、

第一に、過失責任者、監督責任者が存在するため、被災者心理としては、怒り、割り切れなさ、罪の償いを求める気持ち（怨恨感情）が強く残ることが多い。

第二に、事故の初期段階では情報が錯綜したり、過失責任者の側からのみ汚染に関する情報が開示されたりすると、情報への不信が高まり、情報不安ともいえる状態が生じる。

第三に、放射能に被ばくされたことにまつわる健康不安が強く出現する。健康不安が長く続くと、さまざまな身体愁訴《しゅうそ》も増加する。

第四に、被ばくによる差別・偏見の恐れが生じる。

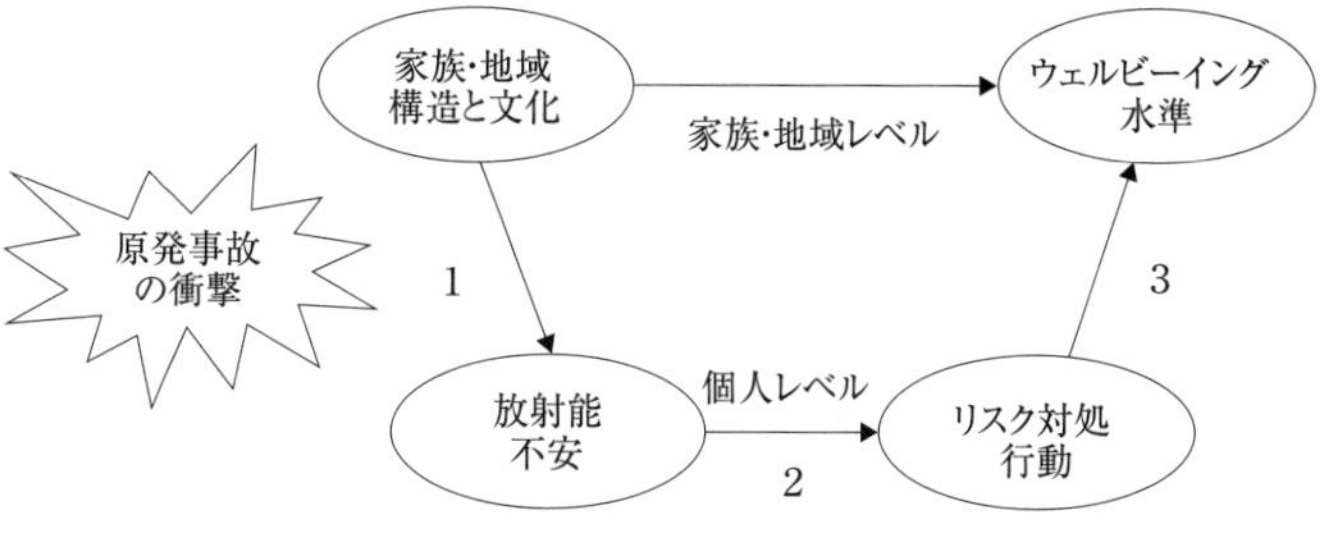

概念モデル

第五に、避難、転居を余儀なくされたり、汚染により農林水産業への打撃をうけたりするなど生活への影響と社会経済的な被害が発生する。

こうした怨恨感情、情報不信・不安、健康不安、差別不安、生活への影響、社会経済的な被害などが相互に関連し、被害者はしばしば長期にわたって不安な状態を強いられることになる。[19]

これらの研究から、原発事故の場合、さまざまな要因が、放射能被ばくの認知的評価、対処行動、ストレス反応に影響を及ぼし、特有のストレス反応メカニズム[20]を呈することがわかる。そのため

(18) 中根秀之前掲、p.1456.
(19) 飛鳥井望、二〇〇六年、「集団毒物汚染被害」外傷ストレス関連障害に関する研究会、金吉晴編、『心的トラウマの理解とケア第２版』じほう、p.97-102.
(20) ストレスフルな出来事と健康悪化との間の関連メカニズムに関してはさまざまな仮説がある。例えば、石原邦雄は、ドーレンヴェント夫妻の類型（犠牲者仮説、ストレス緊張仮説、脆弱性仮説、累積的負荷仮説、慢性的負荷仮説、事件誘発仮説）を紹介しているが（「生活ストレス研究の課題」前掲の石原邦雄、山本和郎、坂本弘編著 ,p.309-327 を参照）、近年のレジリエンス論も含めた理論的検討はここではこれ以上立ち入らないことにする。

に、これらの要因とストレス反応メカニズムの解明が、被害の実態把握と支援策の検討においてきわめて重要な意味を持つ。こうした観点から、本書は放射能災害における子どもへの影響を把握するに当たって、子どもを取り巻く母親、家族、地域社会の状態に注目する。特に、母親の不安と対処行動、健康度、家族の安定性、家庭の社会経済状況、ソーシャルサポート、地域社会の構造と文化などである。これらの要因を考慮して、概念モデルを図示すると、前頁の図のようになる。

この概念モデルは、アメリカの社会学者のコールマン(21)とサンプソン(22)の図式を参考にして次の三つの関係に焦点を当てる。

第一に、子どもを取り巻く家族と地域社会の環境と構造的特性が、子どもやその母親の放射能不安に及ぼす影響、すなわち、社会の特性が個人の意識に及ぼす影響である。

第二に、放射能不安が子どもとその母親の普段の生活におけるリスク対処行動にもたらす影響、すなわち、個人の意識が個人の行動に及ぼす影響である。

第三に、こうしたリスク対処行動が、子どもとその母親、家族、地域社会の心身の健康と社会関係に及ぼす影響である。

序章で指摘したように、本研究は、第一に、「顕在化していないリスク」による影響がありうるという視点、第二に、子どものウェルビーイングの保障という視点、第三に、社会環境が子どものウェルビーイングに影響を与えるという視点という三つの視点に立脚する。その上で、家族と地域社会の特性が子どもと母親の意識に及ぼす影響、子どもと母親の意識がその行動に及ぼす影響、子どもと母親の行動が集積した結果、家族と地域社会における子どもと母親のウェルビーイングの水準を規定するという三つの関係に焦点を当てる。これによって、原発事故によって引き起こされた放射能不安とリスク対処行動を規定する社会的要因を明らかにし、子どもとその家族、地域社会にどのような支援体制を構築すれば、放射能不安やリスク対処行動をめぐる葛藤《かっとう》を緩和し、地域全体の子どものウェルビーイングを高める生活環境が実現できるのか、その条件を探るのが本研究の目的である。

4　自由回答の概要

調査研究は現実に起きている現象を再び創造する仕事である[23]。そうした研究で述べられる「言明の意味は、その言明を検証する方法に他ならない」[24]。原発事故後、福島県中通り九市町村の親

(21) J. S. Coleman, 1990, Foundations of Social Theory=2006, 久慈利武、『社会理論の基礎（上）』青木書店、p.28.

(22) R. J. Sampson, 2012, Great American City: Chicago and the Enduring Neighborhood Effect, The University of Chicago Press, p.63.

(23) R.J. Lifton, 1967, Death in Life: Survivors of Hiroshima,1967=2009 桝井迪夫・湯浅信之・越智道雄・松田誠思、『ヒロシマを生き抜く（上）：精神史的考察』岩波書店、p.1.

(24) I.Hacking, 2002, Historical Ontology, Harvard University Press=2012 出口康夫、大西琢朗、渡辺一弘訳、『知の歴史学』p.7

子にとって現実に起きている現象を再現する前に、その検証する方法である「福島子ども健康プロジェクト」のアンケート調査そのものに対する調査回答者からの意見を紹介しておきたい。

まず、アンケート調査に対して懐疑《かいぎ》的な意見が一〇六件、アンケートに肯定的な意見が一一〇件であった。アンケート調査に懐疑的な意見は大きく三つに大別できる。第一に、アンケート調査自体に対する不快感、第二に、アンケート調査に対する説明不足の指摘、第三に、質問項目や問いの聞き方に対する不快感などである。

「このようなアンケート等がある度に、福島に住んでいる、住んでいた事が実験材料になっていると感じます。貴重なデータとはなると思いますが、複雑な心境になる事をきちんと理解して頂ければと思います。私は以前のように普通に暮らしたいだけです。」

「このようなアンケートや、行動について、書くことが多いのですが、こういうものを書くことがストレスです。私達のことを想ってのこととは思いますが、こういうものをストレスと思う方も多いことを知ってほしい。事故から二年も経つというのに将来への不安が残るだけで、何も変わっていないのが現状です。であるならば、むしろ事故を忘れたい。そっとしておいてほしいのです。色々してくださるのは分かりますが、的外れです。」

「今回、アンケート実施することの説明書が同封されていましたが、率直な意見として、『なぜ福岡大学から、うちの子供に書類が来たのだろう?』と疑問を持ちました。文部科学省科学研究費の助成があり……とのことですが、私個人としては、こういったことをやるために居住区（二本松市）からの文章がまず欲しいです。正直原発事故があってから『福島県民が研究材料。今後のモルモット』であると感じています。実際に私達がアンケートに答えたり、その他のことに協力することが今後に活かされると思うので協力は惜しみません。しかし、上記した気持ちがある中で突然福岡県から資料が送られてくることは正直うれしいものではありません。」

「このアンケート一冊でどれほどの現況を知ることができるのかわかりませんが、一つ一つの質問が傷をエグられている様な気がしてなりません。不安を抱えずに福島で子育てをしている人はいないと思います。質問の問いが、原発事故の影響ありきの立場から投げかけられている様にしか感じません。それでなくとも不安なのに、こういった機会でさらに親は子どもに何をしてあげられるのか、何をしてあげているのか、と責められている様な気さえします。我が家はもう線量は測っていません。（以前住んでいた全壊した家は測っていました。）理由は数値を追っても生活上、何の意味も持たないからです。数値を知っても、ここで生活を続けなければいけない者にとって、不安にしかならない。（子どもをできるだけ外へ出さないことは変わらないので。）調査をする場合、もっと対象者に誠意を持った聞き方があると思います。どこから住所や名前を手に入れ、書類が送られてきたのかもわからず、不思議に思っています。説明不足です。（郡山市は後援団体に入っていないので。）」

「一度目のアンケート依頼（青ふうとう）を受け取ったときは、突然のことで、信頼できる団体のものなのか不信感いっぱいでした。こちらの市町村なども協力しているのであれば、市政だよりや新聞などで、前もってアンケート調査をする旨のお知らせをもっと大々的にやっていただけるとよかったです。(私の場合、〝再度お願い〟のハガキでやっと協力することに決めました) 今後、より有意義な研究ができることをお祈りしてます。私たちの意見がただのサンプルではなく「子供に未来を希望いっぱいに生きていってほしい」と強く願う親たちの気持ちが込もってることを忘れないで調査・研究をすすめていただければ救われます。」

このように、アンケート調査をしても現地の状況は好転しない、それならばそっとしておいてほしい、研究材料にされているようで不愉快であるという懐疑《かいぎ》的な意見に劣らぬ数の肯定的な意見が見られた。アンケート調査に肯定的な意見は、第一に、震災や福島のことを忘れないでくれていると感じる、第二に、原発事故後の母親の気持ちについて聞いてもらえたことがよかった、第三に、当時を振り返り、立ち止まって考える機会になった、心の健康にも配慮したアンケート内容だった、などである。

「何も変わっていないのに、今の現状に慣れていくのが不安でもあり、落ち着いて(安心となる) しまうので、かっとうします。日々、どうしたらいいか分からないです。ただ、このような取組みをしていただくと福島の事を想っていただいているんだなぁと感謝いたします。どうか、有効に今後も対応いただきたく、お願い申しあげます。」

「原発事故後の子供についての不安なことなどを聞いてくれる所もなかったので、このようなアンケートをとってもらい、思いをぶつけることができて、よかったです。ありがとうございました。」

「震災のことを忘れずに、心の健康にも配慮したアンケート、自分自身もその時の事を忘れずに振り返るきっかけとなり、ありがとうございました。こんな風に立ち止まって考える機会があるというのは、とても大事なことだな、と感じているところです。充分な答えにはなっていないかもしれませんが、何かの役に立てば幸いです。」

「遠く離れた福岡で、福島を心配して行動していただいていることに大変感謝いたします。よく、『モルモットみたいでイヤ』という県民もいるようですが、不幸にも初めての事故です。今回のことで、十分検証、研究がなされ、将来につながれば……と思っています。」

「これまで気持ちや考えを吐き出す場が少なく、支離滅裂に書いてしまいました。申し訳ありません。子どもの体や心についてのアンケートはこれまでもありましたが、母親の話、気持ちを問われることは少なかったように思います。このような機会を与えていただき感謝します。」

これらがアンケート調査そのものに対する意見である。

以下では、第2章以降で紹介することになるが、自由回答欄に書き込まれている意見を項目別に分け、その回答数を示しておきたい。なお、自由回答では複数の項目について言及される場合

2013 年調査の自由回答分類項目と回答数

1　生活拠点（第１部 第４章）	233
（１）避難関係	155
ア　避難継続中	49
イ　避難したが戻ってきた	35
ウ　避難したいができない	68
エ　避難しない	3
（２）保養関係	37
ア　保養プログラムの拡充を望む	33
イ　保養に関する情報を得たい	3
ウ　保養に満足した	1
（３）除染関係	41
ア　除染にある程度満足している	2
イ　実施された除染に不満がある	10
ウ　除染を望む	24
エ　（実施の有無にかかわらず）除染の効果に疑問がある	5
2　食生活（第１部 第２章）	72
（１）食	66
ア　地元産の食材や水道水はできるだけ使わない	44
イ　地元産の食材や水道水を使わざるを得ない、使っている	10
ウ　学校（保育園）給食に対する不満	12
（２）洗濯	6
3　家計（第１部 第６章）	39
（１）収入	10
（２）支出	29
ア　避難・二重生活の費用	1
イ　放射能対策費用	4
ウ　外遊びの代わり	6
エ　他県産の食材・水の購入費用	12
オ　租税、公共料金	3
カ　保険	3
キ　住宅費用	0
4　子育て（第１部 第２章、第８章）	267
（１）遊び	171
ア　外遊びをさせている	29
イ　外遊びを制限している	74

ウ　室内遊び場	68
（2）放射能対応	55
ア　子どもの検査	52
イ　積算計（ガラスバッジ）	3
（3）出産	11
ア　妊娠	10
イ　流産	1
（4）その他	30
5　人間関係（第1部 第5章）	114
（1）夫婦・親族	9
（2）近所・知人	16
（3）外部	79
（4）避難・賠償の取り扱いに差異のある人	10
6　情報（第1部 第3章）	102
（1）情報の収集	82
ア　情報不信	62
イ　関心の低下	20
（2）情報の発信	20
7　賠償・補償（第1部 第7章）	121
（1）賠償	64
ア　賠償の打ち切りに対する不満、子どもの将来の損害に対する賠償	46
イ　賠償の対象、範囲の線引きに対する不満	18
（2）社会保障	11
ア　子どもの健康	7
イ　家計負担	4
（3）租税	12
（4）対応全般	34
ア　行政の対応に対する不満	19
イ　東電の原発事故対応に対する不満	6
ウ　原発事故を踏まえた原発の是非	8
エ　寄付金の使途に対する疑問	1
8　健康（第1部 第8章）	79
（1）子ども	57
（2）親	22

に分け、その回答数を示しておきたい。なお、自由回答では複数の項目について言及される場合も多い。その際は一つの自由回答に複数の項目を割り当てている。項目の割り当て（コード化）については三名で行った。三名それぞれが項目の割り当てを行い、判断が分かれた場合には相談を行った上で最も適切と思われる項目を決定した。また、本書で紹介する自由回答は二〇一三年の上半期の時点での意見であり、現在（二〇一五年二月）はこうした状況が変化している可能性がある。さらに、本書では、なるべく網羅的に調査回答者の声を取り上げることにしているが、個人が特定される可能性があるものは掲載を見送り、同じ趣旨の意

【間柄】

間柄	自由回答記入者	調査回答者	記入割合
母	1195	2594	46.1%
父	6	23	26.1%
祖父母	1	8	12.5%
その他	1	2	50.0%
全体	1203	2628	45.8%

【調査回答者が母親（2594人）の年齢層別内訳】

年齢別	自由回答記入者	調査回答者	記入割合
20歳代	161	463	34.8%
30-34歳	414	924	44.8%
35-39歳	433	853	50.8%
40歳代	179	342	52.3%
50歳代以上	1	1	100.0%
無記名	7	11	63.6%
全体	1195	2594	46.1%

【調査回答者が母親（2594人）の居住地別内訳】

市町村名	自由回答記入者	調査回答者	記入割合
福島市	428	877	48.8%
桑折町	22	34	64.7%
国見町	15	27	55.6%
伊達市	68	174	39.1%
郡山市	464	1062	43.6%
二本松市	79	169	46.8%
大玉村	15	41	36.6%
本宮市	55	124	44.4%

見で、個人が特定しにくいものを掲載した。自由回答は、一人を除き、すべてが手書きであるため、誤字・脱字が多いが、文意を損なわないよう最低限の修正に留めた。

次に、調査回答者と自由回答の書き手について紹介しておきたい。調査回答者（二六二八人の保護者）のうち母親（二五九四人）が九八・七％であり、自由回答者（一二〇三人）のうち母親（一一九五人）が九九・三％である。調査回答者の母親は大半が三〇歳代である。自由回答者の居住地は郡山市（四六四人）と福島市（四二八人）で圧倒的に多数であるが、他の市町村でも約四〇％前後である。

5　調査結果の概要

（1）回答者及びその配偶者の属性

「福島子ども健康プロジェクト」による第一回調査は、福島市、郡山市、二本松市、伊達市、桑折町、国見町、大玉村、三春町、本宮市の福島県中通り九市町村の二〇〇八年度出生児の子どもを持つ母親（保護者）全員を対象に、原発事故から二年になろうとしている二〇一三年の一月の時点で行った。市町村別の回答状況が次のとおりである。二〇一三年五月末

市町村	対象者数	回答数	回答率(%)
福島市	2137	876	41.0
郡山市	2644	1069	40.4
伊達市	404	175	43.3
二本松市	397	174	43.8
本宮市	290	125	43.1
三春町	105	34	32.4
大玉村	81	44	54.3
桑折町	70	34	48.6
国見町	63	27	42.9
9市町村外		53	
計	6191	2611	42.2

（＊2013年5月末時点での市町村別回収状況）

時点で回答総数は二六一一通（つまり、子ども二六一一人分）、回収率は四二・二％であり、この時点までの回答者を集計している。なお、二〇一四年十月末時点で第一回調査の回答総数は二六二八（つまり、子ども二六二八人分）となっている。

まず、母親が回答した割合が、九八・七％であった。そのため、回答者のごく一部（一・三％）には、母親以外の保護者も含まれている。母親（母親以外の保護者を除く。以下、特に記載がない場合は同様）とその配偶者の属性や家族構成についてであるが、母親の年齢は、「三〇―三四歳」「三五―三九歳」の合計が六八・〇％であり、約七割が三〇代である。また、婚姻状況は、既婚（有配偶者）（九三・九％）、既婚（離別・死別）（五・二％）、未婚（〇・九％）である。同居家族の続柄は「子ども」（九七・一％）、「配偶者」（八九・四％）で、「配偶者の母」（二〇・一％）、「配偶者の父」（十五・三％）であった。核家族が大半を占めるものの、配偶者の両親との三世代家族も二割程度いる。母親とその配偶者の実家は、「県外」が二割弱で、八割以上が福島県内である。なかでも、同一市町村内に実家がある人が四割程度おり、実家から近い場所に生活している。母親とその配偶者の「現在」と「震災前」職業は、母親と配偶者の両方に「震災前」と「現在」で大きな変化はなかった。母親は最多が「無職」、続いて「専門・技術職」、配偶者は、最多が「生産・労務職」、続いて「専門・技術職」である。雇用形態は母親と配偶者の両方に雇用形態の変化はほとんどみられなかった。母親は「専業主婦」が、配偶者は「フルタイム」が最も多かった。若干変化がみられた項目は、母親の雇用形態のうち、「パート」が震災前は十九・七％であったのに対して、現在は二四・二％と増加している点であるが、これは、震災時二歳前後だった子どもが四歳前後になり勤務をはじめた、震災後のさまざまな経済的負担の増加のため家計を支えるために働き始めた、などの理由が考えられる。

最終学歴は、母親は「高校」（四〇・三％）が最多、続いて「専修学校」（二一・〇％）、「高専・短大」（一九・六％）、配偶者も「高校」（四七・二％）が最多、続いて「大学・大学院」（二七・七％）、「専修学校」（一五・二％）であった。世帯年収は「二〇〇〜四〇〇万円未満」（三二・九％）が最多、続いて「四〇〇〜六〇〇万円未満」（三一・八％）である。家計の状態は、「ふつう」（三八・三％）が最多、続いて「どちらかといえば苦しい」（三六・五％）、「かなり苦しい」（一六・七％）である。

震災時からの住まいの移動は、震災後住まいを変えたと思われる「現住所と異なる」という回答が一八・九％である。居住年数は、「二年未満」が一七・七％、「五年以上〜十年未満」と「十年以上」の合計が五〇・八％である。「これからも現在の地域に住み続けたいか」との質問には「ずっと住み続けたい」と「当分の間は住み続けたい」の合計が七二・六％であり、多くが現在の住まいに住み続けたいと考えている一方、「できれば他の地域に引っ越したい」と「すぐにでも他の地域に引っ越したい」の合計も二七・四％であり、約三割が転居を希望している。住居の種類は「持ち家」（六四・六％）、「賃貸」（二九・八％）、その他「社宅」（三・六％）、「貸間・その他」（二・一％）であった。

（2）原発事故後の日常生活の変化の概観

原発事故後の日常生活の変化について、二〇一三年一月の第一回調査では十二項目を「事故直後」、「事故半年後」、「事故後二年（二〇一三年上半期）」の三つの時期に分けて聞いた。ここでは、二〇一三年五月時点での回答総数（二六一一通）を対象に分析する。

原発事故後の生活変化は大きく次の三つの傾向がみられた。第一に、「地元産の食材は使わない」、「洗濯物の外干しはしない」、「できることなら避難したいと思う」などの「あてはまる」と「どちらかといえばあてはまる」の回答割合は、時間の経過とともに大きく減少した。

第二に、「原発事故後、何かと出費が増え、経済的負担を感じる」、「原発事故の補償をめぐって不公平感を覚える」、「放射線量の低いところに保養に出かけたいと思う」、「放射能の健康影響についての不安が大きい」、「福島で子どもを育てることに不安を感じる」については、時間が経っても、それを感じている回答者の割合は六〇％以上で高いままである。

第三に、「放射能への対処をめぐって夫（配偶者）との認識のずれを感じる」、「放射能への対処をめぐって両親との認識のずれを感じる」、「放射能への対処をめぐって近所や周囲の人と認識のずれを感じる」、「原発事故によって親子関係が不安定になった」の「あてはまる」と「どちらかといえばあてはまる」の回答割合は、比較的低いまま持続していた。これらの生活変化が母親の精神的健康と子どもの健康・発達に多大な影響を及ぼしている。これらの詳細に関しては、第2章以降で詳細に分析していこう。

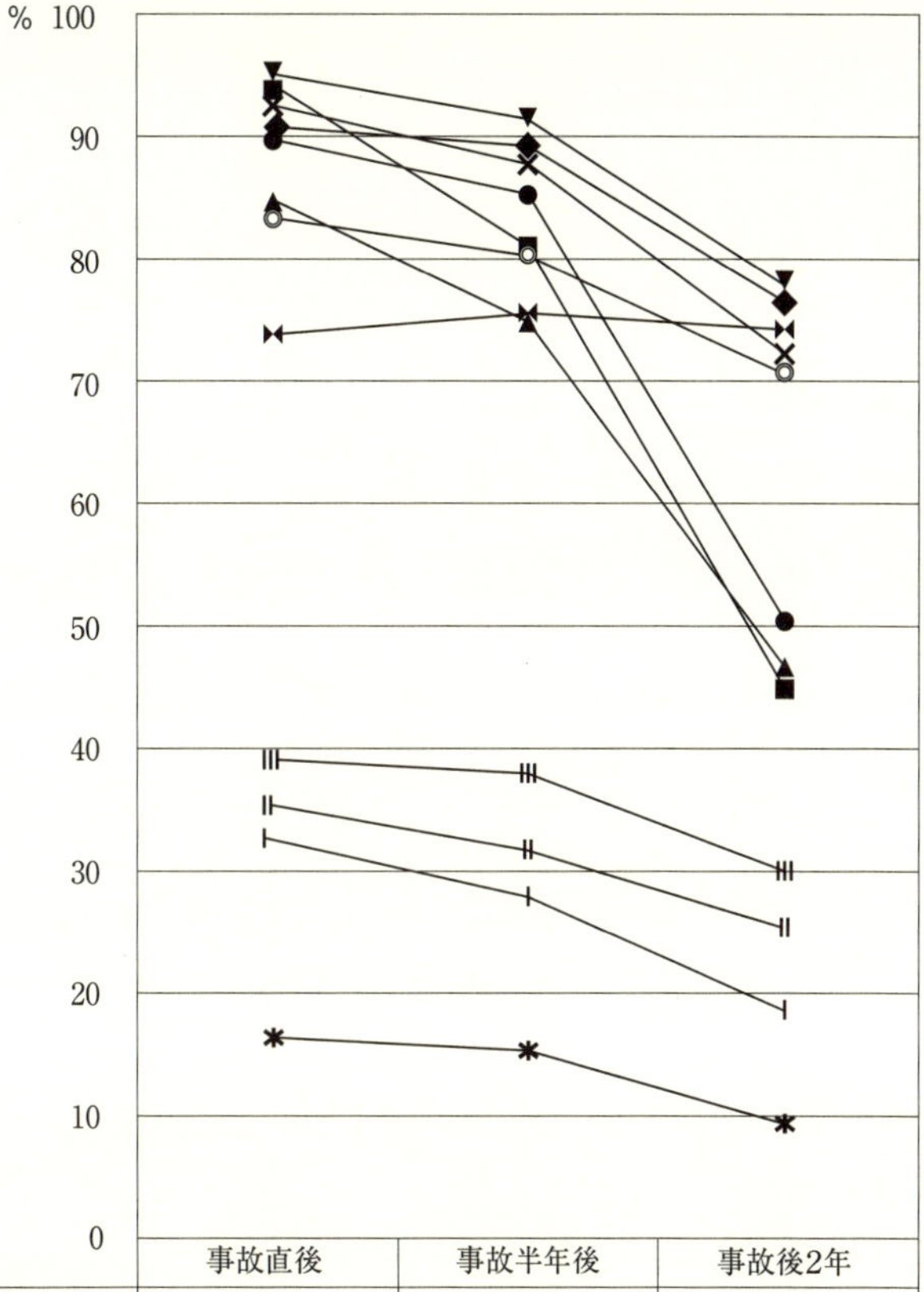

	事故直後	事故半年後	事故後2年
● 地元産の食材不使用	90.5	84.5	50.2
■ 洗濯物の外干しはしない	93.9	80.5	44.9
◆ 保養への意欲	91.5	89.0	74.8
▲ 避難願望	85.0	74.5	45.7
▼ 健康影響の不安	95.2	91.3	79.5
× 子育ての不安	92.9	87.3	71.8
＊ 親子関係が不安定	16.3	14.8	9.6
配偶者との認識のずれ	32.8	28.2	18.8
両親との認識のずれ	35.3	31.1	24.5
周囲との認識のずれ	39.2	36.6	29.9
補償の不公平感	73.7	74.8	73.0
◎ 経済的負担	84.2	80.7	70.4

原発事故後の生活変化

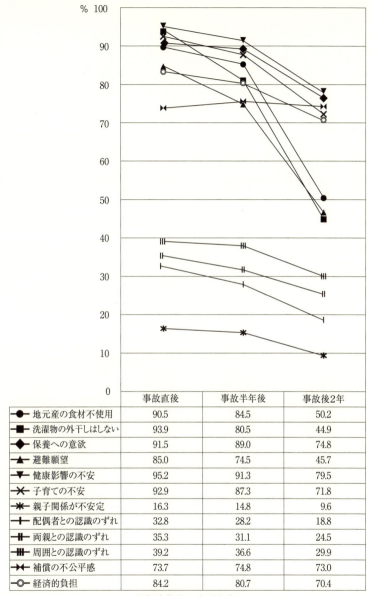

第2章　放射能不安と子どもの生活変化

1　二つの不安〈健康不安と差別不安〉

「今日まで、チェルノブイリ原発事故によって引き起こされた最大の公衆衛生上の問題は、精神的健康への影響である」、二〇〇六年、世界保健機関（ＷＨＯ）がまとめたチェルノブイリ・レポートはこのように結論づけている。(1) 東日本大震災の他の被災地と決定的に異なる状況にあるのが原発事故を経験している福島県を中心とした地域であり、その地域が抱える最大の懸念事項は放射能に起因する不安である。

福島原発事故後、放射能不安は大きく二つある。一つは、放射能被ばくによる健康不安、もう一つは、子どもが将来、結婚、就職、進学などの際に受けるかも知れない差別への不安、すなわち、スティグマである。スティグマとは、他者からの負の烙印のもとになる外見面、あるいは、精神面の特徴である。[2] 本章では、生活空間に放射能が存在することによって発生する放射能不安が、親子の生活をどのように変化させているのかをみていこう。

原発事故後、福島で子育て中の親にとって放射能による健康不安がまったくないという家庭はほとんどない。実際、福島の母親は慢性的な不安を抱えており、それによるストレスを感じている。その結果、「福島で子どもを育てていいだろうか」、「福島で子どもを育てることに対して責任を持てるのか」と自問自答を繰り返している。この不安は、調査票の自由回答欄にさまざまな意見として示されている。こうした放射能不安が、食生活や子どもの外遊びを中心に急激な生活変化をもたらしているのである。

2　生活変化〈食生活〉

(1) 地元産の食材・水道水の回避

食生活については、内部被ばくによる健康不安から、地元産の食材や水道水を使用することに

(1) World Health Organization, 2006, Health effects of the Chernobyl accident and special health care programmes. Geneva; WHO.
(2) Goffman, E., 1963, Stigma: Notes on the Management of Spoiled Identity, (Prentice-Hall, 1963) = 石黒毅、一九七〇年、『スティグマの社会学：烙印を押されたアイデンティティ』せりか書房

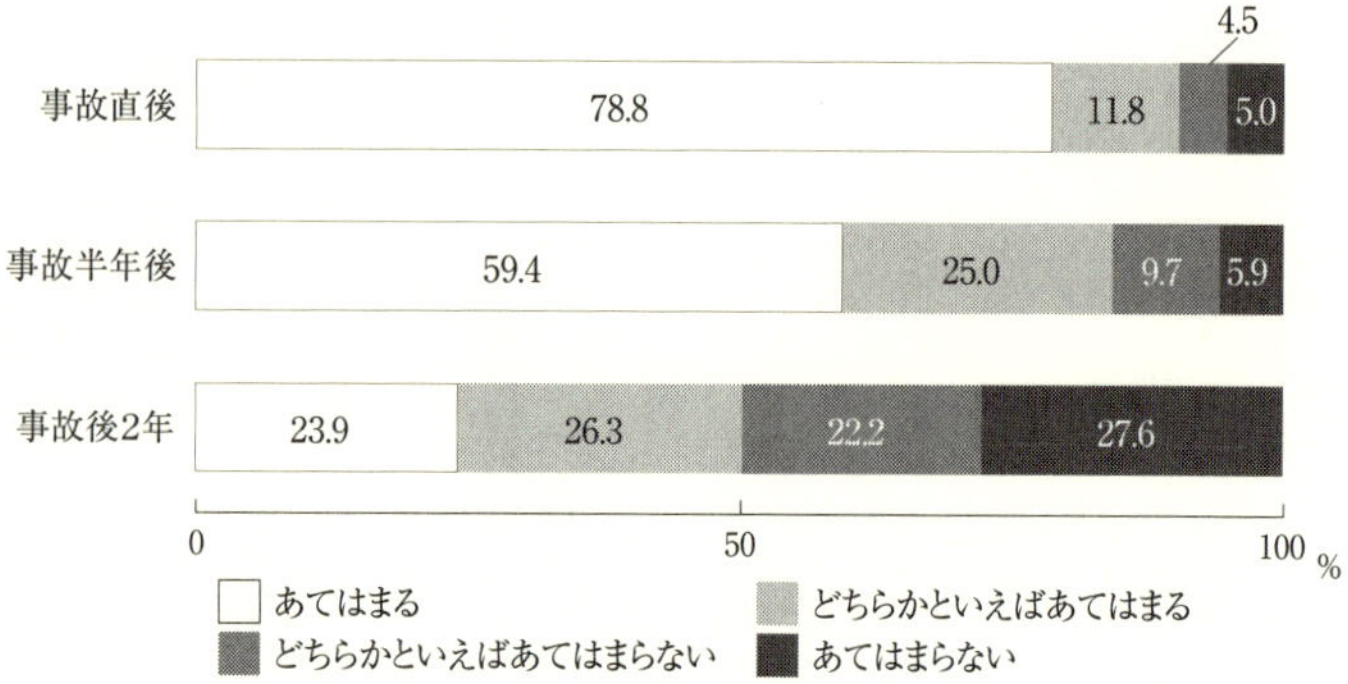

地元産の食材は使わない

対する不安がみられる。それを回避するために、さまざまな対処行動をとっている。その代表的な対処行動が他県産の食材と水の購入である。その結果は次のとおりである。

アンケート調査で「地元産の食材は使わない」という質問に対し、「あてはまる」との回答が事故直後は七八・八%、事故半年後は五九・四%、事故後二年（二〇一三年上半期）は二三・九%と減少傾向にある。しかし、「あてはまる」と「どちらかといえばあてはまる」と合計すると、事故後二年においてもなお五〇・二%が「地元産の食材は使わない」と回答している。福島県中通り九市町村で子育てをしている親の二人に一人の割合で、地元産食材を回避する対処行動を実行している。また、自由回答欄には、食に関する意見（全六六件）が膨大に書き込まれている。その意見のうち四四件はこの対処行動をとっているというものであった。次の意見はその一例である。

「食生活では、安全とは言われても、あれば、高い値段でも、他県の商品を買い求め、水（飲料水）は、いつも買い求めている。うちのような母子家庭で、収入の少ない家庭では、大きな問題です。でも、子どもの健康を考えると、買わざるを得ないし、やはり、将来がとても心配。もし、病気になったときに、こうかいしたくない……。あの時、ちゃんとしていればと……。」

「野菜やお米も福島産の美味しい商品があっても不安でわざわざ県外産のものを購入して料理しております。」

（2）食材をめぐる葛藤

他県産の食材や水の購入は家計負担の増加を伴う。特に、他県産の食材や水を継続的に購入するため、経済的な負担は時間とともに膨れあがってきている。その結果、「いつまで地元の野菜を食べることを控えたらいいか？」という終わりの見えない不安を指摘する声もある。また、地元産の食材を使用することができないストレスもある。加えて、祖父母が畑でとった自家製の野菜などを孫に食べてもらえないことにより、寂しい思いをする場合もあった。

それでもあえて他県産の食材や水を購入するのはなぜか。内部被ばくによる健康不安が大きいからであろう。ただ、選択の余地がなく、内部被ばくによる健康不安を強いられている家庭もある。この場合、親が抱える不安やストレスのレベルはさらに高くなる。

「学校給食にも福島県産米を使用することとなり、家で一生懸命県外産の野菜や肉、水もミネラルウォーターで内部被ばくを防ごうとしてきたのに、どう頑張っても福島県に居る限り、子供たちの被ばくは止めようもないのです。[3]」

「本当は安い福島県産買いたいけど、小さい子供には不安。なので高い他県の物を買うが、経済的に苦しいので、半分は地元産。うちの子は、他より早く死ぬんだ、たぶん。」

他方で、検査済みであることなどを理由に、地元産の食材を使用している家庭もある。しかし、内部被ばくによる健康不安は残っており、必ずしも安心しているわけではないことも同時に指摘されている。

「福島では、スーパーなどに売っている、福島産はすべて検査して出荷されているので安全だと、かえって隣県の野菜のほうが高い数値がでているかも……という話を聞きます。私は検査をきちんとしている野菜を選んでいますが、やはり、不安です。」

（3）不安の解消方法

内部被ばくによる健康不安を解消するためには、食材や水道水の安全性を確保することが必要である。しかし、それだけでは足りない。なぜなら、食材や水道水の安全性が確保されていても、食材に対する信頼が回復しないと、内部被ばくによる健康不安は消えないからである。

「私の地域は、地震での被害は他に比べそれ程多くなかった事もあり、放射能汚染での心労が大半です。農家でもあり、食に関しては、とても悩み、私はノイローぜぎみです。〝大丈夫〟と言われる数値であっても、心から信用できない自分がおり、不安でしかたがありませ

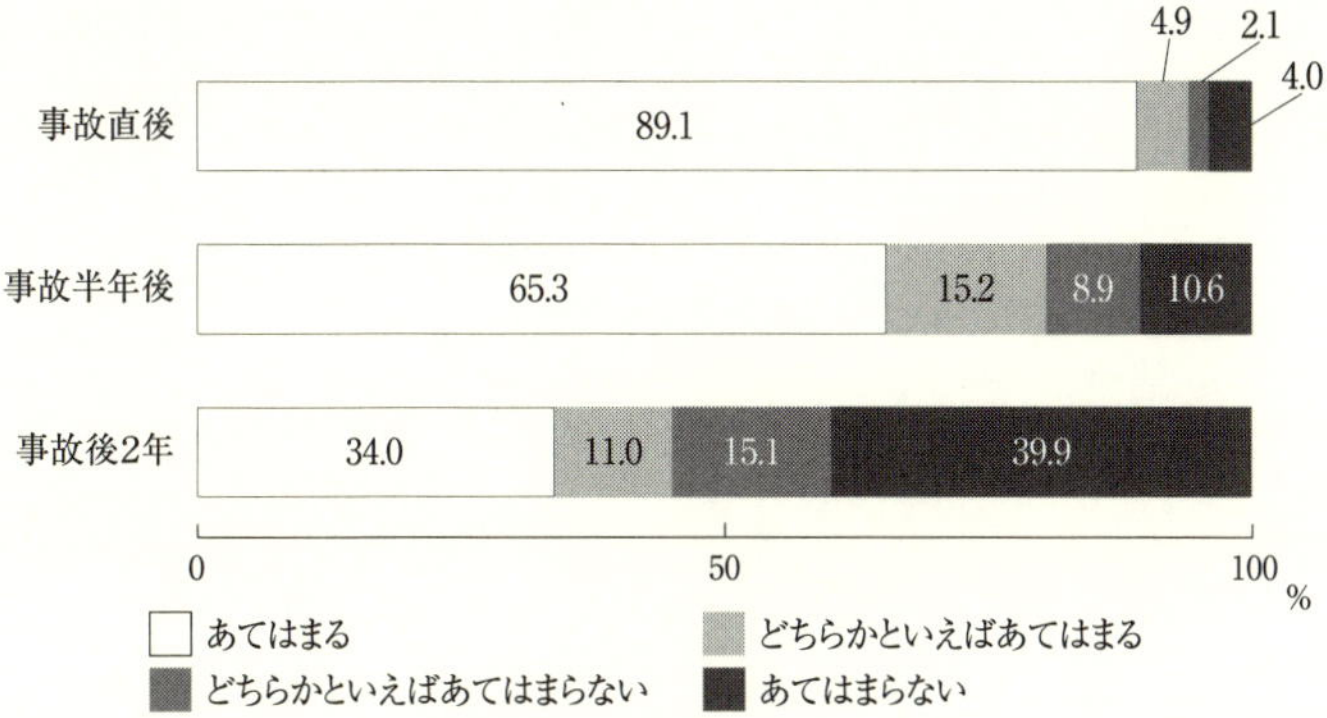

洗濯物の外干しはしない

ん。周りは、自分と同じようには感じておらず、自分だけが不安で、無駄な心配をしているとバカにされる気分にもなり、頭がおかしくなりそうで、不安をのみこんで考えないようにもしています。」

したがって、食材や水道水の安全性を確保するプロセスを公開するなど透明性を確保する必要があり、それらを積み重ねて信頼を築くほかない。

食をめぐる対処行動とも関連することだが、放射能が洗濯物に付着することの不安から、洗濯物の外干しを制限する家庭もある。アンケート調査の結果では、「洗濯物の外干しはしない」という質問に対して、「あてはまる」と「どちらかといえばあてはまる」と回答しているのは、事故直後は九四・〇%、事故半年後は八〇・五%、事故後二年（二〇一三年上半期）は四五・〇%である。この場合は、室内干しやコインランドリーの利用によっ

(3) 学校給食に対する不満は12件あった。

て対処するしかない。しかし、室内干しは雑菌（臭い）や乾きにくいなどの問題があり、日常的にストレスを感じさせる。また、エアコンなどを使用すると電気代が高騰するという意見もあった。したがって、外干しをするかどうかで葛藤している家庭も少なくない。

3　外遊び

(1) 外遊びの制限

被ばくによる健康不安から、子どもを外遊びさせることに対する不安がみられる。その対処行動が外遊びの時間の制限である。

一日の遊び時間について、「まったく遊ばない」は、原発事故直後から半年は、六二・八％あったものが、事故後二年（二〇一三年上半期）については一一・四％まで急激に減少している。自由回答においても次のような意見があった。

「最初は放射能に対して多々不安もありましたが、今はあまり気にしすぎず、楽しくすごすようにしています。子供達も少しでも外で遊べるようになり元気を取り戻しています。早くプールも入れるようになるといいなと思います。少しずつ良い方向に向かっていると思います。」

しかし、「まったく遊ばない」という回答が減少した部分のほとんどは、「三十分以内」と「一

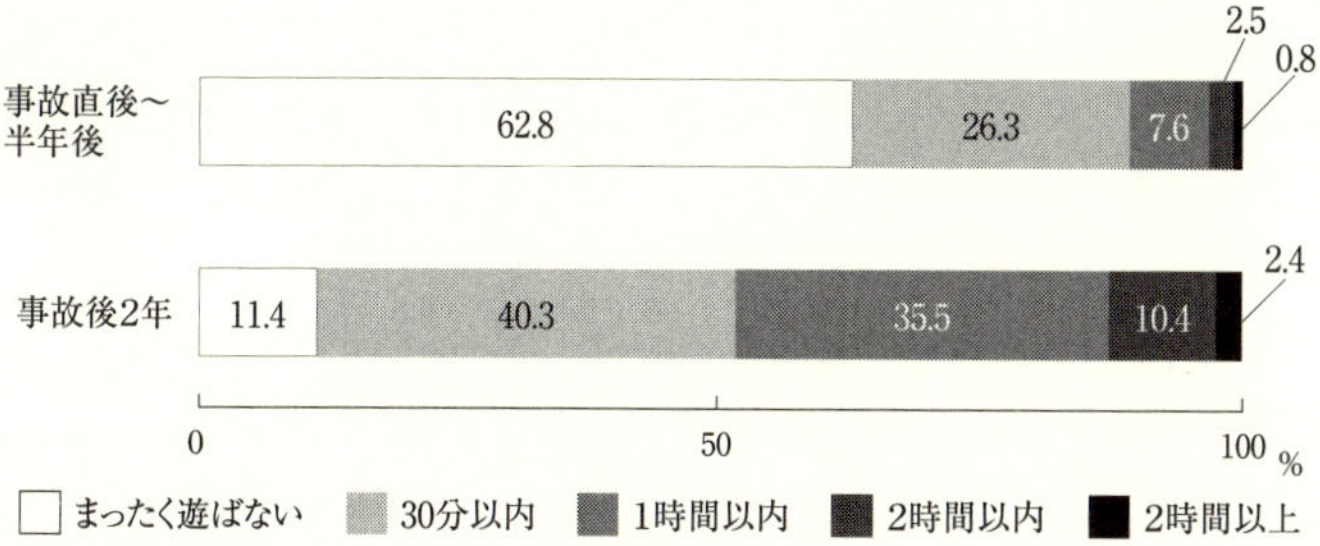

外遊び時間

時間以内」に移動したことが伺われ、短時間という括りでみれば、それほど減少していない。自由回答においても次のような意見があった。

「原発後、外では遊べなくなりました。子供には外にはバイキンがいるから遊べないの！と言って聞かせました。（当時二歳）マスクも出来るだけさせました。苦痛だったと思います。自分も、家に居る事が多くなりイライラして子供にあたってしまう事があり、毎日反省していました。今、現在は、長時間は、無理ですが、少しだけなら外でも遊ばせています。週末やパパが土日休める時などは、月一回程ですが、県外に外出しています。まだ、自宅の除染の順番がまわって来ていません。まだまだ先のようで、不満です。」

他方で、少数ではあるが、外遊びを通常どおりさせている家庭もある。しかし、次にみるように、健康不安がないわけではない。

「放射能が健康状態にどう影響しているかはわからない。でも、子供達には普通に生活してもらいたいので、外でも自由に遊ばせています。なので、子供達の健康調査は、きちんとやってもらいたいです。」

「今の雪が降る季節に子供達が外で雪遊びや雪はきをしている学校や幼稚園などを見かけます。雪がまうのをみていてすいこんでいると思うととても不安です。雪の中にどれだけの放射能がふくまれているのか数値を出してほしいと思います。皆が遊んでいるのに自分の子だけ室内に残すのはとても残こくで『だめ』とは言えません。」

このように自由回答のなかで、子どもの外遊びに関する意見は一七一件と多く、このうち七四件が「どちらかというと外遊びを制限している」という意見であった。[4] 外遊びに前向きな意見のなかにも外遊びを部分的に制限するというものがあり、制限の有無を厳然と区別することは難しい。それだけ葛藤が大きいということであろう。

また、遊び友達の減少を指摘する意見もあった。

「よく遊んでいた友人も避難してしまい、同じくらいの（歳の）子供達がいないのもすこし悩みです。」

多感な時期の子どもの外遊びに関しては、親の強い思い入れがあり、それに関する意見が多かった。内容的にもさまざまなものがある。その思いを余すことなく汲み取ることは難しいが、代表的な意見を引用することとしたい。長文であるが、実態がよくわかる意見を二つ挙げる。いずれも外遊びの制限を強いられたことによる苦悩が具体的に描写されている。

「砂遊びがしたい年齢なのに、今ではめったにできずとてもかわいそうだと思います。外遊びの時間も限られていて、少しでも風が強ければ、砂が舞うからと室内で遊ぶしかありません。家の庭で遊んでいても、砂や草花を触ったり、口に入れてはいないかと常に目を見張っています。来月で二歳になる子供もいるのですが、砂あそびをしたことがほとんどありません。とてもかわいそうです。子供時代に自然にたくさんふれることができないのが悲しいです。昨年、保育園に他県から『いちょうの葉』が送られて来ました。うれしい反面、そういうことでしか草花にふれられないのかと思うと涙が出ました。私の住んでいる地域は放射能が低いので、周り（東電など）からは軽く見られていますが、実さいはいろいろと気を使っていますし、不安だってあります。お金の問題ではありませんが、今回で補しょうが終わりというのも納得行きません。原発事故のせいで何度他県に遊びに行ったことか……。収入は減っても出費は増えるばかりだし。ほんとうに東電が許せません。子供たちの自由を返してほしいです。もっと外で、毎日自由にあそばせたいです。子供の口から『放射のう』という言葉があたり前のように出てくることにも悲しさを感じます。」

「外遊びが出来ないのが普通じゃないですね。……屋外での遊びの場の安全性確保。子ども

(4) 他には、どちらかといえば外遊びに前向きな意見が二九件、室内遊び場の要望等に関する意見が六八件あった。外遊びに前向きな意見が多いわけではないことに留意されたい。

のいる施設は優先的に除染が進み数値はだいぶ低くなって来ているが、県外と比べてみるとまだ高い。どんぐりやまつぼっくり、小枝や葉っぱなど拾い集めて無邪気に遊べるようになる日は本当に来るのかと思うと、気が重い。(子ども達の遊びたい気持ちを抑えつける事は出来ないから仕方なくやらせる→見ている親の気持ちは穏やかではない。周囲の目も気になる→親にとって強いストレス→だから遊ばせないようにする→子供にとってストレス・不健全、こんな悪循環がいつまでも続く)こんな小さな不安は原発の是非を問う政治の場には全く届いていない。母親たちの小さな声を県内だけでなく全国レベルで吸い上げて大きな力に変えていけるような集約的な場が常時あったら良いと思う。あと三年もたてば、何ごともなかったようにすべてがウヤムヤにされる。それが一番こわい。」

(2) 外遊びをめぐる葛藤

子どもの外遊びの制限は、子どもの運動能力や社会性の発達などの妨げとなり、子どもへの身体的・精神的な悪影響が懸念される。具体的には、運動能力、体力、免疫力の不足、自然や生き物に触れないことなどによる人格形成への影響、ストレスなどが指摘されている。

「外で遊ぶ機会もぐっと減って、普通ならできるはずの自転車の練習や砂遊びも出来なくなりました。県外の子供と比べると、体力もぐっと減っている気がします。……この先、どのような形で、影きょうがあるのか、周りから大丈夫だといわれても、本当にそうなの？　絶対大丈夫なの？　ということが心の中で常にあります。……いつになれば安心して、外で元気いっぱい遊ばすことができるのか。」

「一番心配なのは、放射能の影響なのですが、外遊びが充分にできない為、体力の低下（免疫力）につながる事です。保育園に通わせていますが、事故後一年たつころから、やたら病気をするようになり、保育園の先生から『外遊びが減り、体力が落ちていると思います。外に出るというのはとても大事で、日光に当たる、風を感じるという事は、体にとても重要なことなんですよ』と言われました。」

「大人は構いませんが、外で安心して遊べない子供達の体力や将来への健康の影響を感じます。自然豊かな本来の福島を取り戻したいと切に願います。保育士をしていますが、子供たちの今は今しかありません。外遊びを経験することの楽しさ、大切さ、それを今、体験できない福島の子供たち、かわいそうだと思います。室内での遊び体験施設もいくつかでき、ありがたいことだとは思いますが、やはり自然の中で太陽の光をあびて遊ぶのとは違うと思います。」

「外で体を動かさなくなったので、夜ねるのが一時間～一時間三十分ほど遅くなりました。いくらねかしつけてもねてくれません。最近は気持ち的にもやっとおちついてきました。」

「原発事故後、外遊びが少なくなり、ゲームなどで遊ぶ回数が増えた。好ましくない状況だと思う。」

「当時は娘も三歳で一番外遊びしたがる時でした。その一番とても大切な時期に放射能の問題で苦しみました。一番大切な時期砂遊びや外遊びの楽しさを知る時にそうできなかった事でこん後なにかと影響がでないか心配です。私も神経しつになりましたし、本当に二〜三歳の子をもつ親にしかわからない苦しい思いをしました。」

(3) 解消方法

こうした子どもへの悪影響を考慮してもなお外遊びを制限せざるを得ない親の心痛は筆舌に尽くしがたいものがあろう。しかし、生活空間に放射能がある限り、根本的な解消法は見出せない。このことが、親のストレスや心痛をさらに増幅させている。そのための代替的な手段として、室内遊び場に関心が向けられている。例えば、次の意見は、外遊びの制限による運動不足の解消のため室内遊び場を求めていることが伺える。

「幼稚園以外では外で遊ばせていないので、体を動かせる大きな施設がほしい。(郡山の無料の遊び場のような) 福島はお金をとられるし、無料だとせまいので……。」

確かに、運動することができる施設であれば、運動不足や体力不足をある程度解消することができる。その意味で、室内遊び場は有効な方法である。現に、室内遊び場に満足感を示す意見もあった。

「原発直後は、子どもを外に出すことに不安を感じていました。でも屋内遊び場など子どもがのびのびと遊べる場所もふえてきているので、良かったなと思っています。不安はありますが、子供が元気に遊べることが一番だと思います。」

しかし、室内遊び場には次のような問題が指摘されている。第一に、需要に対して室内遊び場の供給が追いついていない。室内遊び場に対する要望は多く（六八件）、その内容は各家庭の状況に応じてさまざまである。第二に、衛生面が気にかかり、室内遊び場の利用に消極的な家庭がある。

「室内遊び場を増やすのはいいですけど、ボールプールなどの衛生面が非常に気になります。秋〜冬にかけてはノロやインフルなど感染病が多い時期です。赤ちゃんがなめたままのボール、よだれなど、大変気になります。作るのはいいですけど、ただ遊べればいいってわけにはいかないと思います。細めに消毒している場面は全く見られません。」

第三に、外遊びの代わりにならないという指摘である。外遊びでしか体験できないことがある。先述の室内遊び場の不足や衛生面の問題は予算やマンパワー（労働力）が必要であるが、それさえあれば解決することができる。だが、自然体験などは室内遊び場では解決できない本質的な限界である。

「災震後、小さな子供は外で遊べなくなりました。それがなによりつらかった。外遊びは大切です。草や木や花、虫や鳥がいて、興味のある物がたくさんあります。室内で遊べる場を作っていただきましたが、あまりに人が多すぎて逆に感染の方が気になりました。おもちゃも数にかぎりがありますし、生きてうごく物にはかないません。」

室内遊び場以外の方法としては放射能不安がない場所に保養に出ることである。しかし、時間と経済面の制約があり、保養を多用することはできず、保養への助成も少ないという問題がある（第4章参照）。

4　差別への不安

放射能不安のもう一つの側面が子どもへの差別・偏見の不安である。すなわち、「福島出身者」ということで、嫌がらせを受けたり、結婚・就職・進学などの際に理不尽な扱いを受けたりするのではないかという不安である。自由回答でこのような意見はかなり多数に上る（七九件）。

「この先、結婚する年令をむかえた時にも、原発のあった、福島の女の子だからと、相手の方からけねんされることはないだろうかとか、考えれば、考えるだけ問題はつきないのですが……。」

「震災直後、風評被害が一番気になった。子供たちは震災をしっかり乗り越えたと思っていたが、うわさで『福島ナンバーの車に〝帰れ‼〟と落書きされたらしい』とか『放射能をもってくるな』とか県外の方から言われたと聞き、実際自分たちが県外に行った時、『福島』という言葉を出さない様にしていた。もし、子供たちが上記の言葉を聞いてしまったりした時、どう説明していいか、わからない……。」

「一番は、子供達の将来、未来が閉ざされたものにならないようにと、ただただ願うばかりです。将来親元を離れ、県外へ行ったり、県外の人と知り合う機会は訪れるはず。その時に福島で生まれ育だったことに引け目を感じたり負い目になったりしないか、偏見は持たれないか、傷つくことはないか、さまざまな不安が頭をよぎります。そうならない為に、私達はもちろんのこと、県外の子供達へ正しい知識と教育がなされることを願わずにはいられません。」

差別や偏見によって苦痛を受けるのは子どもである。それだけに、子どもの幸福を願う親としては、子どもの健康と同じように、子どもの将来に対して不安を抱くのであろう。その不安の強さが、意見の数に表れているものと考えられる。

5　制度的なサポートの必要性

本章では、放射能不安（健康不安、差別不安）とそれに起因する子どもの生活変化（食生活、外遊び）について調査結果を紹介してきた。原発事故が、福島県中通りの親子に与える影響は計り知れない。とりわけ、未就学児の子どもが置かれた状況を考えると、今なお放射能不安を抱え、福島で暮らしている子どもとその親への制度的なサポートは必要不可欠である。本章で紹介した内容と関連して大きく三つを指摘しておきたい。

第一に、食に関する不安を軽減するための支援である。具体的には、食材の購入をサポートするための経済的支援であり、また食材の検査体制を充実し、簡単に測定することができる制度的支援である。

第二に、外遊びに関わる支援である。特に、川遊びや自然と触れ合う機会などが激減している点に考慮し、定期的に自然体験ができる機会を増やす、または、保養の機会を増やすことが必要である。

第三に、差別不安を払拭《ふっしょく》するための取り組みである。

人々の認識や考え方を変更するための対策が必要であるため、きわめて難しいことではあるが、これらの支援は、長期的な観点から継続的な支援が必要である。

第3章　情報不安・不確実性

1　どの情報が「正しい」のか

原発事故そのもの、あるいは、放射線量に関する情報は、放射能への認知的評価と放射能への対処行動をとるときの前提となる。例えば、内部被ばくによる健康不安から地元産の食材を買い控えることがあるが、その認知と対処行動は次のように行われている。

① 放射能の付着した食材の使用によって内部被ばくが生じる
② 地元産の食材には放射能が付着している可能性がある
③ 地元産の食材を買い控える

ここでは、①②の情報認知から③の対処行動が選択されている。このように、情報認知は対処行動の前提となる。子どもの健康不安を抱える家庭にとって放射能に関する正確な情報を把握することは重要である。福島原発事故後、子育て中の親の多くが、「情報不安」を抱えている。要するに、「放射能に関してどの情報が正しいのかわからない」という事態が生じている。情報不安は、「自分が知っているべきと思う情報」と「実際に自分が知っている情報」との乖離《かいり》が原因であるが(1)、原発事故後の情報不安の背景には、情報の不確実性に加えて、情報発信元に関する信頼の低下がある。

2　情報の不確実性

私たち「福島子ども健康プロジェクト」が実施したアンケート調査の自由回答欄には情報の収集に関する意見が全体で八二件書き込まれており、そのうち六二件が放射能に関して「正確な情報がわからない」、「情報を信じられない」という趣旨の意見であった。これらの意見によれば、情報を正確に把握することができない状況が生じている。このような状況を情報の不確実性という。

(1) 影響

情報は対処行動の前提であるから、情報の不確実性は対処行動の低下と向上の原因となる。例えば、次のようなケースである。

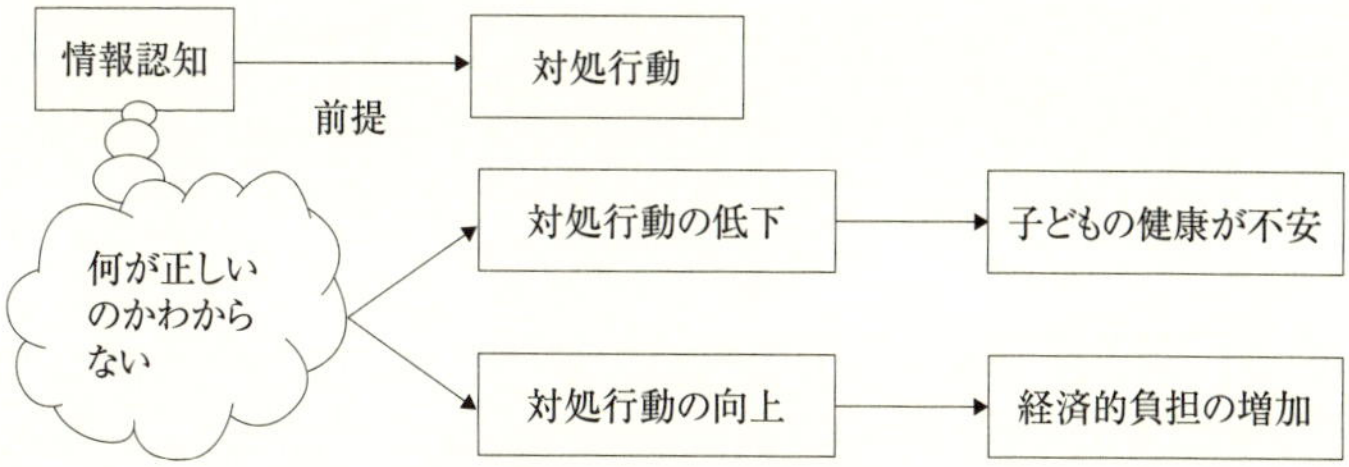

情報認知と対処行動

【対処行動の低下】安全が疑われる食材を使用
【対処行動の向上】限りなく安全と思われる食材を購入

この例で言えば、対処行動の低下は子どもの健康への不安を招き、対処行動の向上は経済的負担を増幅する恐れがある。このような問題があるから、情報の不確実性は解消されることが望ましいが、その原因が問題となる。

（2）原因

自由回答欄で情報の不確実性を指摘する意見によれば、その原因は、①情報の矛盾と②情報発信主体である行政や東電に対する不信にある。代表的な意見を紹介する。

① 情報の矛盾

「原発事故の事や放射能の事についていろんな人達が、それぞれ

(1) Richard S. Wurman, 1990, Information Anxiety=1993, 松岡正剛『情報選択の時代：溢れる情報から価値ある情報へ』日本実業出版社

いろんな意見を言っているのでいったい誰の言っている事を信じたらいいのか分からないです。」

「専門家の話しもばらばらで何を信用すれば良いかも悩まされています。」

「講演会に行っても講師の方によって意見が違います。何を信じ誰の言葉を信じたら良いのでしょうか。わかりません。」

② 行政や東電に対する不信

「国も東電も自治体も、自分達を良くみせようとするパフォーマンスばかりで、本当に福島の人のことを考えてくれているとは思えません。それに、後になってからSPEEDIの情報が住民に伝えられず破棄されたり、不適切な除染が行われたりしても、県民を危険にさらしても誰も罪に問われないのは何故でしょうか？　原発事故以来、人を信じることができなくなりました。」

「いくら安全と言われても、原発直後から、政治家の方からうそをつかれて、何が本当で何がウソか今だに信用できない状況です。放射能、大丈夫という先生もいれば、大丈夫ではないという先生もいます。」

「震災後の国や東電、県、市の対応はひどいものです。二〇マイクロシーベルトもあることも分からず、私達は震災直後、外で食材、水をもとめ、並んでいました。〝大丈夫〟という言葉を信じ、今なお、〝大丈夫だ〟と言いはります。しかし、甲状腺検査、ホールボディカウンターをやったり、外で遊べないからと、屋内遊び場を作っています。大丈夫が信じられません。」

前記の原因を踏まえて、情報の不確実性を解消する方法を検討する。

(3) 解消方法

原発や放射能に関連する情報には、科学的に既知のものと未知のものとがある（以下、「既知情報」と「未知情報」という）。

① 既知情報

既知情報は行政と東電に集中しており、一般家庭が容易に入手することはできない。要するに、情報格差が存在する。したがって、行政や東電の説明が必要である。しかし、原発事故対応をめぐって行政や東電の説明を信用することができない状況が生じている（情報の不確実性の原因②）。これは、「安全」という結論しか示されないことや、情報隠ぺいの経験などがその理由である。

ある主体に対して一度生じた不信感を解消するのは容易ではない。行政や東電としては、「安全」というのであれば、その理由と根拠となる資料を公開するなど真摯な説明を続けるしかないだろう。

② 未知情報

未知なる情報は、通説的な見解が確立していないため、さまざまな立場からさまざまな情報が発信される。その結果、情報の矛盾が生じる（情報の不確実性の原因①）。これは未知情報の性質から必然的に生じる問題であって、解消するのは容易ではない。したがって、未知情報であることも含めて住民が納得するまで説明を続ける必要があろう。

以上のように、情報の不確実性を解消するのは困難である。したがって、原発事故後、生じているさまざまな問題を検討するにあたっては、情報の不確実性があることを前提に考える必要がある。

3 関心の低下とあきらめ

原発関連情報に対する関心はもともと高い。子どもの健康に影響する可能性があるからである。ところが、自由回答で、いわゆる「関心の低下」を指摘する意見があった（二〇件）。これらの意見は、関心の低下が何によって引き起こされ、また何をもたらすかを分析する上で参考になる。

（1） 影響

第一に、関心の低下は、対処行動の低下を引き起こす可能性[2]がある。例えば、「関心の低下→

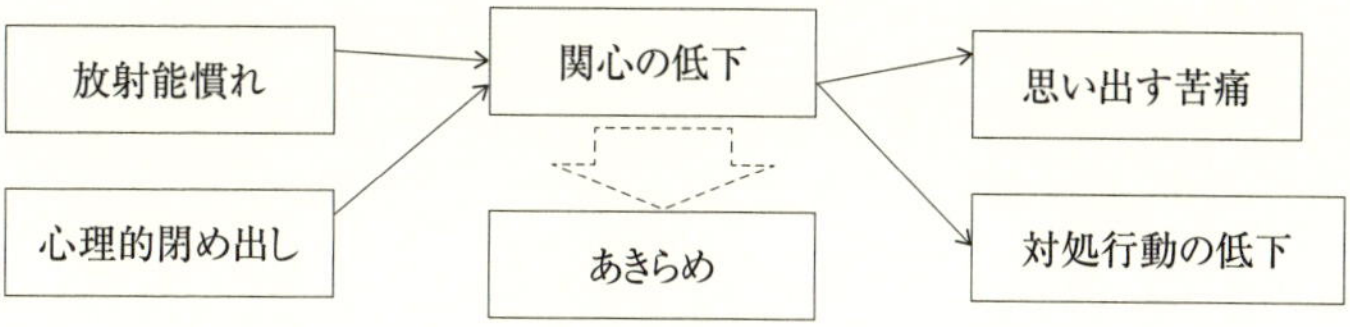

関心の低下

線量の確認をしない→高線量の場所で外遊びをさせる」というような場合である。

「震災があり、みんな不安を抱えて生活していますが、だんだんその生活に慣れてきて、あまり放射能を気にせず、外で子どもを遊ばせていたり、食べ物も気にせず県内産をどんどん食べています。」

第二に、関心の低下は、ふと思い出したときに、関心が低下していたこと自体に不安を感じることがある。これは、「関心が低下していた間の行動が子どもの健康に影響を及ぼさないだろうか」、「このまま忘れてしまって本当によいのだろうか」といった不安であろう。

「原発事故に伴う放射線による外部及び内部被ばく線量について、ホールボディカウンターと甲状腺検査（まだ結果待ち中）をしているものの、現時点では「健康被害は認められなかった」にしろ、今後どうなるのかがとっても不安である。このままここに住んでいてもいいのかもわからない。忘れてしまう時もあるけれど、ふと気付いた時に恐怖になる。とにかく将来が不安。」

---

(2) 関心の低下に起因する行動がすべて対処行動の低下につながるわけではなく、あくまでその可能性があるということである。

「常に放射能のことを気にしながら生活しなければならないのは、しらずしらずのうちにストレスを感じているのだと思います。だいぶ、危機感がぼやけてきている今でもやはりどこかで気になって苦痛に感じることがあります。」

放射能への慣れや心理的閉め出し[3]によって、関心が低下したり、放射能がある状態へのあきらめへと発展したりする場合がある。賠償などの救済に関してはすでに関心の低下やあきらめの傾向がみられる。

(2) 原因

関心の低下の原因は、①放射能のある生活に慣れてしまった、②心理的閉め出し（考えると不安になる、心の安定のために考えないようにしている、あるいは、早く忘れたい）の二つである。

① 放射能のある生活に慣れてしまった

時間の経過とともに、放射能のある生活に慣れてしまったという意見が多く寄せられている。その原因として、日々の生活に手いっぱいで原発関連情報に関心を向ける余裕がないことや、危機感の低下、周囲の目[4]、行政や東電の対応状況などが考えられる。

「自分自身もそうだけど、原発事故があってから月日がたち、放射能の事を忘れて生活しているような気がする。」

「今出来ることをしてあげたいと思っています。ただ、今出来ることが何か、分からずに、低線被ばくの生活に慣れ、生活していることも事実です。」

「福島に残っている友だちに聞くと、福島で暮らすことに慣れてしまっている人が多く、放射線の影響を心配して話題にすることも減ってしまったと聞きます。心配していても本音でそのことについて話せる人が限られているとか……。福島に住んでいるからこそ、本気で放射線のことを学び、話題にし、子どもたちの健康に気を遣うべきだと思うのですが、そういうことを気軽に話せる仲間がたくさんいたらいいなあと思います。」

これらの意見は、放射能のある生活に対して危機感が薄れはじめていることを示している。ただ、注意すべきことは、時間の経過とともに単純に放射能慣れが進んでいるわけはなく、忘れていくことに対して不安を感じたり、今、子どものためにできることは何かを探し求めたりしていることである。また、放射能を気にしない周囲の目を気にしている。これらの状況にどのように向き合うか、私たちが問われている。

(3)「死についての不安と罪意識から身を守るために、生存者が示す反応として大きな力を持つのは、感情の機能を停止することである。広島の実態調査から得た所見として、われわれは、このような反応が急性的な形をとるものを心理的閉め出しと呼び、もっとも慢性的な形をとるものを精神的麻痺と呼んだ。」(Robert J. Lifton, Death in Life: Survivors of Hiroshima.1968=2009 桝井迪夫・湯浅信之・越智道雄・松田誠思『ヒロシマを生き抜く(下):考察』岩波書店 p.326)

(4) 周りは放射能のことを気にしていないのに自分だけ気にしていると白い目でみられるといった状況がある。

② 心理的閉め出し

心理的閉め出しは、考え悩むことによる不安から解放されるための対処行動である[5]。

「事故から二年も経つというのに将来への不安が残るだけで、何も変わっていないのが現状です。であるならば、むしろ事故を忘れたい。そっとしておいてほしいのです。」

「忘れてはいけない事ですし、これからも立ち向かっていかなくてはならない問題ですが、思い出し、考え始めると、道が見えず、不安になります。私も、私の周りの方達も、最近は考えないようにしている様な気がします。」

考え悩むことによる不安から、考えることを避けるために関心の低下が起きている。考え悩むことによる不安の心理的負担が大きいからこそ、このような対処行動がとられている。親の健康[6]という観点からみれば望ましいという見方もできるかもしれないが、他方で、ふと思い出したときの苦痛が生じるという意見もある。

4　放射能検査をめぐる要望と不信

放射能による子どもの健康影響への不安に対する医学的・社会保障的な対応として、子どもへの検査が望まれている。しかし、実施された検査やそれに基づく情報提供が不十分であることに対する不満が指摘されている。

目的で、子どものへの定期的な検査と、万が一のときのための保障が望まれている。

（1）検査の要望

子どもへの健康影響の不安から、さまざまな対処行動が実行されているが、子どもの健康不安を完全に払拭《ふっしょく》することは難しい。そこで、子どもの健康被害を予防し、あるいは早期に発見する

「原発事故に関して、甲状腺検査は実施しました。しかし、それ以外にも、もう少しくわしい検査を定期的に実施してほしいです。これから何年後か子供に何かあるか考えると、とても不安です。何か出てきた時、国などの対応などどうなってきているのか。だんだん原発に関しての情報が減ってきているような気がします。子供が何もなく元気に育ってくれる事を願うばかりです。」

「福島以外、東京や大阪などの放射線量や甲状腺を調べて、福島とどれくらいの違いがあるのか教えて欲しいです。」

「ホールボディカウンターや甲状腺けんさを何年かに一回実施してくれるとは思いますが、その結果で、異常が出て、入院、手術になったばあいの保障をしっかりしてほしい。」

(5) ある問題を避けようとしてある選択をしても、それによって何か別の問題が生じるという八方塞がりの状況がある。この心理的ストレスが大きいため、回避しようとするのであろう。例えば、「時間が経過し、正直、今、さまざまな事がマヒしています。ほんの少し忘れはじめてもいます。考えても結論がでないとわかったからです。」という意見がある。

(6) 親の不安が子どもに伝わってその心身に影響することを防止することもできる。

子どもの健康の確保、および実態の把握のために必要な検査が実施されるべきことは言うまでもない。しかし、この種の検査を行うにあたって問題となるのが、継続的に参加するためのインセンティブ（誘因）とフォローアップ（ケアとサポート体制）である。定期的に検査に参加し、健康影響を確認することは必要であるが、こういった検査は、参加者に放射能のことを常に念頭に置いた生活を強いることになり、精神的に負担を与えることになる。放射能のことを考えなくて済むなら、忘れて過ごしたいという「心理的閉め出し」のような作用が働く。したがって、検査体制を構築する際には、検査に参加する人へのインセンティブに加えて、心理的な負担を軽減するためのケアが必要不可欠である。

（2）検査不信

他方で、検査自体の信用性を疑うものや、検査結果に対する不安を指摘するものが多数ある。(7)

「昨年十一月に子供の甲状腺エコーを受けましたが、保護者にはエコーの画面はいっさい見せず、エコー画像も一度も見ていません。結果は『A1』とか『A2』とか記載された書面のみ。全てにおいて不信感でいっぱいです。何を信じれば良いのかわかりません。『A2』判定（福島医大のY先生から医療機関に断るよう通達を出しています。）でセカンドオピニオン受診希望しても県内のほとんどのｈｐ（注：hospital：病院）は断るそうです。福島県民は被ばく者としてデータサンプルにされているとしか思えません。せめて子供達だけでも助けて下さい。」

（3）積算計

積算計（ガラスバッジ）に対する不満や線量計（ガイガーカウンター）の貸し出しを望む意見があった。放射線量の高い場所を避けたいからであろう。

「ガラスバッチを子ども達につけさせるのではなく、線量計を貸し出してほしいと思った。高線量のところに近づかないよう気をつけることができると思う。」

こうした検査不信や検査結果への不安の原因は何か。それは、検査主体の説明不足やフォローアップ不足などにより、親が検査への参加をためらうこと、または、検査結果に対する納得できる情報を入手できないところにある。検査のプロセスが不透明で、何らかの異常を示す結果が出れば、子どもの健康に不安を抱くのは当然である。このような不信や不安を解消するためには、検査主体が十分な説明とフォローアップを行う体制を構築するよりほかにない。

（7）少数であるが、検査に付き添わなければならない負担を指摘する意見もあった。

第4章　生活拠点〈避難・保養・除染〉

1　予感

予感とは経験に先だって働く想像力である。ある事件に対して、どのような心構えを持つかによって、その事件に対するわれわれの経験そのものも変化する。(1) 東日本大震災と福島原発事故によって、原発から三〇～九〇キロメートルほど離れた福島県中通り九市町村に、ある日、突然、放射能が降り注いだ。放射線量は、少なくとも原発事故前の十倍以上の差がついた。大多数の福島の親子は何の心の準備もなしに、いわば青天の霹靂《へきれき》のように放射能と対峙する生活が始まった。ふつう、予感というものは過去の経験と現在の知見から生まれるものであるが、そのいずれも、この未曾有の大事件を知らせることはできなかったのである。とりわけ、子どもが暮らす住居や外遊び空間、保育園や幼稚園に通う道やその園庭などの生活拠点が、原発事故後、放射能に曝《さら》さ

自宅の放射線量

	原発事故〜半年間	事故後２年（2013 年上半期）
自宅の室内	0.74 ± 1.12 μ Sv	0.74 ± 1.08 μ Sv
自宅の周囲	3.66 ± 6.18 μ Sv	0.89 ± 2.05 μ Sv

μ Sv ＝マイクロシーベルト

れ続け、そのために親子は不安と戸惑いを抱え、生活の変化を余儀なくされたのである。

『本当に役に立つ「汚染地図」』[2]の著者、沢野伸浩は「自分の家がどれくらい汚染されたか、皆、知りたいはずだ」と指摘している。ただ、普段、線量計を持っていない家庭は自宅の室内まで放射線量を測定することができない。今回のアンケート調査の対象者が、自宅とその周辺地域にどれくらいの放射線量があるのかについての質問に、四割以上の人が回答している。このこと自体、異例のことである。原発事故から半年間と調査時点の事故後二年（二〇一三年上半期）の時点の自宅の室内と自宅周辺の雨どいや庭などの最も高い線量は上記のとおりである。

この結果は、もちろん測定の仕方などでさまざまな誤差がありうる。ただ、これが強制避難区域外とされる福島県中通り九市町村（福島第一原発からの距離：三〇〜九〇キロ）の放射線量である点に注目すべきである。そして、自宅周囲の放射線量は大幅に低下しているものの、自宅の室内に関しては相変わら

（1）Robert J. Lifton, Death in Life: Survivors of Hiroshima, 1968=2009 桝井迪夫・湯浅信之・越智道雄・松田誠思『ヒロシマを生き抜く（上）：精神史的考察』岩波書店、p.26
（2）沢野伸浩、二〇一三年、『本当に役に立つ「汚染地図」』集英社

ず、毎時一マイクロシーベルト前後の数値で推移しており、大きくは変化していない。生活拠点に降り注いだ放射能によって、親子はどれほど恐怖を抱え、これから先の生活を案じただろうか。

こうした放射能汚染を根本的に解決するためには、生活拠点が放射能に曝されている状態を解消する必要がある。その方法は、大きく次の三つである。

第一に、安全な地域に「避難」する。

第二に、放射能を取り除くことである。放射能を取り除く一つの方法が「除染」である。ただ、「除染」は、放射線物質を現在の生活拠点から他の場所に移動することであって、環境に放出された放射能を根本的に取り除くものではないという考えもある。

第三に、放射線量が低い地域に一時的に退避することによって被ばくを低減し、元の場所に戻ってくる放射能疎開ともいえる「保養」である。

しかし、避難・除染・保養には、いずれも多くの障害がある。その障害については後ほどみることにして、まず、避難や保養をするかどうかを決める際の情報源について確認しておこう。

2　情報源

左記のグラフは、避難や保養をするかどうかを決める際に参考にした情報源とその行動を決定づけたものについてのアンケート結果である。以下、すべて複数回答である。情報源として最

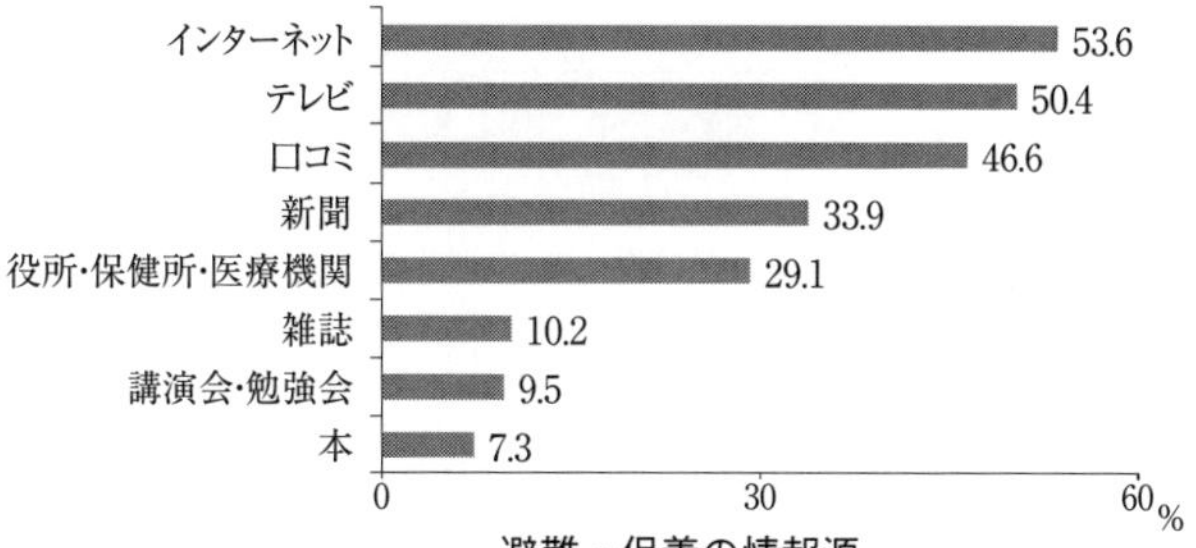

避難・保養の情報源

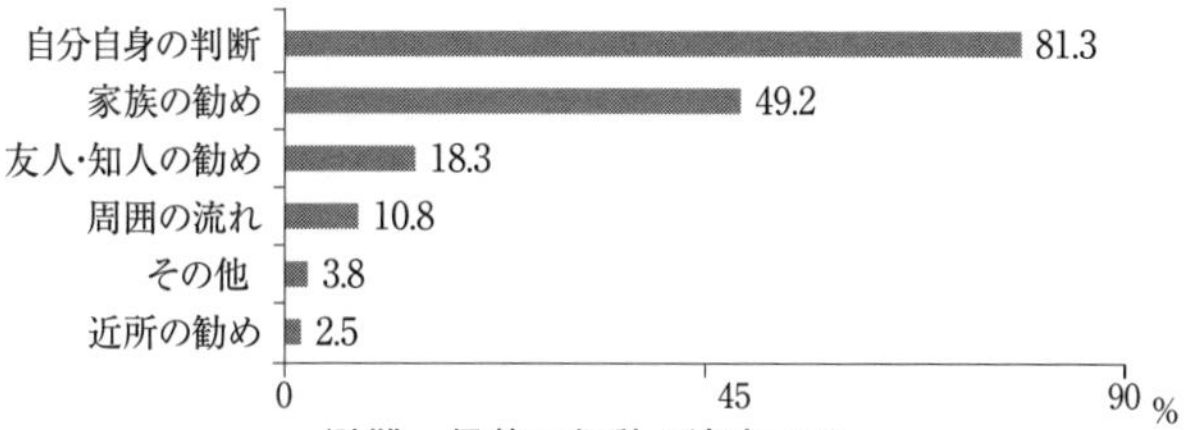

避難・保養の行動の決定づけ

も多いのはインターネット（五三・六％）である。検索が可能であることや情報の豊富さが理由であろう。これに、テレビ（五〇・四％）と口コミ（四六・六％）が続く。聞き手に徹することや日常的に行うことができる点で情報収集の容易さが理由であろう。その次に、新聞（三三・九％）と医療機関などの専門家（二九・一％）が続く。雑誌（一〇・二％）や本（七・三％）はさらに少ない。費用がかかることに加え、インターネットのような手軽さが乏しいことが理由であろう。講演会・勉強会（九・五％）も少ない。仕事や子育てで参加する機会が少ないことも理由の一つであろう。

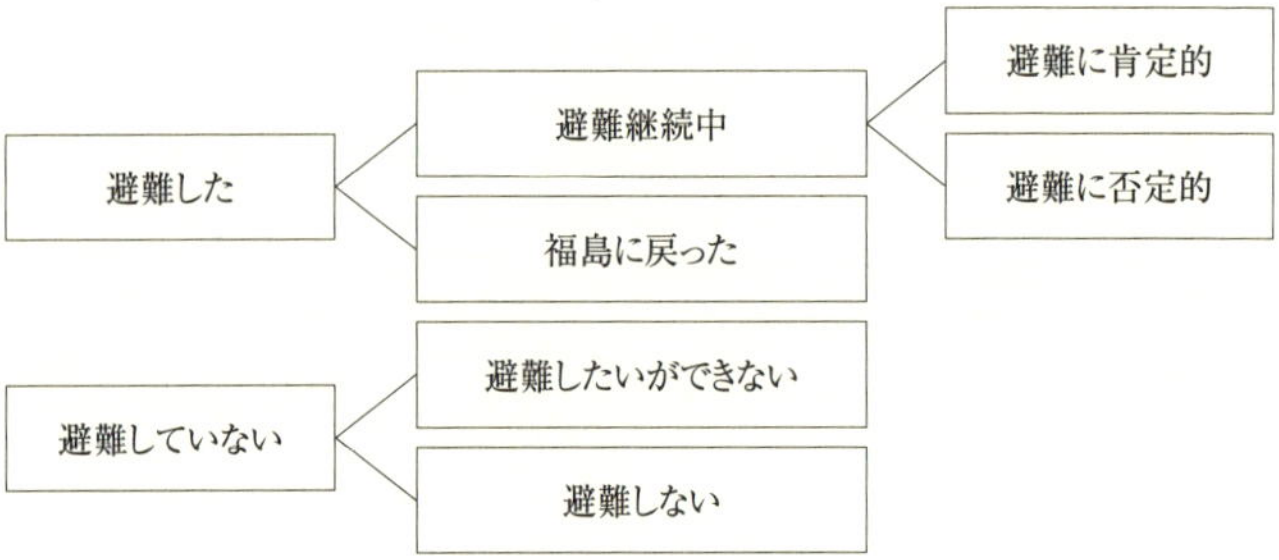

避難行動の類型化

3　避難

避難するかしないかをめぐる行動を類型化してみた。まず、避難した場合は、避難を継続するか、あるいは、一定期間避難した後、福島に戻るかの選択を迫られる。そのうえ、避難を継続する場合は、元の生活拠点に対する放射能不安が高いか低いかに加えて、社会経済的な資源の量によって対応が分かれる。(3) 要するに、避難することによって、放射能の不安からある程度、解放されるという長所がある一方、避難による経済的負担、家族離散、孤独感、子どもの成長への影響などさまざまな困難を伴うからである。したがって、避難を継続中の場合も、避難について概ね肯定的な意見と否定的な意見に分かれる。

一方、調査時点で「避難していない」場合でも、「避難したいができない」場合と「避難しない」という決断をしている場合がある。類型化すると、上図のようになるが、それぞれのケースについて具体的にみていこう。

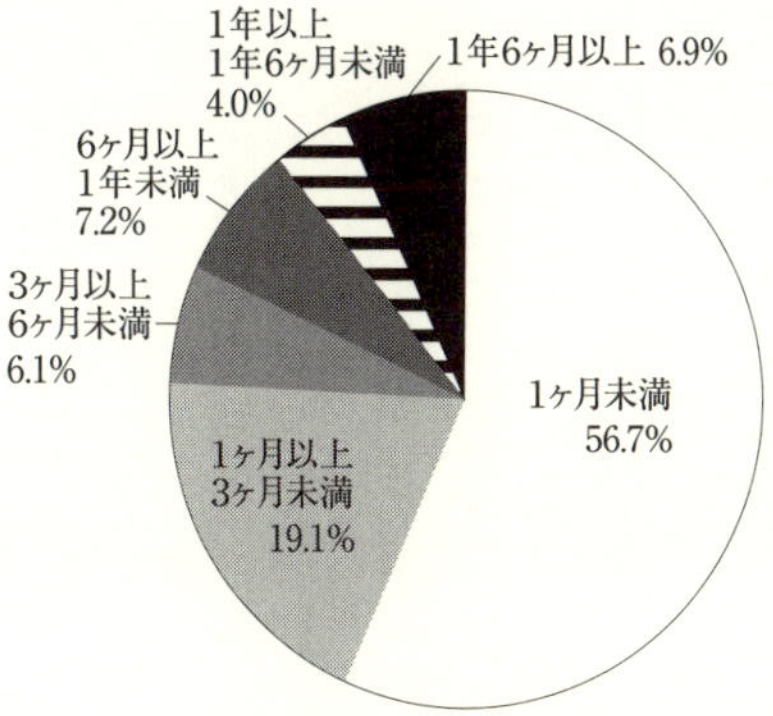

避難期間

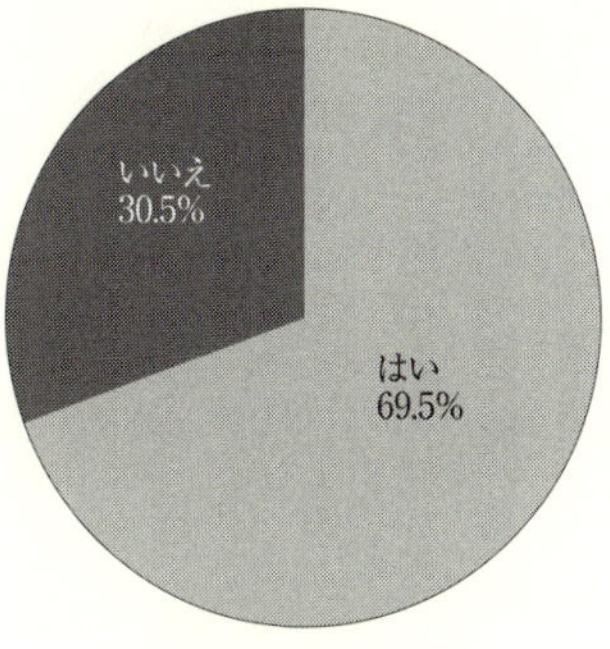

避難経験の有無

（１）避難した家庭の割合と避難期間

原発事故後、避難した経験のある家庭は六九・五％であり、約七割が避難を経験していることが伺える（上図）。これは、放射能のない生活を求めた結果であろう。[4] しかし、避難期間については、「一ヶ月未満」と「一ヶ月以上三ヶ

（3）Raid, Jasmin K., Fran H. Norris, and R. Barry Ruback. "Predicting Evacuation in Two Major Disasters: Risk Perception, Social Influence, and Access to Resources", Journal of Applied Social Psychology, Vol.29(5), 1999, p.918-34.

（4）一九七九年三月二八日に発生したアメリカのスリーマイル島原発事故のときも、半径二〇マイル（＝三二・一九キロメートル）以内の「未就学児の母親」は三月二八日～四月三日の間に七二・四％が避難している（Bruce P. Dohrenwend, 1983, Psychological Implications of Nuclear Accidents: The Case of Three Mile Island, Bulletin of the New York Academy of Medicine, Vol.59, p.1066 を参照）。避難理由は①安全性の心配、②政府や電力会社の矛盾した報告、③ニュースメディア、④みんな避難したから、⑤避難命令などである（Donald J. Zeigler, Stanley D. Brunn, and James H. Johnson, Jr., 1981, Evacuation from a Nuclear Technological Disaster, Geographical Review, Vol.71, p.6 を参照）。

月未満」が七割以上を占めており、短期間のうちに福島に戻ってきた家庭が多い。残りの三割弱についても、ある程度の期間を経て福島に戻ってきた家庭が多く、避難継続中の家庭は少ない。そもそも避難していない家庭が三〇・五％あることも併せ考えると、避難には多くの障害があるのではないかと推測される。調査票の自由回答欄の記述を手掛かりに紐解いてみたい。

（2）避難の主な障害

自由回答の避難に関する意見（全一五五件）のうち、避難継続中で避難に肯定的な意見は一件しかない[5]。それ以外の意見は、次のように分類される。

①避難継続中だが避難に否定的な意見（四八件）
②避難したが戻ってきた（三五件）
③避難したいが避難することができない（六八件）
④避難しない（三件）

①〜③の意見に共通するのは、避難するにはさまざまな障害があるということである。中でも、家族の精神的な結びつきが断ち切られること[6]や経済的な負担[7]が大きな障害となっている[8]。以下では前者を「精神的不安」、後者を「経済的不安」という[9]。

避難の主な障害

①の意見

「原発事故以降、放射能が与える、健康被害を心配して、母子のみで、秋田県に自主避難中。（当時第二子妊娠中）主人と別れての生活。経済的負担。これからのことを考えると不安でたまりません。」

②の意見

「毎日色んなことに気をつけて生活しては疲れて。子供たちがまだ小さいので、色々考えて母子避難もしました。経済的にも苦しくて、家族離

(5) この意見は、夫の転勤を契機として家族そろって福島県外に避難することができて、精神的・経済的な不安が低下したことを述べている。

(6) 夫の仕事が福島にあるため母子避難をする家庭が少なくない。夫と母子は離ればなれになり、母子ともに寂しさや不安を訴えている。

(7) 具体的には、住居の賃貸料、家財の購入費用、福島との往復費用などさまざまである。

(8) ③の意見のなかには他の不安を指摘するものもあるが、精神的・経済的な不安を指摘するものが大半である。また、①の意見と②の意見の理由についても、精神的・経済的な不安を挙げるものが大半を占めている。ここから、避難の主たる障害は精神的・経済的な不安であることが伺える。そこで、避難することに起因する不安としては、個別にみればさまざまであることを認識しつつも、精神的・経済的な不安を代表的なものとして挙げることとした。

(9) 他には、例えば「障害のないお子さんよりは障害児は避難しにくいのが現状です。」といった意見があった。

ればなれというのも、とてもつらくて一年しかできませんでした。」

③の意見

「避難したくても、戻ってから主人の両親との関係がぎくしゃくするのではないか、娘が新しい生活、友達になじめないのでは……と思い、あきらめるしかなかったのが、本音です。」

「避難できれば良いのですが家のローンや仕事の事を考えるととても無理な状況です。このまま不安をかかえながら今の場所で生活していかなくてはならないのだとほぼあきらめているのが今の正直なところです。」

以上の意見にみられるように、避難するかどうかを決定する段階や、避難実施後の段階において、放射能不安と精神的不安・経済的不安との間で葛藤やトレードオフ[10]の関係が生じている。放射能不安から避難に踏み切ったものの、精神的・経済的な不安が生じているのが①の意見である。精神的・経済的な不安が現実化して避難を継続することが不可能になった、または、著しく困難になったのが②の意見である。また、避難を検討したものの精神的・経済的な不安が大きいために避難することができない状況にあるのが③の意見である。自主避難には以上のようなジレンマや障害があり、したがって、避難を望む家庭は、避難に対する制度的な支援を望んでいるケースが多い。

「主人とも週末にしかあえず、あまりうまくいってません。同じような家庭がたくさんあると思います。もっと一家で避難を支援してくれると助かります。」

「福島県中通りの人達を強制的に避難させるべき。国が、費用と場所を早急に提供するべき。それが本当に中通りに住む、子供や弱者を守るという事になると思う。一〇〇%安全だと分かったら、中通りに安心して住みたい。」

しかし、避難に対する支援は、「中間指針」[11]で認められた範囲のものでしかく、避難には困難を伴うことが伺える。

4 保養

避難するには多くの困難が立ちはだかる。それで避難できない家庭においては、子どもの外遊びを制限するといった対処行動がとられている。子どもの外遊びを制限すると、親子にストレスが生じるばかりでなく、子どもの成長にもさまざまな影響を及ぼす。そこで、一時的に放射能線量の低い地域に赴くことがある。これを保養という。しかし、保養を実施するためには保養先の確保に加えて、交通費や宿泊費などが必要であり、回数を重ねれば重ねるほど高額になる。定期的に保養に出かけるには家庭の経済力に限界があるだろう。

---

(10)「一方を得れば、他方を失う」

(11) 原子力損害賠償紛争審査会が平成二十三年八月に定めた「東京電力株式会社福島第一、第二原子力発電所事故による原子力損害の範囲の判定等に関する中間指針」

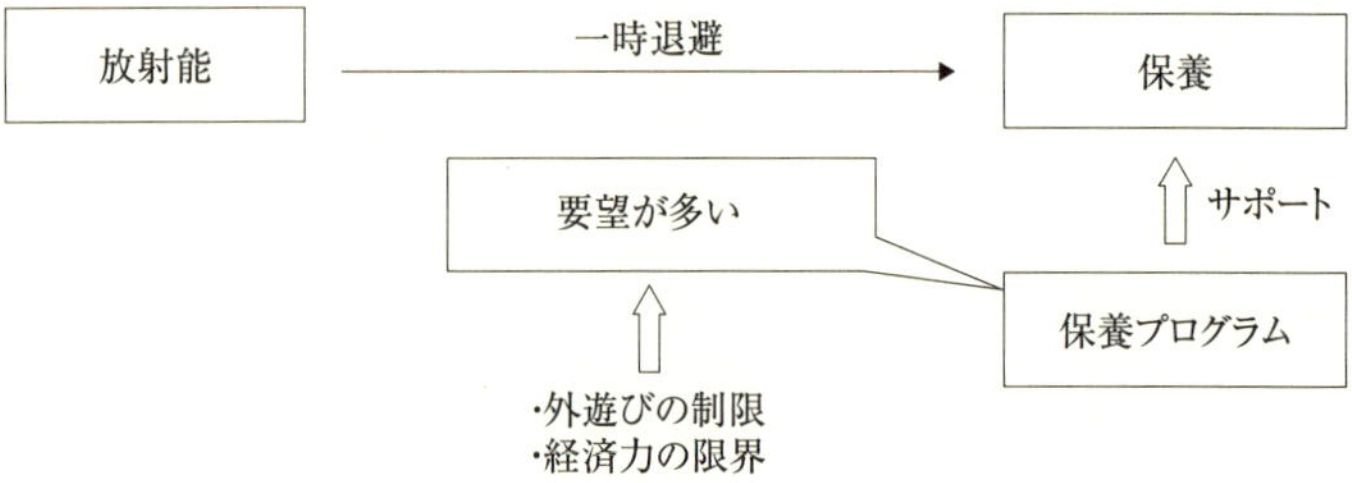

保養

そこで、保養プログラムに対する要望が生まれる。保養プログラムは行政や民間が主体となって、安価または無料で、放射能への不安がない地域に一定期間出かけるプログラムである。しかし、保養プログラムは要望に対して十分でなく、原発事故後、時間が経つにつれ、むしろ減少傾向にある。こうした事情から、自由回答のなかの保養に関する意見（全三七件）の大半が、保養プログラムの拡充を求める意見（三三件）で占められている。

「保養サービスをもっと増やしてほしい。抽選などで行けないのはかなしい。県外に出ることで、少しだけでも安心できる自分がいる。」

「これ以上、浴びさせないように、親の務めとしてがんばっている事は〝保養〟です。お金がかかります。大変です。どうか線量の低い県で福島県の子供たちを救って下さるよう、サポートして頂けるとありがたいです。」

なお、自由回答の保養に関する意見のうち三件は、保養に関する情報を得たいというものであった。

「親子で行ける保養の場などは、自分は必要としています。何か情報があれば欲しいものです。」

これは保養プログラムを望む意見の一種であり、その意味では特筆すべきことではない。しかし、保養プログラムの情報にアクセスすることができない家庭が存在するということは、情報伝達方法を工夫する必要があることを意味している。

5 除染

避難しないことを前提に放射能の影響を少しでも回避するためには、放射能を取り除くしかない。すなわち除染である。環境省によると、「除染とは、生活する空間において受ける放射線の量を減らすために、放射性物質を取りのぞいたり、土で覆ったりすること」[12]である。自由回答の除染に関する意見は四一件あるが、うち二件は除染に満足感を示している。

「私たちの住む大玉村は、村長・教育委員会が、はやくから除染を行い、外あそびをできる状態にしてくれています。」

「除せんもだんだんすすんでいっているので、公園にもいけるようになりました。しかし、まだ庭の土とかもどうしたらいいかわからず、そのままだし、考えないようにするだけで、

(12) 環境省除染情報サイト (http://josen.env.go.jp/about/methodnecessity/decontamination.html)(二〇一五年一月十日検索)

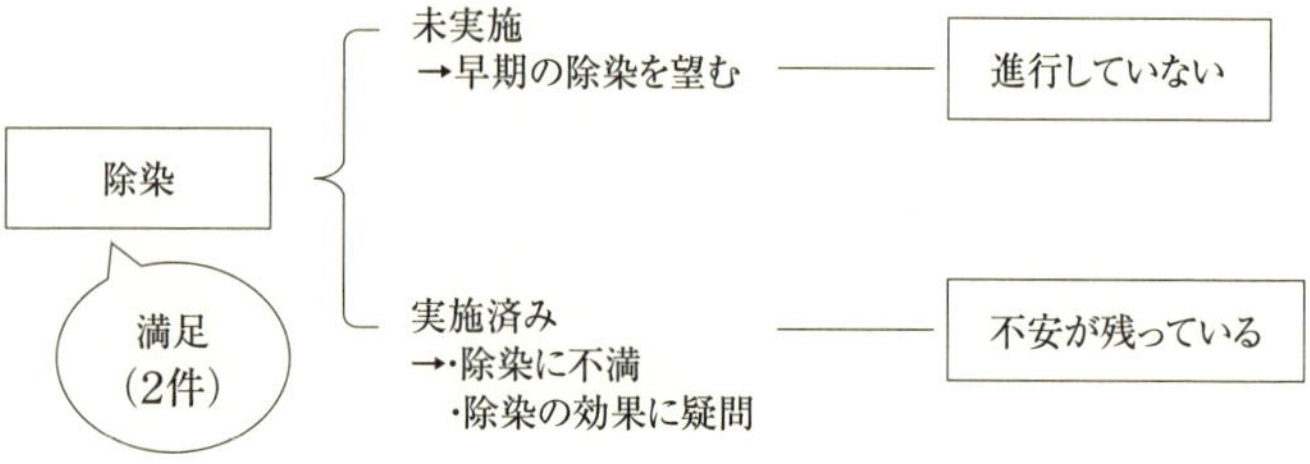

除染

不安は不安です。」

しかし、うち二四件は早期の除染を望んでいる。例えば、次のような意見である。

「なかなか除染が進まず、小さい子を育てる親としては不安があります。ホットスポットもまだまだ沢山あり、外で遊んでいても本当に大丈夫なのかという不安は多々あります。」

「除染ももっと早くやって欲しいです。私達が住んでいる所は、市の除染の順番では早くても三年後と言われました。個人で除染出来る範囲もたかがしれています。そんな環境でどうして子供を外で遊ばせられるでしょうか?」

これらの意見からは、除染が福島の親の期待よりは進行していないことが伺える。また、実施された除染に対する不満[13]が一〇件、そもそも除染の効果に疑問を呈する意見が五件ある。例えば、次のような意見である。

「除染されたら数値は下がるだろうから、除染されたら福島へ戻るつもりでしたが、結きょく除染されたが数値は下がらずで、まだ福島へ帰れずにいます。」

「最近になって、市で除染（住宅地）と言っていますが、除染をしても震災前の安全で安心して暮らせる地にはもうなれないと思ってしまっています。」

これらの意見からは、除染を実施しても福島の親の放射能不安を払拭《ふっしょく》することができない場合があることを示している。

(13) 除染範囲・方法、除染後の汚染物の処理方法、除染前後、放射線量が急激に下がっていないことに対する不満が指摘されている。

第5章　原発事故の人間関係への影響

1　放射能をめぐる考え方の違いと補償をめぐる不公平感

心（魂）の救済と人とのつながりの回復なくして災害からの再生はありえない。[1] 原発事故は人間関係に重大な変化をもたらしている。その根底には、原発事故や放射能をめぐる考え方の違いと補償・賠償の線引きをめぐる不公平感がある。

まず、原発事故や放射能をめぐる考え方の違いは、原発事故の以前にも潜在的には存在するものである。これが原発事故を引き金として顕在化し、人の心と人間関係に影響を及ぼしている。その影響の仕方は、「夫婦・親族」、「近所・知人」、「外部（県外など）」とで異なっている。次に、補償・賠償の線引きをめぐる不公平感は、自分よりも優遇されている人に対する相対的な剥奪《はくだつ》の表れである。福島県中通りの親がこのように感じるのは、避難区域の人に対してであるが、今回の場合は原発事故がその感情の引き金となっている。

2　夫婦・親族の放射能についての考え方の違いによる影響

夫婦や親族は、原発事故後の対処行動、例えば、避難するかどうか、地元産の食材を使用するかどうかなどについて相談・議論することが多い。本調査で「何かと助けになる人」で思い浮かんだ五名についてその間柄を調査した結果、その多くは、配偶者、自分の親、配偶者の親であった。また、そのとき思い浮かんだ人との会話の頻度について調査したところ、その頻度は高い傾向（毎日〜週一回以上）にあるようだった。夫婦や親族との間では、頻繁に会話がなされ、そこで対処行動についての相談・議論がなされていることが推察される。しかし、この相談・議論において、個人の考え方に相違がみられることもある。

考え方の違いは、意見の対立や軋轢《あつれき》を招く。意見の対立は、時に感情的な対立へと発展し、最悪の場合は関係の破綻を招く。しかし、夫婦や親族の間では、相談や議論をやめるということが難しい。特に、共同生活を営んでいる夫婦は、避難をするかどうかの決定が必要不可欠であり、

(1) Fran H. Norris, Susan P. Stevens, Betty Pfefferbaum, Karen F. Wyche, Rose L. Pfefferbaum, 2008, Community Resilience as A Metaphor, Theory, Set of Capacities, and Strategy for Disaster Readiness, American Journal of Community Psychology,41 p.127-150.

避けて通ることができない。そのため、夫婦や親族の間では、意見の対立が精神的な苦痛やストレスや関係の破綻を生んでいる。

「夫と避難するしないでけんかになりました。小学校に入ったばかりの上の子のことを考えると環境変化にともなうストレスを考えて避難できないという意見に『母親失格』といわれました。今でもその考えのちがいは平行線のままです。夫婦仲もあまりうまくいかなくなり、子どもたちにストレスを与えてしまっています。どこにも自分の気持ちを話すことができず、毎日つらく死にたいと思ってしまいます。」

「放射能が安全かそうでないか、夫と夫の両親との認識のズレがあり、とてもつらかった。実家の両親は私と同じ認識だったため、たびたび実家へもどっていた。」

特に、関係の破綻は、その過程および結果において重大なストレスが生じる上、家庭によっては経済的な不安が増幅されるなどの派生的な問題が発生することにつながる。以上の問題を根本的に解消するには考え方の違いに蓋をして過ごすか、それとも考え方の違いを無くすことしかないが、それはきわめて難しい。

では、どれくらいの人が、夫婦と親族の間に、放射能についての考え方の違いを経験しているのかを確認しておこう。

次の二つの図は、放射能への対処をめぐって配偶者あるいは両親との認識のずれを感じるかという質問についての回答である。まず、配偶者との認識のずれについて、事故直後は三一・九％

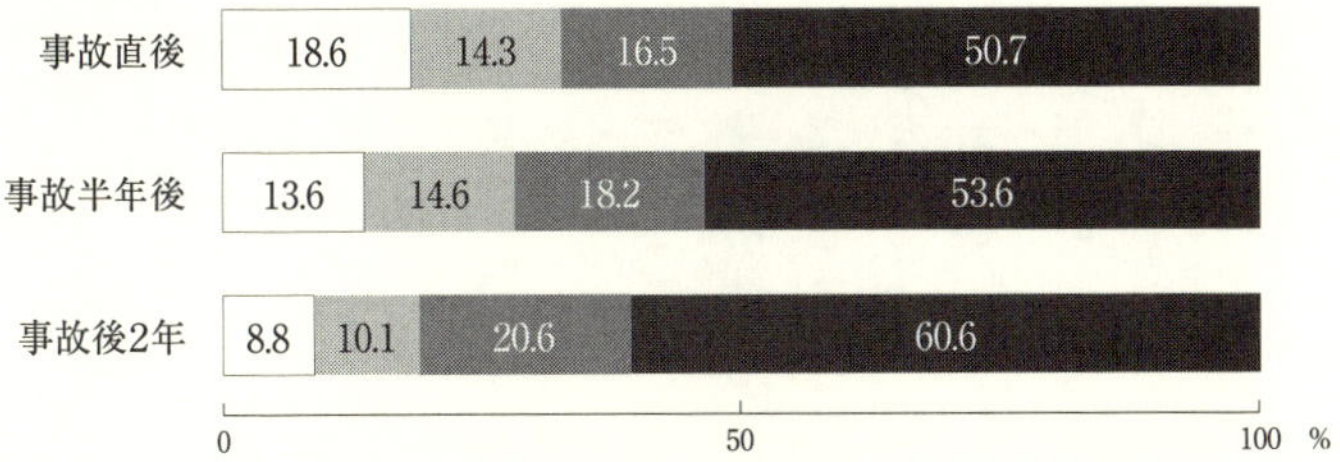

配偶者との認識のずれ

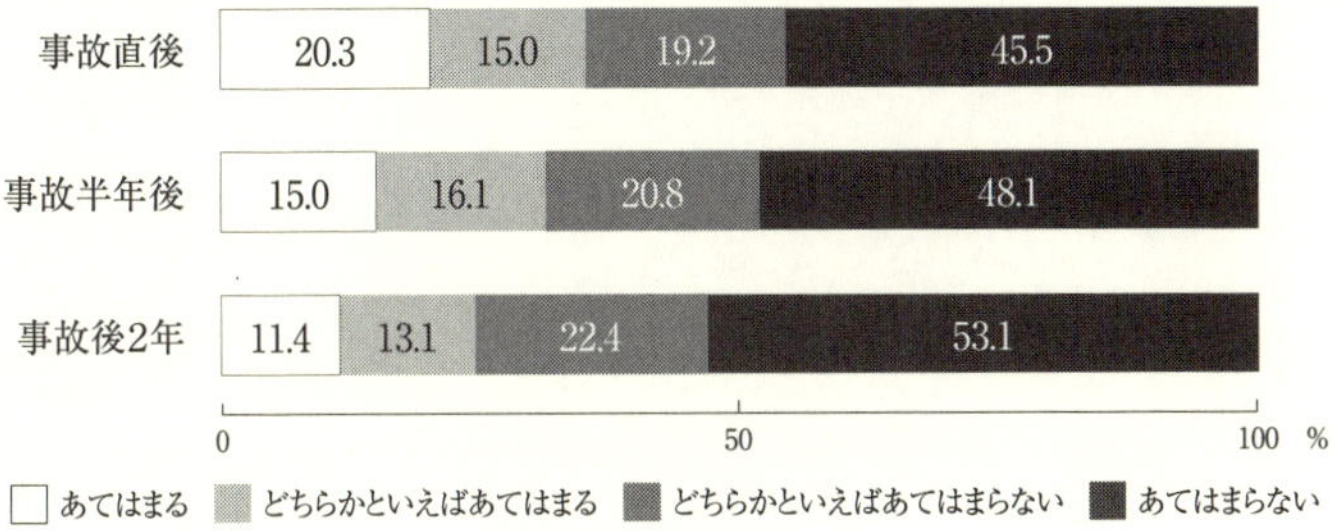

両親との認識のずれ

の人が「あてはまる」、「どちらかといえばあてはまる」と答えており、事故半年後では二八・二%、事故後二年（二〇一三年上半期）では一八・九%であった。次に、両親との認識のずれについて、事故直後は三五・三%、事故後半年では三一・一%、事故後二年では二四・五%の人が「あてはまる」、「どちらかといえばあてはまる」と答えていた。いずれも、事故からの時間経過により改善傾向ではあるが、事故後二年が経ってなおその影響は残っている。当たり前かもしれないが、配偶者の間よりは両親との間に放射能対処をめぐる認識のずれが大きく、それよりも近所や周囲の人との間に認識のずれが大きいのが特徴である（九四頁図参照）。

3　近所・知人の人間関係

これに対し、「近所・知人」の関係であれば、「相談や議論をやめる」ことが一応可能である。現に、「近所・知人」関係では放射能についてタブー視することが生じている。これは、一方で、関係悪化を防止するという側面もある。

「福島の中でも放射線に対する考え方は温度差があります。放射線のことを口にだすのはタブーとされているのではないかと感じることがあります。自分の心の内を話すのをためらう時もあります。言葉にだすことで不安解消にもなると思うのでそのような場ができることをたのしみにしています。」

他方で、本音で語り合うことができないために、不安を和らげることができないという問題が生じる。これを解消するために話し合いの場が望まれることもあるが、放射能について考えの違う親同士の話し合いでは結局本音で語り合うことはできないであろう。

「この先も大丈夫と思っているママと、不安をかかえながらしょうがなく住んでいるママと移住計画中のママが語り合うなんて戦争。」

それよりも、専門家による心理カウンセリングの機会を確保することが望ましいのではないかという意見がある。

「やっぱり、健康面のサポートはもちろんの事、精神面であったり心の面が一番大事だと思います。心理カウンセリングは保険がきかないので、高額だったりするのでそういう面でももっとサポートが必要だと思います。子供たちの精神面も大事ですが、親が不安定になっていては子供をちゃんと育ててあげることが出来なくなってしまうので、もっとそういう面でも不安を解消できる場所がもっと必要である。」

もちろん、専門家に対する不信もあるうえ、放射能が除去されない状況があるため、心理カウンセリングだけでは不安解消にならず、その効果についての意見も分かれるだろう。

「事故後、ママ達とよく集まり、色々な話をしました。泣きながら話し合いました。講演会にも行き、直接お医者様にもお話を聞くなど、不安を除く努力をしました。どんどん福島から友人、知りあいが出て行くことに、自分もできれば出て行きたいと何度も思いましたが、親、仕事をおいては行けないとあきらめて過してきました。誰と話してもいつも堂々巡りです。いまさら不安を語りあう場？　必要でしょうか。もっと前向きな、もっと楽しくなるような、未来がキラキラするようなそんなことを望んでいると思います。」

では、どれくらいの人が、放射能への対処をめぐって近所や周囲の人と認識のずれを感じるのかを確認しておこう。

事故直後は三九・二％、事故半年後では三六・六％、事故後二年（二〇一三年上半期）では

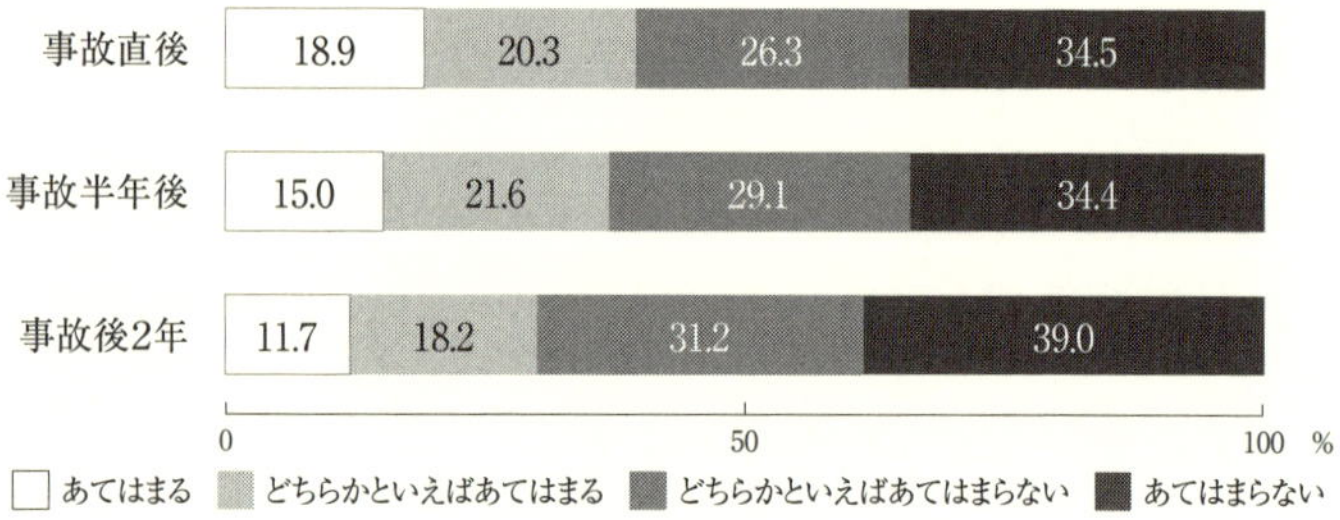

近所・周囲との認識のずれ

二九・九％の人が、放射能への対処をめぐって近所や周囲の人と認識のずれを感じていると答えている。近所や周囲の人との認識のずれの度合は配偶者や両親との間よりも大きい。これは、日頃生活している近隣地域において三人のうち一人の割合で、放射能への対処をめぐる認識のずれを感じているという結果であり、これにより、地域内部において軋轢《あつれき》や差別に発展することもあり、深刻な事態であると言わざるを得ない。さらに、放射能の影響を受けていない、いわば「外部（県外など）」との間では、汚染によるスティグマ（負の烙印）への恐れがあり、それによる差別や偏見が生じることを危惧している。

第２章で紹介しているのでここでは省略するが、原発事故の人間関係への影響のうち福島の親が最も心配しているのが、子どもが将来、差別を受けるのではないかという不安である。

4　補償・賠償格差による人間関係への影響

中間指針や東電の「賠償の線引き」に対する不満は一八件ある。

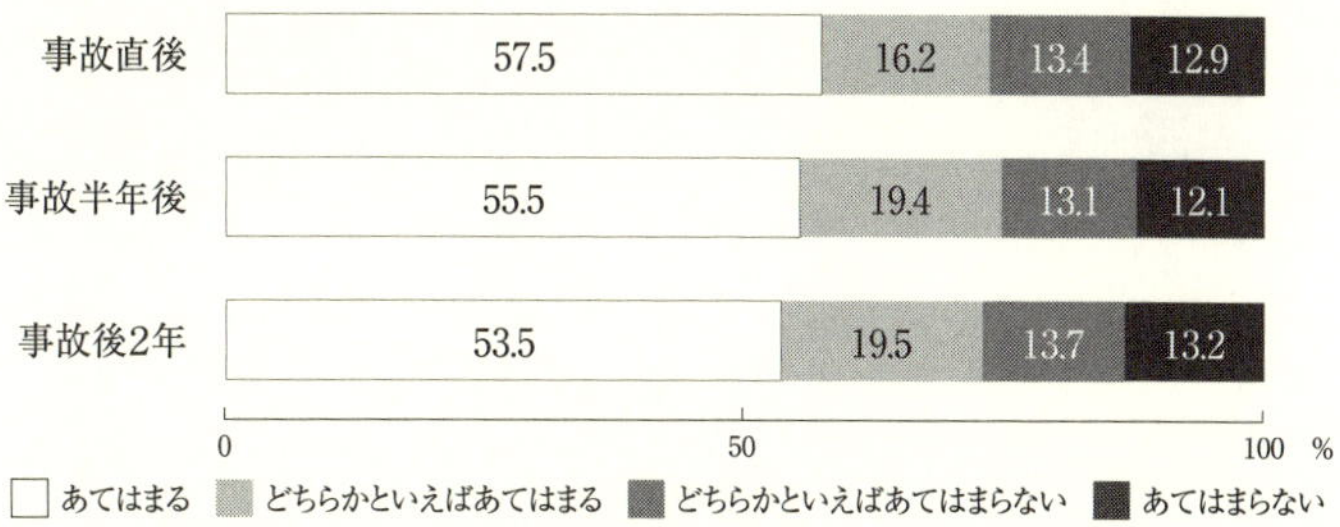

補償の不公平感

上図は、原発事故の補償をめぐって不公平感を覚えるか、という質問についての回答結果だが、七〇%を超える人が補償についての不公平感を感じていた。

しかし、東電に対する不公平感にとどまらず、さらに進んでその賠償の恩恵を受けている人に対しても不満をもつようになった人が少なからず存在する（一〇件）。

「避難地域の人たちが賠償金をもらって生活しているのも少しずるいと思う。福島の方が線量が高いところもあるし、たしかに家で生活できないのはかわいそうだと思うが、日中からゲームセンターやパチンコ店にいるのはどうかと思う。仕事をした方がよいと思う。同じ福島人としてはずかしい。」

「津波や原発のひなん区域の人ばかりがいい思いをしている。お金もらって、働かずパチンコ行って時間をつぶしているのが現状。家が残ればそれでOK、終わりなのか。納得いかない。同じ福島なのに。家がなくなる、家族がいなくなる。それ以上、悲しいことがないのは分かるが、あまりにも浜通りに住んでる人とその他に住んでる人の差がありすぎる。バカバカしい。」

ここには補償の対象外の人が、補償受給者に対して不満を抱いていることが表れている。こうした不満の背景には原発事故があることを理解し、地域の絆の再生に向けた取り組みが必要であろう。

5　原発事故による人間関係への影響の全体像

これまで見てきたとおり、原発事故は人間関係に重大な変化をもたらしている。原発事故の人間関係への影響は、原発事故や放射能をめぐる考え方の違いと補償・賠償の線引きをめぐる不公平感がきっかけとなっている。放射能をめぐる考えの違いが、対処行動をめぐる軋轢《あつれき》や葛藤《かっとう》につながり、人間関係へ重大な影響を及ぼしている。特に、夫婦間と両親との間には、避難をめぐる葛藤、食材をめぐる葛藤《かっとう》などを生じさせ、近所や周囲の人との間では、放射能不安を口にすることができず、タブー視する現象が生じている。県外の人との間には、子どもが将来、差別を受けるのではないかというスティグマへの不安を抱えている。一方、補償・賠償の線引きをめぐる不公平感が原発事故後の人間関係に大きな影響を及ぼしている。こうした放射能をめぐる考え方の違いと補償不公平感が、これまでの家族や地域社会の共同性に影を落としている。その関係をフローチャートにしたのが次図（九七頁）である。

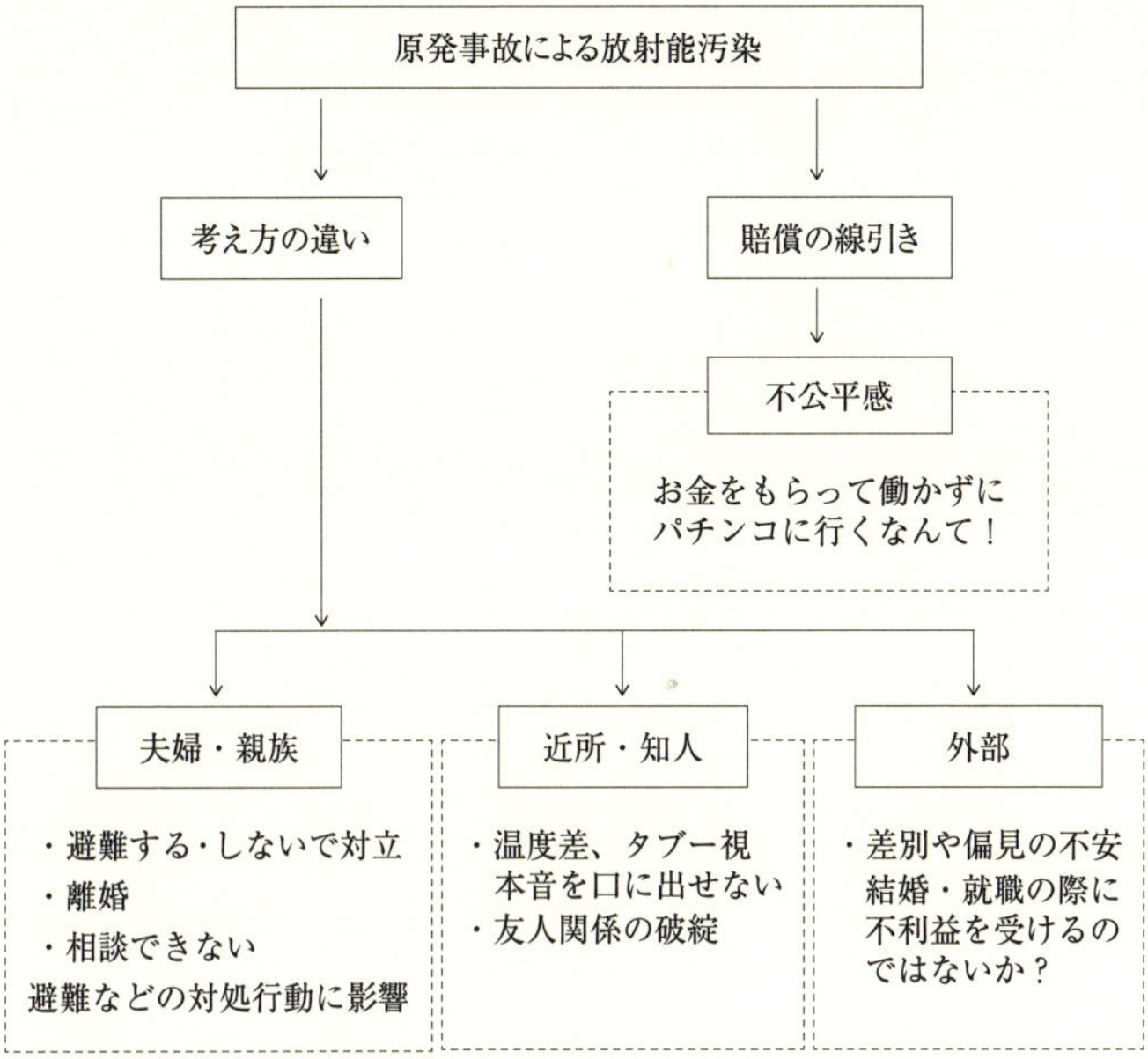

本章の冒頭で、災害からの再生は、心（魂）の救済と人とのつながりの回復なくしてはありえないと述べた。こうした意味で災害からの再生は社会的なものであり、その再生とは「結果」だけでなく、プロセス（過程）が重要である。また、被災した個人の再生だけでなく、家族の再生と地域社会の再生が欠かせない。つまり、家族と地域社会が再生しないと、個人は再生しないということを、本書で紹介してきた自由回答が雄弁に物語っている。

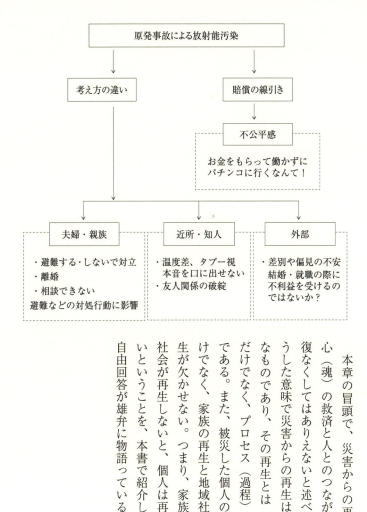

第6章　経済的負担と放射能不安

1　経済的負担感が放射能不安を増幅する

原発事故により発生した放射能不安に対処するため、福島の親子はさまざまな対処行動をとっている。その対処行動の内容は、これまでの章で紹介したように、放射能被ばくを避けるための食生活と外遊びの制限がその中心であるが、そういった対処行動のための支出は原発事故前には予想しなかったものである。これにより、原発事故前に比べ、経済的負担感が高まっている。ただ、ここで注目すべきことは、経済的負担感は放射能への対処行動の結果として生じているが、今度は、経済的負担感が家計状況に追い打ちをかけ、放射能不安を増幅する結果となっている点である。(1) 原発事故前なら、飲み水を購入する必要はなかった。また、自家製のお米や畑の野菜などを食することができた。しかし、原発事故後は放射能不安でこれが叶わない。これへ対処するために他県産食材や水を購入し、その結果として家計負担が増加した。家計負担の増加により、対処行動をとり続けることが厳しくなり、それが今度は、放射能不安を増幅している。経済的負担感と放射能不安との間に、一方を追求すれば他方を犠牲にせざるを得ないという状態が生じる。それに、経済的負担感が生じると、放射能への対処をめぐる家族内の認識のずれがさらに大きくなる。経済的負担感、放射能不安、放射能への対処をめぐる家族内の認識のずれの三つの間の関係が、原発災害から家族の立ち直りを妨げる大きな要因となっている。さらに、家計負担の増加は放射能への対処行動の結果として生じているが、調査対象者の多くは、被害の実態に応じた賠償がなされていない。要するに、家計負担の増加に対する補填《ほてん》がないと感じ、経済的な不安を増幅させ、行政・東電に対する信用不安をも生じさせている。[2]

災害から家族の再生を研究してきたアメリカの社会学者ボーリンによると、災害から「生活の

---

(1) Fran H. Norris, Matthew J. Frideman, Patricia J. Watson, 2002, 60,000 Disaster Victims Speak: Part Ⅱ. Summary and Implications of the Disaster Mental Health Research, Psychiatry 65(3) Fall, p.247.

(2) 経済的負担感、放射能不安、放射能対処をめぐる認識のずれ、行政・東電に対する不信の間の相互関連については、統計解析を通じて今後さらに詳細な分析を要する。一九七九年のアメリカのスリーマイル島原発事故においても、「人に対する一般的な信頼の低下」が、「行政・電力会社への不信感」を高める。それが、「リスク認知」と「健康影響への不安」を高め、その結果、心理的苦痛（ディストレス）を高めるという研究結果がある（Raymond Goldsteen, John K. Schorr and Karen S. Goldsteen, 1989, Longitudinal Study of Appraisal at Three Mile Island: Implications for Life Event Research, Social Science and Medicine 28(4), p.389-398 を参照）。

アンケートの自由回答欄で使われた単語とその使用回数

記入あり	1203（45.8%）
不安・心配（子どもの将来、健康、結婚）	449
放射線・放射能	318
避難	300
除染	225
遊び（場）	224
仕事	124
検査、健診、検診	111
ストレス	93
賠償、補償、保障、保証	77、44、46、16
（経済的）負担	76

質」の再生において重要な要因は、
第一に、経済的ストレスからの解放、
第二に、家族崩壊からの回復、
第三に、住宅再建である。

特に、扶養する幼い子どもがいる場合、負傷している家族がいる場合、社会経済的地位が低い場合に、「生活の質」が低下し、災害から立ち直るのに困難を伴う。また、住宅再建は「生活の質」の再生のための前提条件であると指摘している。(3)

今回、「福島子ども健康プロジェクト」が実施したアンケート調査の特徴の一つは、調査対象者の声が調査票の自由回答欄に膨大に書き込まれている点である。(4) このうち、最も多いのが「不安・心配」（四四九件）を述べる内容である。また、不安・心配に直接関連するストレス（九三件）、経済的負担感（七六件）を内容とする記述も多い。(5) 災害に遭遇した人間の行動ならびに心理反応として一般に知られているのが不安、パニック、うつ症状、アルコール類などの摂取増加である。こうしたことを考慮すると、異例な回答内容ではないが、福島原発災害の場合は、これらの行動・心理反応が経済的負担と結びついている点が特徴である。

これらの不安・心配の意味内容を分類してみると、大きく五つに分けることができる。第一に、健康不安、第二に、いじめ・差別への不安、第三に、不安心理、ストレス、第四に、情報不安、第五に、出費や経済的負担を伴うことによる不安である。これらの五つの不安は互いに結びついていて、それぞれが増幅をする効果を持っている。例えば、放射能不安と経済的負担感との増幅について、次のような意見がある。

「放射能汚染は、今後もずっと続きます。そして、その不安もずっと続いていくのです。……自分にできる事、してあげられる事をやるしかないのです。除染をするにもお金はかかります。水も買っています。野菜も他県のものです。生活費だけでもかかるのにさらにお金がかかりとても大変です。国はもっと助成して私達の負担を軽くしてほしいです。」

こうした経済的負担感と放射能不安との関係を紹介する前に、世帯年収から見ておこう。

(3) Robert Bolin, 1982, Long-Term Family Recovery from Disaster, University of Colorado Press.p.232.

(4) 二〇一三年調査の回答総数二六二八通（子ども二六二八名分）のうち、一二〇三名分において自由回答が書き込まれており、その合計文字数は二五二、〇四七字、一人当たり平均文字数は二〇九・五字であった。

(5) これらの意見数は重複回答である。

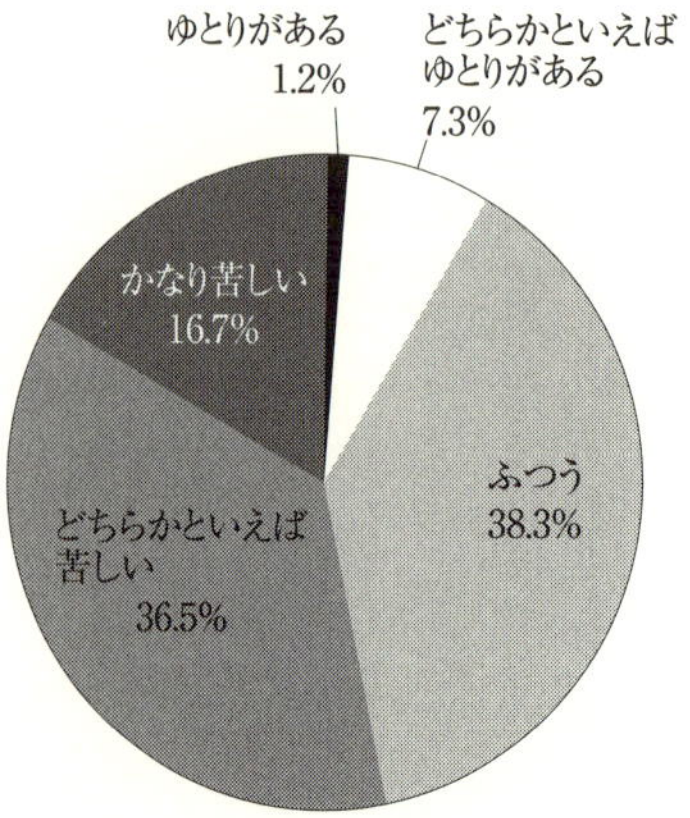

家計の状態

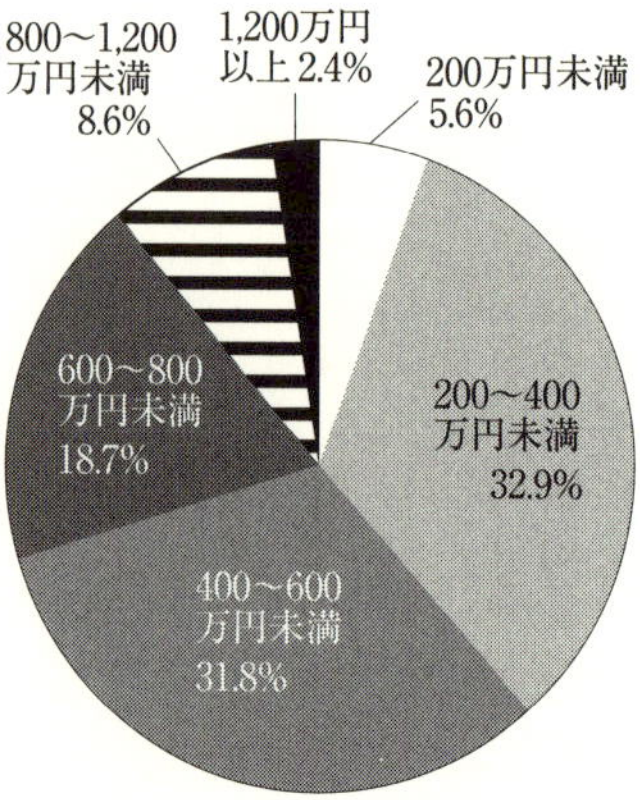

世帯年収

2　世帯年収と家計の状態

世帯年収(6)については、「二〇〇〜四〇〇万円未満」が三二・九％と最も多く、続いて「四〇〇〜六〇〇万円未満」の三一・八％であった。これらの家庭では、例えば家族総出で避難や保養を実施することは困難であろう。家計の状態については、「ふつう」が三八・三％で最も多い。もっとも、「どちらかといえば苦しい」の三六・五％と「かなり苦しい」の一六・七％の合計は五三・二％であり、約五割の家庭が経済的に苦しいと答えている。特に母子家庭の経済的な不安は大きい。次の意見はその一例である。

「母子家庭なので、他県に避難をして、知らない土地で全く知らない人の中、仕事もあるかどうかもわからないままでは、避難はできなかった。今ある仕事でなんとか生活しなくてはならない中、県内産以外の野菜や米、水などすべて高くても他県のものを買わなくてはならないので、生活は厳しくなる一方です。」

ただ、原発事故後の出費増加や経済的負担を伴う不安は母子家庭に限らない。子どもの成長とともに受けるかもしれない差別への不安などで、これまで以上に精神的苦痛が加わっていると指摘している。

「原発事故後～現在も娘二人をほとんど外で遊ばせる事もなく、洗濯物も一回も外に干した時もありません。食料品も県外産の物にし、水も買っています。外に出る時は、子供達に線量計を持たせたりと、未だ普通とは違う生活を送っています。この生活をいつまで続けるのか、もうやめていいものか、常に悩んでいます。これが普通の日常でしょうか？　子供達の将来もとても不安です。大人になって本当に健康に問題が無いのか？　子供は無事に産めるのか？　結婚は出来るのか？　を考える事がよくあります。出来る事なら、普通に外で遊ばせられて、のびのび子育てしたいです。そんな生活をしているのにも、東電は賠償を打ち切りにしようとしています。原発事故後から現在まで私達の生活は何一つ変わっていませんし、かいぜんされていません。生活費の出費も以前よりあります。持家もあり、これからも郡山で生活せざるを得ないのに……東電は本当に福島県民の事を考えているのでしょうか？」

「子供達が成長した時に健康に生活して行けるのか不安です。また、福島出身という事で嫌

(6) 税込み、仕送り等を含む。

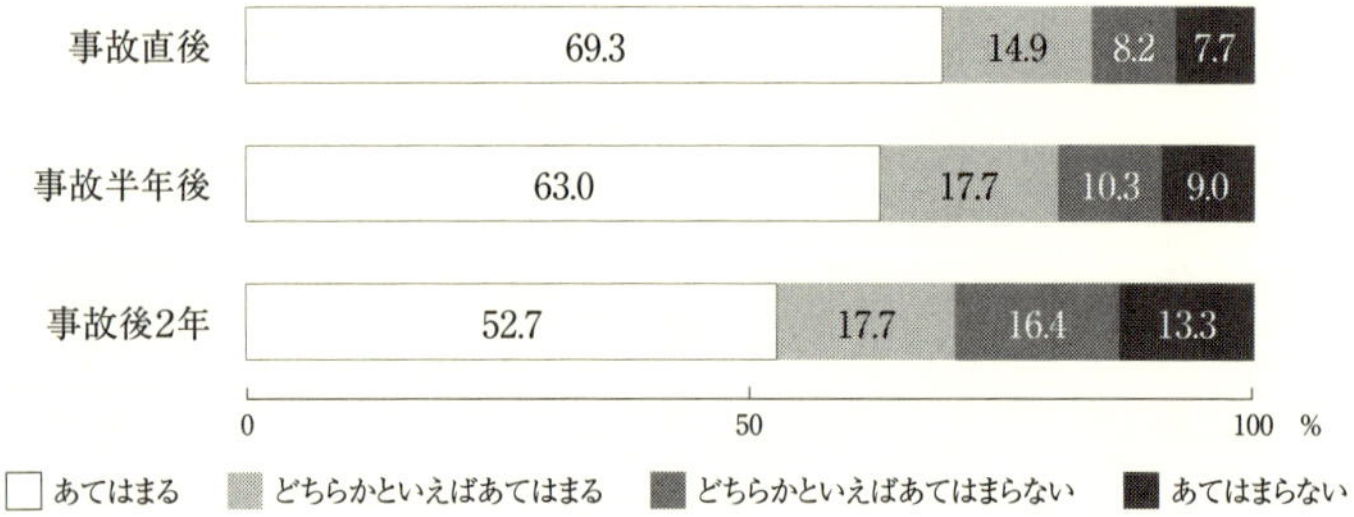

経済的負担感

な思いをしないか……不安です。できるだけ休日は遠くに出かけたいです。おもいっきり何も気にせずに子供達を遊ばせたいです。夏休みなどの長期のお休みの時は、二〇一一年、二〇一二年と一ヶ月間県外に行きました。子供達は楽しく過ごす事ができました。しかし、短期間とはいえ、家ではなく別の場所で生活するためにはかなり費用がかかりました。今年はつれて行ってあげられるかどうか……。」

3　経済的負担感の推移

上図は、「事故直後」「事故半年後」「事故後二年（二〇一三年上半期）」の三時点での原発事故後の経済的負担感の変化を示している。

「原発事故後、何かと出費が増え、経済的負担を感じる」という質問について、「事故直後」は「あてはまる」と「どちらかといえばあてはまる」が八四・二％と高かった。時間を経て軽度の減少は見られるものの、未だ七〇％を超える高水準のままである。

自由回答の経済状況に関する意見（全三九件）のうち、「収入の減少」に関するものが一〇件、「支出の増加」に関するものが二九件あった。まず、「収入の減少」は、原発事故との直接的な因果関係は語られていないが、失業などにより収入が減少する。これにより家族生活が不安定になる。これが母親のストレスを増加させ、子どもに影響するのを危惧する。原発事故→失業などにより収入減少→家族生活の不安定化→母のストレス増加、子どもへの悪影響が連鎖的に起きていることに注目する必要がある。

「この二年間、原発後、どこへも行けず、小さい子供をかかえ、不安がある中、私は、仕事も、続けることができましたが、主人は仕事を失い（一年前に）、家（借家）もガタガタになり、生活に不安をかかえてきました。子供も、二年前は、泣くことも多くなり、落ち着きがなく、過ごしていました。広い所へ連れて行く、遊ばせると、汗をかき、〝もう帰ろう〟〝ちょっと休もう〟と言っても、ずっーと何時間も走り続け、遊びました。外で走り回り、体を動かすことがとても大事なんだと思いました。こんなこと二年も続けてきて、このところは、落ち着いてきましたが（慣れるしかないですものネ）全体的に疲れてきました。これからが、本当に大変なんだと思います。」

「原発事故により夫の仕事がなくなり、一時期失業中でした。子供は家にパパがいつもいるのを喜んでいましたが、今まで必要のなかった出費があったりしてお金の心配でイライラ（私が）して、子供にもあたったりしていました。」

「原発後、さまざまな問題があり、家計も苦しく、失業している状態で、子育てにも影響があるのでなんとかしてほしい。」

次に、原発事故に起因する「支出」による経済的負担感が増加していることを示すもので、大別すると、次の五つに分けることができる。

第一に、避難・二重生活による負担増である。避難した家庭は、避難先の住宅費用、家財購入費用のほか、母子避難の場合は、二重生活のため生活費全般が増加するといった意見があった。

「とにかく二重生活お金がかかる！　交通費もばかになりません……。」

第二に、放射能対策費用である。自己除染費用、線量計など機器の購入費用、子どもの保育園・学校への送迎によるガソリン代などである。

「家が山沿いなので、山を除染しないと安心して生活できない。住んでいる地区は住宅の除染がまだまわってこないため、実費で業者をたのんで除染した。」

「放射線に対する物の購入（洗浄キ、線量計など）……に対する補償がきちんとされていない。」

「家を何度も洗浄し、畑や庭の土を取っても、その費用はどこからも出ません。学校の送迎でガソリン代もかさみます。」

「事故後、うちは自営で建築業ということもあり、家を高圧洗浄で洗い、家の前の庭は土を入れかえてコンクリートをうちました。」

第三に、外遊びを制限する代わりに、保養や習い事をしたり、有料の室内遊び場を利用したりすることによる出費である。これに関しては、保養の章で紹介しているが、そのほかに次のような意見があった。

「週末は、子供達を外で元気に遊ばせたいと思い、私は以前の職場を辞め、土曜日も休みの所を探し、転職し、なるべく県外に行くようにしていますが、毎週だと、出費もかなり多く、毎日の生活をきりつめての生活です。」

「子供も今も外で遊べず、スイミングに週二回通わせ、ストレス発散させている状態です。」

「放射能が高いため遠くの公園や他県の公園に良く行くが、ガソリン代もかかるため外で遊ぶことが月一回位しかできない。」

第四に、他県産の食材や市販の水を購入する費用である。これについても「食生活」のところで紹介しているが、食材の購入費用が嵩《かさ》むといった内容である。

「食生活では、安全とは言われても、あれば、高い値段でも、他県の商品を買い求め、水（飲料水）は、いつも買い求めている。うちのような、母子家庭で、収入の少ない家庭では、大きな問題です。でも、子どもの健康を考えると、買わざるをえないし、やはり、将来がとても心配。もし、病気になったときに、こうかいしたくない……。あの時、ちゃんとしていればと……。」

第五に、がん保険への加入を検討している、または心理カウンセリングの保険適用を求める意見などである。

「不安や心配ばかりかかえて、保険（ガン、子供用）を検討したり、庭のくさや土をとったり、頭をかかえています。」

「子どもの放射線の影響について心配で、ガン保険に入れようか考えています。」

支出の中には一時的なものもあるが、食材費のように継続的なものもあり、経済的な負担が大きくなっているが、支出に対応する賠償はなされていないと感じている。被害や追加的な支出に応じた賠償がなされていないと感じることで、経済的な不安は増加する。次がその一例である。

「遠い地域の食材購入、休日の遠出……連休には長野への避難……。体力的にも経済的にもとても負担がかかる日々を過ごして来ました。賠償金ではとてもまに合わず、貯金もほとんど使いました。窓が開けられない夏にエアコンを設置し八十万の出費……（今までは不要で設置してなかった）もうすぐ二年になりますが、今は諦めと言うか、背に腹は代えられないと言うか……子供達が何事も無く成長した時には進学等たくさんのお金がかかってくるので、これ以上お金を使ってしまう事はできないと考え、「大丈夫」と思う事にして、事故前の暮らしに戻しています。……福島に住むには今までよりお金がかかります。子供達が大人になるまでは、少額でも長く続く賠償金が必要だと思います。今までかからなかった経費について補償して欲しいです。子供達に健康被害が出た時は、全て必ず治して欲しいです‼ きちんと元通りにして欲しいです。」

さらに、消費税増税やガン保険の加入等による支出の増加も懸念されており、今後経済的な不安が拡大する要素もある。このような状況の下では、避難や他県産の食材を購入するなどの対処行動が制約されてしまう。(7) また、子どもの健康不安を抱えながら経済的にゆとりのない生活を続けることにより、親の健康を害する恐れがある。親のストレスが子どもに伝わり、子どもの成長や健康に悪影響が及ぶ恐れもある。以上のような問題を軽減するためには、より生活に密着した支援策が必要である。

4　経済的負担感、放射能不安、賠償・支援策との関連

原発事故後、収入は減少する一方、避難や二重生活、放射能対策などで支出が増え、家計負担が増加する。これにより、経済的負担感と不安が増加する。経済的な不安から対処行動が制約され、避難したくてもできない（避難したが戻ってきた）、地元産の食材や水道水を使用せざるをえないといったことが起こる。一種の悪循環のようなことが起きているが、経済的負担感と放射能不安との相乗作用や増幅を断つには賠償や支援策しかない。こうした賠償・支援策が不十分であるために行政・東電への不信が高まっている。また、経済的負担感が高まると、放射能対処を

(7) 現に、避難したくても家計の事情で避難できない家庭、避難したが家計の事情で戻ってきたという家庭（第4章）、家計の事情で地元産の食材や水道水を使用せざるをえない家庭（第2章）が存在している。

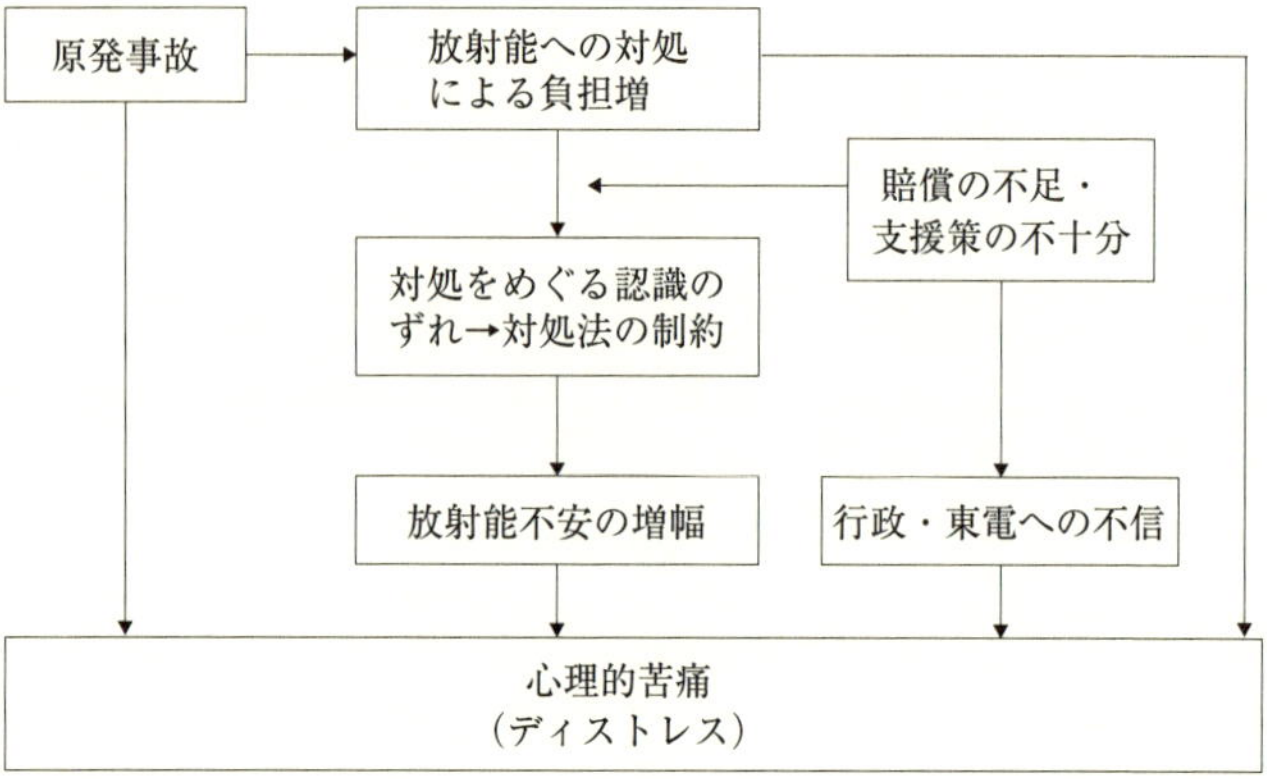

めぐる家族内の認識のずれがさらに大きくなる。これが放射能不安を押し上げ、心理的苦痛をもたらす結果となっている。こうした関係を図式化すると、上図のようなフローチャートになる。

第7章　補償・救済

1　放射能のある生活と補償・救済を求める事情

　これまでにみてきたさまざまな生活問題は、原発事故により環境に放出された放射能が事の発端となっている。放射能さえなければ、他の地域と同様、「当たり前の生活」を営むことができた。しかし、原発事故により、これまでなかった放射能が生活空間に存在し、これによって子どもの外遊びの制約、食をめぐる不安、将来の健康不安ならびに差別不安、リスク対処をめぐる葛《かっ》藤《とう》や軋轢《あつれき》、経済的負担感などが発生している。したがって、根本的な解決方法は、放射能のない状態に戻すことである。

　しかし、福島県中通りは、程度の差こそあれ、原発事故前の十倍ほどの放射線量がある状況におかれている。しかも避難は自主的なものに委ねられており、避難するには仕事、家族構成、避難先、経済状況などにおいて大きな障害がある。放射線量が低いところにリフレッシュに出かける保養にも同様の限界がある。除染も期待していたよりは進んでいない（以上については、第4章参照）。そのため、多くの親子は、放射能汚染への不安とストレスを抱える生活が続いている。

原発事故により生じた被害に対して補償を考えるとき、広義の補償と狭義の補償に分けることが出来る。広義の補償には、①子どもの将来の健康についての補償と②差別不安への対応である。①は、将来子どもの健康に異常があったときのために、事前に検査を徹底してほしい、そのときの医療保障を充実させてほしいという意見である。②は、原発事故後、福島に住んでいることでいじめや差別を受けることに対して対応を求めている。一方、狭義の補償には、①自分で進めた除染費用の補填《ほてん》、②水・食材の購入費の補填や支援、③避難・保養費用の支援である。

調査票に書き込まれている補償・救済に関する意見は大きく三つに分けられる。第一に、補償の打ち切りに対する不満、第二に、原発事故の補償をめぐる不公平感、第三に、事故後の行政・東京電力の取り組みに対する不信・不満がそれである。

調査票の自由回答で、調査対象者は十分な賠償を受けることができない不安を抱いている。この不安は経済的不安を増幅させる。加えて、「子どもの将来の健康被害について賠償がなされないのではないか?」という不安を生じさせる。放射能による子どもの健康不安は、可能な限り健康被害を防止するとともに、早期の発見と医学的に適切な処置を行うことが期待されている。具体的には、モニタリング（継続的観察）などの定期的な検査の必要性が指摘されている。また、経済的な不安から、家計負担の増加に対して何らかの手当の必要性が指摘されている。

2　補償の打ち切りに対する不満

金銭賠償は根本的な解決とはならないが、経済的な負担が減少し、放射能への対処行動の選択が広がったり、精神的負担を原因とする健康被害を防止したりすることができる。しかし、東電の賠償は、わずかな金額のものがあったのみで事実上打ち切られている。この打ち切りに対する不満は多い。それに加えて、補償をめぐるもう一つの問題は、第5章の人間関係において紹介したが、補償をめぐる不公平感が一貫して七割以上あるという点である。

自由回答の賠償に関する意見（全六四件）のうち、賠償の打ち切りに関する不満は四六件を占めている。例えば、次のような意見があった。

「東電は線量がさがったからといって、賠償金を打ち切るというが、ここに住んでいる私たちの不安はまったくとれません。」

「東京電力の賠償は、平成二十四年八月で終了と一方的に言ってますが、廃炉にするまで、もしくは、十年間は賠償すべきと思います。私達は、この土地にずっと住んでいく身です。私達の中では何も終わってないのです。勝手に終わられても納得いく訳ありません。」

以上から、大半の家庭が補償の不足を感じていると推察される。これでは、経済的負担は軽減りすることになる。

補償を求める方法としては裁判がある。しかし、裁判は、時間・労力・コストがかかる。日々の生活で精一杯な家庭には重い負担である。また、裁判は、敷居の高さや周囲の目を気にせざるをえず、心理的にも避けられる傾向にある。結果として泣き寝入りの状態が生じることになる。一部の住民は、すでに「あきらめ」の気持ちを持つようになっている。

「きっと将来、健康に異常がでても、原発事故の影響だとは感じてくれないと思うのが心配です。今の少しの賠償金で全て片付けられてしまうんだろうと感じます。」

被害者の「あきらめ」は、賠償義務者にとって都合の良い状況である。このような状況が他ならぬ賠償義務者の賠償打ち切りによって作り出されている構造があり、問題の深刻さを感じざるをえない。こうした背景があって、多数の住民は、自分の力ではどうすることもできないともがき苦しんでいるのであって、救済を望んでいないわけではない。賠償という形ではなくとも、何らかの救済を求めているのである。次の意見は、直接的には「福島の現状を理解してほしい」という意見であるが、その本意は前述のように救済を求めるところにあると理解される。

「二年経過し、他県の人は、もう忘れたようで　終息したかのような毎日ですが、まだまだ抱えてる問題や不安も大きい現状はわかってもらいたい、知ってもらいたいと思います。」

「私たち家族が以前住んでいた所は放射線量が高く　当時二歳と九ヶ月の小さな子供二人を

持つ親として、この場所にいる事がとても辛く、できることなら避難したいと常に思っていました。しかし、生活をするために仕事が見つかるかどうか、貸してくれる住まいはあるのだろうか……それを考えると　自主避難という壁をのりこえることはできませんでした。避難している人、避難をよぎなくされている人も大変だと思いますが、福島県に残って常に放射能におびえながら苦痛な生活を送っている人がいる事も忘れないでほしいと思います。」

3　賠償範囲の線引きに対する不満

賠償範囲の線引きに対する不満や、実害に対し賠償されないことに対する不満がある。ただ、大事なことは、これらは個人が感じる相対的剥奪《はくだつ》の表れであるが、それが構造的に作り出されている点である。

「基本的に線量が高いのに、私の所は特定避難（勧奨地点）には入りませんでした。近くの人は避難する家も提供されており、賠償金が毎月一人一〇～三〇万円でてるのは不満ですよ。私達は借り上げもしてもらえず、賠償金が線量の低い人たちと同じ、全く納得できません。」

「避難者には賠償の面やサポートの面で大きく保護されていて、うらやましく思う時もあります。もう少し、避難区域に指定されていないけど、放射能で確実に汚染されているのだから、そういう生活にある人達にも目を向けてほしい。」

「避難している方達だけが保証されて避難したくてもいろいろな面で無理があって避難出来ない私達はこんなに原発に悩まされ苦しんでいるのに何の保証もされません。」

「三〇キロ圏内の南相馬市、厚町区の方々の（普通に生活している人達）は、東電より、かなりの補償額があるのに、福島市内の線量が高いのにかかわらず、補償額（賠償金）がまったく、ひくいこと。その差が納得いかない。」

「ただ一つ納得がいかないのは、賠償金のこと。会津地方に住んでいたので、郡山に住んでいる人たちの半分。もらえるだけでも……という思いはあるものの、住所が只見町なだけで郡山にいる時間が長くても、同じ扱いにはならなかった。同じ只見町でも単身ふ任等で住所が中通りの人たちは、中通りの他の方々と同じ。格差を感じました。一律で対応してほしかったな、と思います。追加賠償も。追加の期間は郡山に住んでいたのに、当時は住んでいないというだけで、外れています。」

「私たち家族は、事故後四月に引っ越してきました。（その後九月まで私と子供は私の実家に行っていました。）なので、東電の賠償を受けられていません。事故が起こった時には、福島への移住も新しい仕事も決まっていて、仕方なく福島に来ました。賠償の中には、『その時』以外にも、これからの生活に対してのものも入っていると思います。でも、私たちの『これから』に対して、賠償はゼロです。私は『福島にいなくていいんだよ』と言われているような気がしてなりません。疎外されているように感じます。」

「自宅の庭も、除染が遅いため自己資金で表土除去しました。高額の金額で除染しましたが、どこへ聞いても後での賠償はないとのこと。東電のオペレーターの対応も悪く、頭にきています。」

「私は、家計負担の増加や精神的なダメージなどの有形無形の損害を被っている。この損害は、原発事故を受けての対処行動や不安によるものであり、賠償されて然るべきである。しかし、東電の賠償は、被害の実態に応じたものではない。もう賠償してくれないのか。」

このように賠償の線引きをめぐる不公平感は幾重にも重なって地域社会を分断している。まず、避難区域とそれに隣接する中通り地域との間に分断が生じている。次に、中通り地域の中でも、特定避難勧奨地点に指定された住宅と指定されなかった住宅との間に分断が生じている。さらに、中通り地域と会津地域との間に分断が生じている。これらの地域間の分断に加えて、中通り地域から避難した人と避難しなかった人との間に、そして、原発事故後、中通りに流入した人との間にも分断が生じている。こうした地域と地域、人と人との間に幾重にも賠償格差が生じ、その賠償をめぐる不公平感が地域住民の共同生活に強いストレッサとなって影響を及ぼしている。

そして、東電の賠償打ち切りに対する不満は、挙げればきりがないほど指摘されている。この不満は、家計負担の増加を補填《ほてん》できないという意識から、経済的な不安を増幅させる。経済的な不安が強くなれば、日々の生活を萎縮させるばかりでなく、家庭生活と、ひいては健康にも影響を及ぼしかねない。子どもに不自由な思いをさせることで心痛を受けている親も少なくない。こ

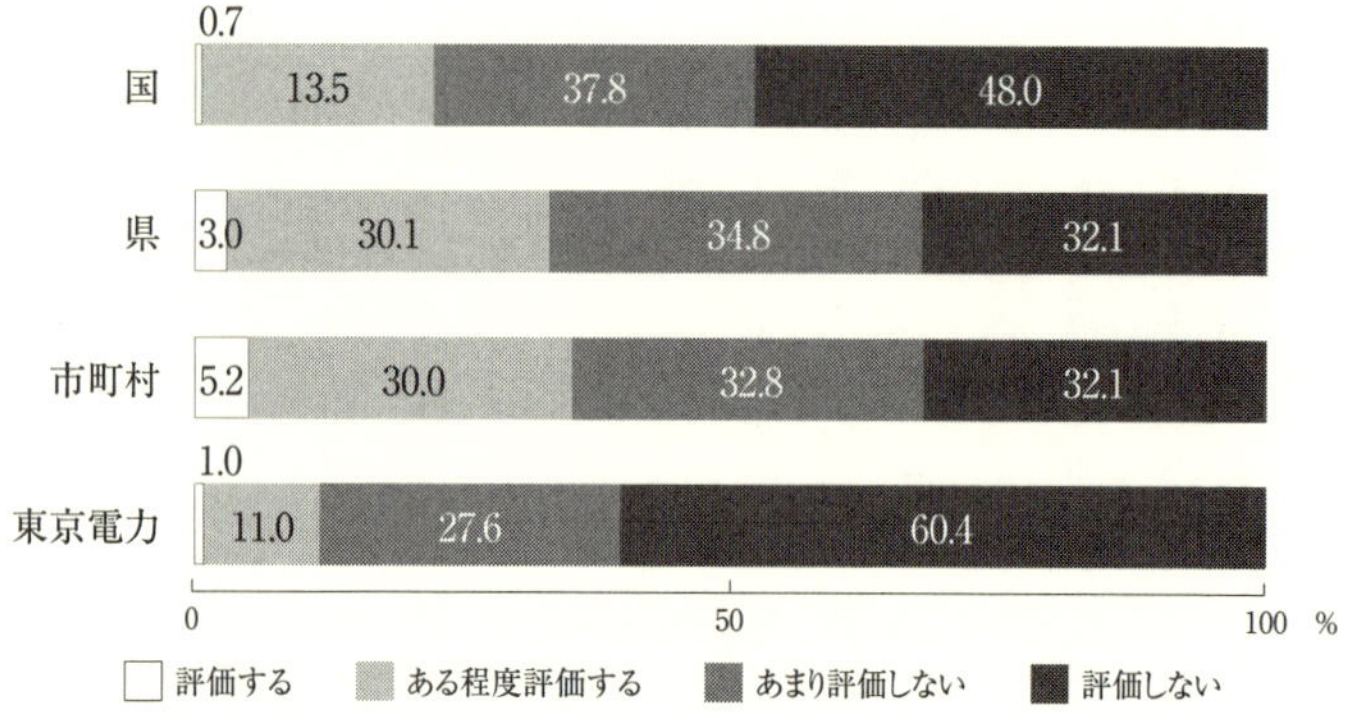

事故後の取り組み

うしたことが、家族全体、地域全体を不健康にしている。

4　事故後の行政・東京電力の取り組みに対する不信・不満

では、行政や東電の対応状況についてはどのように受け止められているか。上の図は、原発事故後の取り組みについて評価するかどうかを調査した結果である。

「市町村」については「評価する」が五・二%、「ある程度評価する」が三〇・〇%と比較的高い。住民との距離が最も近いのは市町村であり、その取り組みについて一定の評価がなされていることが伺える。

しかし、「国」や「東京電力」については、「評価しない」と「あまり評価しない」が九割弱を占めている。原発事故後の対応状況には不満が大きいことが伺える。行政や東電の対応状況に関する自由回答の意見（全三四件）も、すべて不満を述べるものであった。行政の対応に対する不満は対応の遅さ、不十分さ、不合理さなどである。

「家の中も本当に安全なのかも分からない状態で震災後、一年半以上たっているのに県や国、市などの対応もとくに町自体復興している感じがしません。正直対応の遅さにいらだちを通りすぎあきれさえ感じます。」

「国や県・市などの対応が遅く、不満、また、除染やさまざまな対応への金の使い方にムダがある。もっと私たちの声を聞いて、いまやるべき対応の優先順位をきちんと立ててほしい。」

「原発事故が起きてから色々と自治体が動いたりしてくれてるのは分っているのですが、それでも対応が遅いと思います。」

「市町村ごとの対応の速さにばらつきがあり不安です。遅い市は何故遅いのか？　不安と不満です。」

「行政がすぐに動いてくれないのも準備期間だと思って待っていたが、子供に対して結局何も対応してくれなかったことを心底がっかりしている。」

また、東電に対する不満は、除染に消極的、汚染水の流出などが指摘されている。

「夫は自衛隊なので除染作業なども行きましたが、東電の口だけの対応にイライラしたと言っていました。二年が経つと言っても、何も変わりません。」

「福島原発は今だに解決策もあまりなく難航中。汚染水が流出など……。」

「東京電力からの賠償が金銭ばかりで誠意が感じられない。お金はいらないので除染を行って元の生活を送れるようにして欲しい。」

これは、原発事故によって生活のあらゆる面で多大な不自由を強いられている現状があるうえ、事故後の行政と東電の取り組みに対する不信・不満から発するものである。原状回復はおろか満足な救済もされない状況を受けての不満であり、住民のストレスは筆舌に尽くしがたいものがあろう。また、自由回答の意見の中には、原発の廃炉を望む意見が八件あった。次の意見はその一例である。

「一日でも早く廃炉にしてほしい。原発事故前のように、外で遊び、砂遊びでも好きな遊びをさせてあげたい。」

「今は原発がないといつもの生活が出来なくなるかも知れないのですが、なるべく早く将来の子供たちのために次のエネルギーをみつけてほしいです。もう原発での犠牲をだしてはいけないと思います。」

これらの意見が伝えていることは原発の是非そのものについてだけではなく、原発事故後の行政や東電の対応が信頼に欠け、「原発を廃炉にすべき」と指摘しなければならないほど悪いということではないだろうか。原発事故が与えた住民の生活への影響はあまりにも大きく、一方で、多くの住民にとって、事故後の対応はそれに見合った補償・救済とはなっていない。

第8章　母親の健康

1　主観的健康感と自覚症状

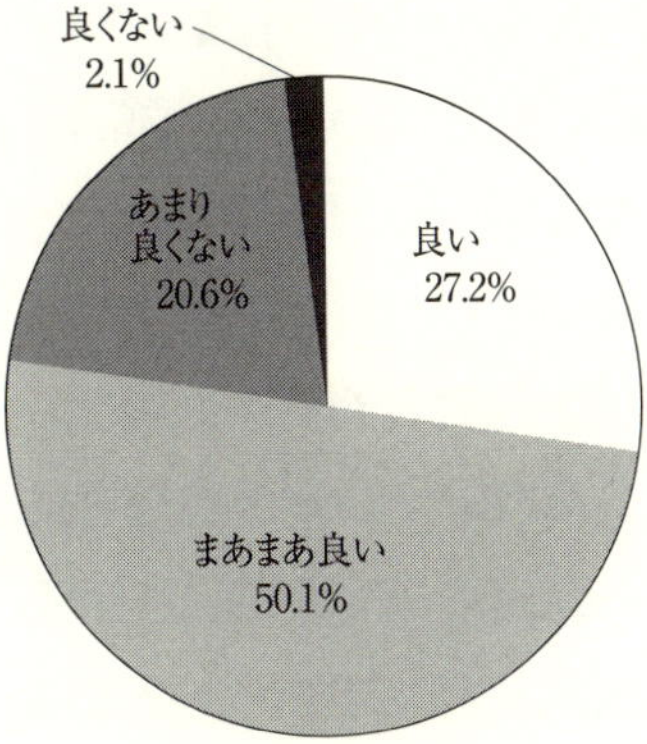

母親の健康状態

前章まで、原発事故がもたらす生活環境の変化についてみてきた。本章は、原発事故による生活変化が、母親の健康にどのような影響を及ぼすのかについて検討する。特に、原発事故後の精神的健康について訴えが多いので、これを中心に考察を進め、加えて、原発事故との関連で出産不安についての意見も紹介する。

上の図は、「事故後二年（二〇一三年上半期）の母親の健康状態」である。

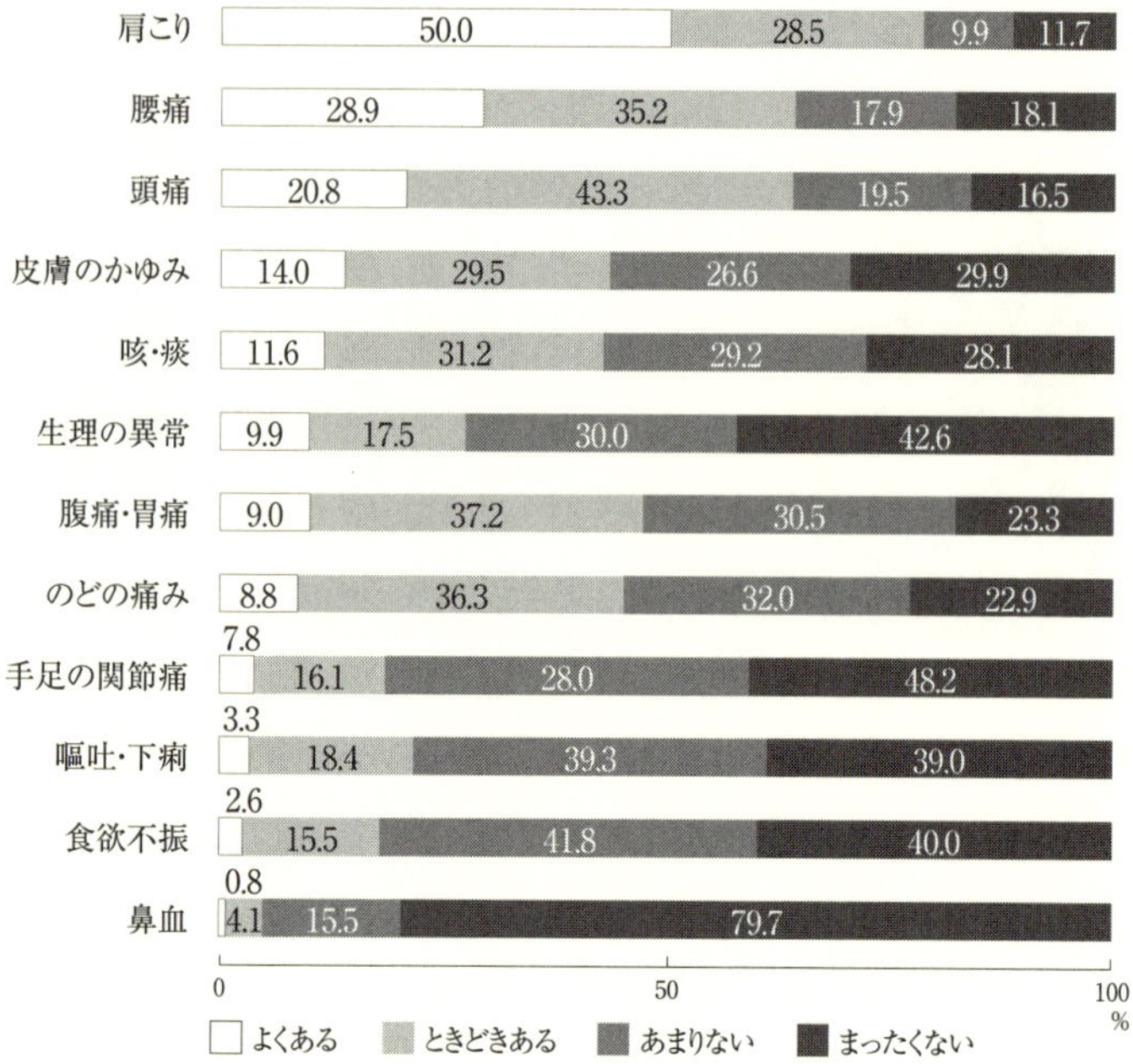

親の自覚症状（事故後２年）

「良い」が二七・二％、「まあまあ良い」が五〇・一％であり、七七・三％の母親はおおむね良好な健康状態であった。もっとも、二〇・六％の母親は「あまり良くない」健康状態である。

具体的にはどのような症状があったのであろうか。上の図は、「事故後二年（二〇一三年上半期）の親の自覚症状」である。

「よくある」症状のうち最も多いのが「肩こり」（五〇・〇％）、続いて「腰痛」（二八・九％）、「頭痛」（二〇・八％）である。この結果は、『国民生活基礎調査』[1]（平成二十二年調査）の結果（三十代女性の自覚症状の順位）とほぼ一致しており、特徴的な傾向はみられない。ただ、上記の三つの症状に続いて、「皮膚のかゆみ」(一四・〇%)が上位にあるのは特徴的である。なお、医師の診断を受けたものとしては「風邪」(七件)、「胃腸炎」(六件)、「皮膚異常」(四件)、「生理異常」(四件)、「咳」(四件)、「喘息」(三件)などがあった。

自由回答の中に「肩こり」について原発事故と関連づけた意見があったのでこれを紹介する。

「昨年の夏休みは前半北海道へ、お盆に帰って親戚に顔を見せてすぐに関東圏にまた保養。そんな梯子《はしご》保養をして夏休みが終わると、自分の体調や心身がほとほと疲れているタイミングで子供の発熱を貰って今までに無く不調に見舞われました。肩から背中・首が動かすと痛い、節々は熱がある時のような毒々しい痛さが数日続きました。」

度重なる遠方への保養が母親の心身に負担をかけていることが伺える。

2 精神的健康

(1) 調査の方法

母親の精神的健康については、本調査ではK6とSQD(Screening Questionnaire for

(1)『国民生活基礎調査』とは、統計法に基づき厚生労働省が実施している調査であって、「保健・医療・福祉・年金・所得等国民生活の基礎的な事項について世帯面から総合的に明らかにする統計調査」をいい、その結果は国民生活の実態を表す客観的なデータとなる(平成26年国民生活基礎調査の実施に関するQ&A3頁)。

Disaster Mental Health）の二つの方法で測定している。詳細は第2部第1章と第6章で紹介するので、ここでは、自由回答のなかで、精神的健康に関連する意見をK6とSQDの項目に分類して概観する。

（a）K6

K6は、一般人口中の精神疾患を見分けるための指標をいい、六項目の質問からなる。原因が災害に限定されない点、対象が「うつ症状」と「PTSD症状」に限定されず、不安障害全般が対象となる点がSQDと異なる。自由回答のうち各項目に対応する意見について紹介する。なお、自由回答にあてはまらない項目については省略する。

① 神経過敏に感じた

放射能による健康不安から、生活のあらゆる面で神経質になったり、免疫力を高めようとしたりするなど、放射能対策が生活の中心になっている意見があった。

「原発事故後、いつも外出には、マスクを付け、外遊びもせず、帰宅後は、玄関で服を脱ぎ、すぐにお風呂。毎日窓も開けず、掃除は水ぶき、洗濯は部屋干し、お布団はコインランドリーに持って行き、乾燥機にかけ、デトックスや免疫力UPと言われる料理があれば作ってみたりと、毎日毎日ピリピリした生活をしてきました。今は、ここまではありませんが、それでもまだまだ不安・心パイになります。神経質って言われた事もありました。正直、心も体もつかれました。」

放射能による健康不安から、それを理解できない子どもに対して必要以上に叩く、怒鳴る、または制限するという意見があった。

「震災直後、買い物に行き、途中大雨になりました。夫が店の側まで車をもってきてくれるのを店ののき下で待っていたとき、軒下から落ちてくる雨を娘がすくってなめました。その行為を見て私は『ダメ』とたたいて、怒ってしまいました。娘は何がダメなのかわかっていなかったようです。今まではこんなことで怒ったりしていなかったのに……と生活の変化に悲しくなり涙がこぼれました。こんな毎日で心身共に弱るのは普通に思います。」

「私には、小さい子供が五人います。原発事故後から、外であそばせるのをやめさせていま す。子供達には『どうして?』『何で?』と、なきながら言われ、それに対してどなりながら毎日のように怒っています。心の中で『ごめんね』と……。そんな子供達の姿を見ると、涙が出ます。」

② 絶望的だと感じた
放射能対策でさまざまな負担や心痛を受けているのに、十分な救済を受けることができないために、絶望的になっているという意見があった。

「県も市も、教育委員会も、すべて行事にしろ給食にしろ『安全です』で終わらせます。それなら、県庁、市役所、教育委員会の方々すべての家族に（子供も当然ふくみます）福島市、福島県の野山、河川で毎日すごしてほしいです。出来ないですよね？　そうです。『汚れている』のですからやりたくない、したくないのは当然の母親、父親の悩みですよね。なのに保養させたい、水を買いたい、スポーツを習わせたくてもお金や、支援がなければ出来る訳ないのです。東電は責任を感じていないのか、早く忘れてほしいのか、賠償のうちきりは当然のように言うし、何も終わっていないのに親にだけこの心痛を押しつけて知らんふり。県と市は安全のアピールにやっ気で、住んでる市民と子供の声を聞かない。こんな所に住んでいるのが間違いなのかとも、県外へ行った友人と話していると、悲しく絶望的になります。」

「原発事故は本当にひどい出来事だったと思います。全てが理不尽だったと思い知らされました。もし他の地域（関東・関西）で事故が起きていたら、こんな対応をされていないだろうと思う事が多々あります。いわば見殺しにされたような絶望感。人ごとの対応。福島が安全だとおっしゃっている学者の方は、自分の子供や孫を住ませたいと思うのでしょうか？　自主避難という言葉にも違和感を覚えます。原発事故以降生活が激変して、大変な目にあっているのに『勝手に自分達で出ていって』的な考えを持っている方が、日本中にいっぱいいる事です。本当の福島の生活というのが理解されていないからだと思います。〝風評でなく実害〟事故直後はよく聞く言葉でした。」

子どもが不自由を強いられ、どうすることもできないことに絶望的になっている意見があった。ただし、前向きな意識もみられる。

「震災前と後では、考え方も子供に対しても何もかも変ってしまったように思う。特に子供（子育て）に関しては、できなくなってしまったことを考えると、くやしく絶望的な気もちになることも、今もなお多い毎日。子供の将来の健康も心配だし、毎日の野菜・食べ物・水選び、遊ぶところをえらび、そのたびに不安になります。でも、子供たちに不安な自分は見せられないので、何とか気持ちをおちつかせながら、できることを気をつけてやっていこうと、ふるいたたせています。そのくりかえしで、精神的につかれてしまい眠れなくなる日もあります。でも‼　子供を守る私たち親たちが、納得して、気をつけながら、ここですごしていけるように、考えて行動していくしかないですよね。」

③　そわそわ落ち着かない

不安から動悸《どうき》がするようになったという意見があった。

「震災前は、普通に生活出来ていたのに、事故直後実家に二週間世話になり、四月から学校が始まるというので、一度福島に戻ったが、主人が仕事に行った後から帰ってくるまで、私の心臓がドキドキして身体に（精神的）症状が出始めたため、私の実家に住むことを決めた。」

仕事と育児のバランスがとれず、イライラしたり不安になったりしている意見があった。うち一つはパニック障害に至っている。

「県職員をしており事故直後は被災者のためにできる限りのことをしたいと思い、努力してきたが、最近無力感を感じる。また、業務に対する負担もふえ、育児とのバランスがうまくとれない状態で、常にイライラしたり。不安だったりしている。」

「保育所が閉鎖され、知り合いがだれもいない核家族である中で、職場から、『みんな出てきて働いている、なぜでてこないのか。』と言われ、かなりつらい思いをした。『子どもが預けられない』と説明しても、『子どもを理由にするな。』と言われた。ガソリンのない中、なんとか親元へ子どもを送り、職場へ行くと、全員から無視された。本当につらくて、パニック障害になってしまった。本当に苦しかったし、今でもそのつらい気もちが思い出されると、呼吸が苦しくなり、ほっさが起きる。」

④　何が起こっても気分が晴れないように感じた

子どもの将来に強い不安を感じ、気持ちが落ち込んでいる様子が伺える意見があった。

「原発事故〜一年くらいまでは、放射能による影響について知識が乏しくあまり深く考えていませんでした。しかし、子供の甲状腺エコーの結果、Ａ２判定で嚢胞《のうほう》があることを知り、だんだん怖くなっていきました。無知でおろかな自分を責めました。何故あの時避難しなかったのか、何故あの時子供を外に出してしまったのか。たぶん、この後悔は私が死ぬまでずっと続くのだろうと思います。放射能のことをもっと知ろうとネットを見ると、『福島は死の土地』『数年後には新聞のお悔み情報の欄は子供の名前がいっぱい載るだろう』『福島の奴、いつまでも被害者面するな』『福島に住んでいる子供は病気で死ぬか大人になっても結婚できない、子供を産めない』などといった書き込みが沢山あり、怒りと共にもっと不安な気持ちでいっぱいになりました。もし、自分の子供が死んでしまったらどうしよう…：日が経つにつれて不安は大きくなり、夜もあまり眠れず、いつも放射能のことや子供のことを気にして気分が落ち込み、素直に笑えない自分がいます。」

（b）SQD

SQDとは、災害が人の精神に影響を及ぼす度合いについて、「うつ症状」と「PTSD症状」[2]に焦点を当てて、そのリスクを見分けるための指標をいい、十二項目の質問からなる。[3] 自由回答のうち各項目に対応する意見について紹介する。なお、自由回答にあてはまらない項目については省略する。

(2) ここでいうPTSDは、SQDの十二項目のうちいくつかの項目に該当することを要件とする症状をいい、一般に使われる生活用語としてのPTSDとは異なる場合がある。

(3) SQDは、阪神淡路大震災で被災した高齢者の六年目の精神症状に関する兵庫県長寿社会研究機構こころのケア研究所（二〇〇一年）の調査でも用いられている。

① 食欲の減退

避難できなかったことによる後悔や避難できない現状に悩み、食欲が減退しているという意見があった。

「避難したくても出来なかったことを悔やしく思う気持ちもあれば、いざ避難した所で、旦那と離れる事の不安、お金の不安もたくさんあり、食欲もなくなるほど考えてしまいずっと福島にいました。」

② 疲労感

放射能による健康不安から幼稚園を転園したものの、転園先で理解が得られず、心身共に疲れたという意見があった。

「発達障害の診断を受けている子どもを持つ母です。原発事故のえい響で南相馬市で通園していた保育所が休園、お店や病院もいつも通りではなく、不便や不安のため、主人の実家のある三春町へ移住。あわてて選んだ幼稚園に入って無理解のために親子で心も体も疲れきった経験をしました。」

放射能による健康不安から、放射能対策が生活の中心となり疲れたという意見があった。

「現在、自主避難した方たちばかり大変だと報道されていますが、避難したくてもできない人もたくさんいることが知られていない。放射能を気にし、外でも自由に遊べず、今までになかった苦労が増え、毎日精神的にクタクタです。今、福島で生活をしている家族の方も精神的に疲れているということを国の人たちにも分かってほしいと思う。」

③　不眠

震災直後、生命に対する不安から不眠になったという意見があった。

「震災直後は、『明日、死ぬかも』と思い、たべれず、ねむれず、毎日不安で不安でどうしようもなかったです。子供のために避難したかったけど、それもできず、子供達に、申し訳ない気持ちでいっぱいでした。」

子どもの将来に対する不安から不眠になったという意見があった。

「原発事故後、子供達の将来が、不安で眠れなくなることもよくありました。健康、結婚、出産のことです。」

震災後の変化に対する絶望感や放射能による健康不安を感じるものの、子どもに悟られまいと振る舞うことにより精神的に疲れて不眠になっているという意見があった。

「震災前と後では、考え方も子供に対しても何もかも変ってしまったように思う。特に子供(子育て)に関しては、できなくなってしまったことを考えると、くやしく絶望的な気もちになることも、今もなお多い毎日。子供の将来の健康も心配だし、毎日の野菜・食べ物・水選び、遊ぶところをえらび、そのたびに不安になります。でも、子供たちに不安な自分は見せられないので、何とか気持ちをおちつかせながら、できることを気をつけてやっていこうと、ふるいたたせています。そのくりかえしで、精神的につかれてしまい眠れなくなる日もあります。」

④　不快な夢

生前の家族の夢を見て悲しい思いをするという意見や、不快な内容の夢を見たという意見があった。

「震災後、ずっと子ども達の健康を考えておりました。避難したくても、できない……そんな現実がありました。震災で子供達の父親を亡くし、何度も夢に出てきました。」

「今、福島市におりますが、実家は浜通り（太平洋側）で、地震直後は、津波のため道路も寸断され、どうやったら両親や親族に、食料や水を届けられるかと、頭を悩ませていました。時々見る夢も、原発に関するものではなく、津波で壊された家屋の中から遺体を見つけるようなものでした。『福島＝原発事故のみ』ではなく、『原発＋地震＋津波』です。」

放射能による健康不安や収入の問題から、震災前であれば考える必要のなかったことまで考えざるを得ず、一時は気がめいっていたという意見があった。

「今回の震災では我が家では何も失ったものはありませんでした。自宅も家族も全員無事でした。その点では不幸中の幸いと思っています。ただし震災による原発事故の影響で受けた精神的苦痛は、私自身かなりのものと思っています。震災直後、放射能の影響を心配した家族のすすめもあり、家族全員で身内を頼り、避難をしましたが、その間収入は絶たれ、今後どうすれば良いのか夫や家族ともめたり、自宅に戻ってからも、色々な制限があり、小さな子供たちをこの場所で生活させて行って良いのか、引越は可能か？　持病のある子供の病院の通院を考えると、県外に引越すことは難しいのかなど、事故がなければ考える必要のなかったことに、一時はかなり気がめいっていました。」

⑥　怒りっぽい

原発事故の影響により夫が失業したにもかかわらず、震災前であれば必要のなかった出費があり、金銭面の不安からイライラしているという意見があった。

「原発事故により夫の仕事がなくなり、一時期失業中でした。子供は家にパパがいつもいるのを喜んでいましたが、今まで必要のなかった出費があったりしてお金の心配でイライラ（私が）して、子供にもあたったりしていました。」

放射能による健康不安から在宅することが多くなり、イライラして子どもにあたってしまったという意見があった。

⑨　災害を思い出す

震災や原発事故のことが思い出されるという意見があった。思い出すことによる気持ちの動揺もみられる。これは、⑪気持ちが動揺する、にも該当すると思われる。

「私は、二番目の子を妊娠していた時、切迫流産で病院に入院、そこで地震を経験しました。主人は仕事で不在、上の娘は祖父母に預けていたため、子供が一番親を必要とし、不安であった時期に一緒にいてやれませんでした。皆さんのように避難することもできませんでした。その頃メールで送られてきた娘の写メを見るたび、今でも涙が流れます。テレビで地震や原発の映像を見ると、やはり涙が流れます。これは、いわゆるＰＴＳＤというものではないのかな……と思っております。今、現在、それでも精神的に不安定な状態にあるとは思っておりません。」

「子供の今後のことを考えたり、十年後二十年後三十年後のことを考えると不安で不安でたまりません。原発事故・津波を思い出したり、ＴＶで映像が流れると涙がとまりません。Ｆａ（夫、夫の母親）から、避難しろ（子供二人と私だけで……）仕事をやめろ、パートならいくらでもある……精神的に辛かったです。職場では、管理職（副主任）責任ある立場にあり……、人が少ない中（産休・育休だった）迷惑をかけ、職場の人で避難している人はいないのにと、毎日葛藤があり泣いていました。子供も守りたい。でもＦａがバラバラになり知らない土地で数ヶ月の子供と二歳の子供をつれて一人で育てる自信はありませんでした。」

「地震＋原発事故で頭にインプットされています。人が消えた浜通りのことを思うと、涙がこぼれます。震災関連のテレビを見ると自然に涙が出ます。津波などで亡くなった方々のことを思うと、涙がこぼれます。」

⑫　忘れようと努力している

不安やストレスから解放されるために、考えないようにしようとする意見があった。

「放射能の事を考えると不安からイライラしてくるので、できるだけ考えない様にしています。気を付けるのは頭に入っているので、ストレスがないようにしています。水道も利用しています。不検出となってるので大丈夫かと思っていますが、自分の蛇口からの水は検査してないので、どうなんだろうと思ったりします。考えると子どもに当たったりして悪影響になります。今の時代、放射能だけではなく食べ物も安全なものを選び、健康に気を付けて子育てしていきたいです。」

「いろいろな事を考えはじめると、キリがなくなって何も手につかなくなってしまうので、あえて考えないようにしている所もあります。以前にも増して、日々の生活におわれているので（子供の送迎、・買物、保養など）毎日を送るのがやっとと言う感じです。」

以上で、母親の精神的健康に係る自由回答を紹介してきた。母親たちの訴えはさまざまな形で現れているが、その根底には放射能の影響に対して根強い不安があり、放射能への対処をめぐる葛藤《かっとう》と軋轢《あつれき》を感じているという事実がある。このような場合、放射能による身体的障害、原発事故や放射能の心理的影響、社会的影響、といったさまざまな要因をいったい誰が、確信を持って分析し、区別することができるだろうか。だからこそ、母親の心理状態がその健康状態と密接な関係にあること、したがって、母親の健康状態の考察に当たっては、さまざまな要因を総合的に考慮すべきであることは明らかであるといわねばならない。

3 出産不安

(1) 妊娠

出産に関しては、福島で妊娠すること、妊娠中を過ごすことについて不安がみられる。放射能の胎児への悪影響が懸念されている。

「震災時は、仙台に住んでおり、夫の転勤で平成二十三年六月末に福島に戻ってきました。転勤が分かり、引っ越しする直前に妊娠していることが分りましたが、もともと地元が福島で、実家も福島のため、また震災が起った時のことを考えると子どものためにも助けてくれる人が近くにいた方が安心と思い戻ってきました。……放射能の影響を考えると子どものためには、仙台にそのままに居た方が良かったのかもしれないと悩む日々です。」

「震災当時、妊娠しており、かなり不安を持ちながら、職場、家とすごしておりました。このような事態となり、育休を延長し、子どもたちとの時間を増やしたのも事実です。福島での生活を選択したものの、生活していくことに本当に大丈夫なのか、子どもたちの未来は大丈夫なのかと、不安はつきません。でも自分たちの選択がまちがっていなかったと思い生活していくしかありません。この選択する他に方法がなかったのですから……。今後も、考え方が変化していくことはあっても、その時での選択は本当に精一杯です。」

伝え聞いた話であるようだが、出産を躊躇《ちゅうちょ》する意見もあり、影響は大きい。

「私達は本当にここで生活していて大丈夫ですか？　ローンの残る自宅を置いて避難はできず……でも将来、避難しなかった事を後悔する時がきたらどうしよう……子供が二人いる友達と妹、本当はもう一人欲しいけど、妊娠への不安が大きいって言っている。……疲れた。」

（2）流産

放射能が流産（死産）の一因となっている疑念を払拭《ふっしょく》できないという心理的ダメージを受けていることを指摘する意見があった。

「原発事故（震災）後、妊娠をしました。そして死産しました。誰にも言えていませんが、原発事故直後この放射能の大変さが分からず、まだ住んだばかりの自宅前の環境を良くしようと、林の木を伐採したり、うっそうとした背丈位の草木を刈ったりと数週に渡り、夫とそして時にまだ二歳だった子供と作業しました。その時にどれだけ外部被曝したのか……。私の死産はもしかしたらそれが原因かも……。この可能性は一生抱え、時に死産した苦しみと共に後悔をわき上がらせます。」

4　母親の心身の健康と心理社会的要因

原発事故から時間が経ち、外見上は元の環境に戻ったかのような日常生活が営まれている。しかし、原発事故による精神的なダメージの回復はそう容易ではない。原発事故後、母親の訴えはさまざまな形で現れているが、その根底には放射能の影響に対して根強い不安を抱いているという事実がある。精神的不安やストレスとともに生きること、そのことが母親の心と身体を圧迫している。精神的不安やストレスが長期間持続すると、身体的不調につながることもあり、また逆に身体的不調が精神的不安に続いていく可能性もある。したがって、忘れてはならないことは、福島の母親にどんな放射能の影響が認められようとも、それは心理社会的要因と無関係に存在するのではないということだ。精神的不安を維持、あるいは増幅させているこれらの要因を特定していくことが必要である。

第2部　原発事故後の親子の生活と健康の社会的規定要因

第1章　原発事故後の生活変化と母親の精神的健康

＊原発事故後の母親の精神的健康について、母親をとりまく生活環境の変化から考察する。
＊母親の精神的健康が改善されない要因として、放射能への対処をめぐる「配偶者・両親・近所や周囲の人との認識のずれ」と放射能を避けるためのさまざまなリスク対処行動による「経済的負担感の増加」が関わっていることがわかった。
＊母親の精神的健康を向上させるためには、経済的負担感を軽減する支援策、そして放射能への対処をめぐる認識のずれで生じた人間関係の亀裂《きれつ》を修復することが必要である。

「原発事故～一年くらいまでは、放射能による影響について知識が乏しくあまり深く考えていませんでした。しかし、子供の甲状腺エコーの結果、A2判定で嚢胞《のうほう》があることを知り、だんだん怖くなっていきました。そして、無知でおろかな自分を責めました。何故あの時避難しなかったのか、何故あの時子供を外に出してしまったのか。たぶん、この後悔は私が死ぬまでずっと続くのだろうと思います。放射能のことをもっと知ろうとネットを見ると、「福島は死の土地」「数年後には新聞のお悔み情報の欄は子供の名前がいっぱい載るだろう」「福島の奴、いつまでも被害者面するな」「福島に住んでいる子供は病気で死ぬか大人になっても結婚できない、子供を産めない」などといった書き込みが沢山あり、怒りと共にもっと不安な気持ちでいっぱいになりました。もし、自分の子供が死んでしまったらどうしよう……日が経つにつれて不安は大きくなり、夜もあまり眠れず、いつも放射能のことや子供のことを気にして気分が落ち込み、素直に笑えない自分がいます。」

1　放射能災害下の母親のストレス

東京電力福島第一原子力発電所の事故から間もなく四年になろうとしているものの、幼い子どもを持つ母親の不安は今なお続いている。原発から三〇～九〇キロメートルほど離れ、「避難区域外」とされる福島県中通りでも子どもを持つ母親は放射能不安が強く、日常生活に支障をきたしている。自然災害にせよ、人為起源の災害にせよ、あらゆる災害は広い範囲で心身の健康を脅かすトラウマ体験となる。特に、放射能災害はその健康影響が将来にわたる健康リスクという形で現れるため、恒常的に不安な状態を作りやすい。アメリカの心理学者ブロメットは、チェルノブイリ事故十一年後と十九年後にキエフへの避難民の母子調査を行った結果、原発事故が特に母親の心に与えた影響は消えることなく、その後も後遺症に苦しんでいると報告している。(1)ただ、この場合、多くはストレスに関連した症状であり、不安、抑うつ、医学的には説明できない身体症状(2)などである。(3)これらの症状は、臨床診断には上らないもの（subclinical）であり、原発事故から約四年を経た福島においても同じような傾向が見られる。こうした放射能災害後の不安、抑うつなどの精神症状は長期にわたって続く最も重要な課題の一つであるが、問題はこうした精神症状はメンタルヘルスの専門家、特に医療専門職には扱いにくいものであるという点である。(4)な

（1）Bromet, E. J., Gluzman, S., Schwartz, J. E., et al. 2002, Somatic Symptoms in Women 11 Years after the Chornobyl Accident: Prevalence and Risk Factors, Environmental Health Perspectives 110(4), p.625-629.

（2）医学的に説明できない身体症状（medically unexplained physical symptoms）とは、一般に「愁訴（somatic complaints）」などと呼ばれるものであるが、ブロメットらのチェルノブイリ研究では、疲労、頭痛、筋肉や関節の痛みなどを指摘している。

（3）Bromet, E. J., Havenaar, J. M., Guey, L. T., 2011, A 25 year retrospective review of the psychological consequences of the Chernobyl accident. Clinical Oncology 23(4), p.297-305.

（4）小西聖子、二〇一一年、「見通しを持てずにさまよう被災者の心」、臨床精神医学、40(11), p.1431-1437.

ぜなら、福島の母親における放射能不安は、ふだん専門家が扱っている病的な不安と重なりつつも、異なる側面を持っているからである。冒頭で示した福島の母親の言葉からも推察されるように、明らかに精神的な苦痛ではあるものの、多くは医学的には説明できない一般的な不安なのである。

本章では、未曾有の原発災害を経験した母親の精神的健康について事故直後から二年間の変化を明らかにするとともに、その変化にどのような要因が介在しているのかを解明する。特に、これまでの研究ではあまり注目されてこなかった事故後におこった生活変化が母親の精神的健康にどう影響しているのかについて統計解析を用いて分析する。

2　母親の精神的健康の変化

2―1　母親の精神的健康を測定する尺度

母親の精神的健康の状態については、災害精神保健に関するスクリーニング質問票SQD（Screening Questionnaire for Disaster Mental Health）（表1）を用いて測定した。SQDは「うつ」症状と「PTSD」症状に焦点を当て、リスクが高い人を見分けるスクリーニング質問票（十二項目）であり、阪神淡路大震災で被災した高齢者の六年目の精神症状に関する兵庫県長寿社会研究機構こころのケア研究所の調査でも用いられている。[5] ただ、ここでいうPTSDは日

表1　ＳＱＤ質問項目

①普段と比べて食欲が減ったり、増えたりしている
②いつも疲れやすく、身体がだるい
③寝つけなかったり、途中で目が覚めることが多い
④災害に関する不快な夢を見ることがある
⑤憂うつで気分が沈みがちである
⑥イライラしたり、怒りっぽくなったりする
⑦ささいな音や揺れに、過敏に反応してしまうことがある
⑧災害を思い出させるような場所や人、話題を避けてしまうことがある
⑨思い出したくないのに災害のことを思い出すことがある
⑩以前は楽しんでいたことが楽しめなくなっている
⑪何かのきっかけで、災害を思い出して気分が動揺することがある
⑫災害についてはもう考えないようにしたり、忘れようと努力している

常用語とは異なって、ＳＱＤの十二項目のうち、表１に示した③、④、⑥、⑦、⑧、⑨、⑩、⑪、⑫のうち五個以上が存在し、その中に④、⑨、⑪のどれか一つが必ず含まれている場合に、ＰＴＳＤとして判定される。また、ＳＱＤで判定される「うつ」症状はＳＱＤの十二項目のうち、①、②、③、⑤、⑥、⑩のうち四個以上が存在し、その中に⑤、⑩のどれか一つが必ず含まれている場合である。

２—２　母親の精神的健康の三時点変化

「事故直後」「事故半年後」「事故後二年（二〇一三年上半期）」の三時点での母親の精神的健康について尋ねた。まずは、精神的健康が「不良」（ＳＱＤでの「うつ」と「ＰＴＳＤ」）の三時点での割合の変化を確

(5)（財）兵庫県長寿社会研究機構こころのケア研究所、二〇〇一年、『PTSD 遷延化に関する調査研究報告書：阪神・淡路大震災の長期的影響』、島印刷

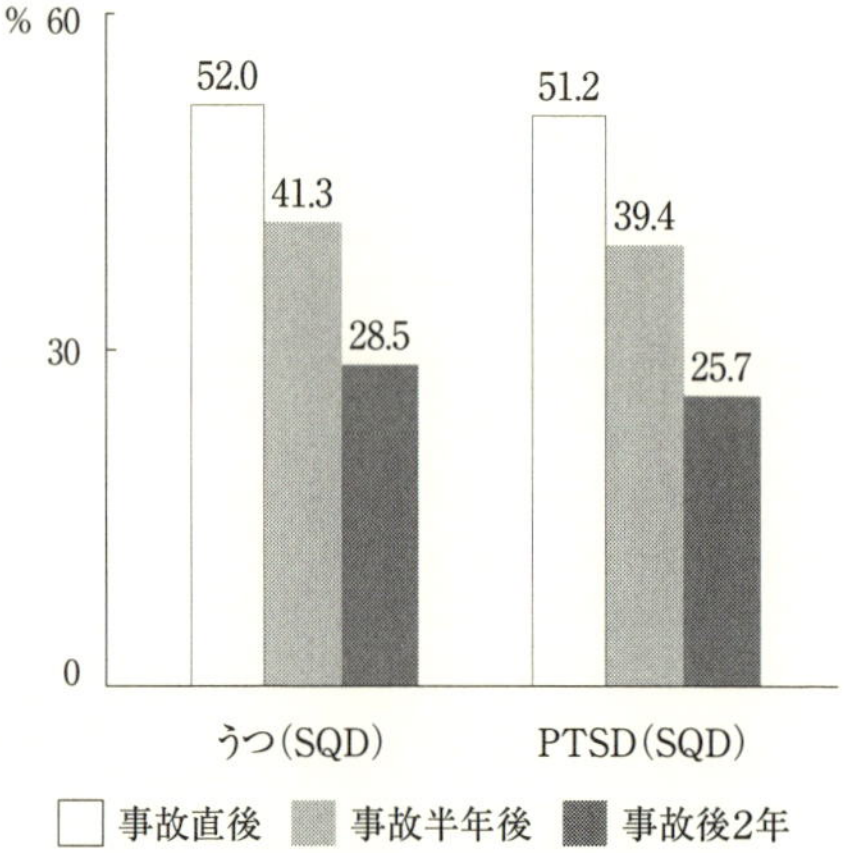

図1　精神的健康不良の三時点変化

認しよう（図1）。

事故直後に精神的健康が「不良」と判定された者は、「うつ」が五二・〇％、「ＰＴＳＤ」が五一・二％であった。いずれも、五割以上の者が事故直後に精神的健康上の問題を抱えていたことがわかる。続いて、事故半年後では、「うつ」と「ＰＴＳＤ」がそれぞれ四一・三％と三九・四％であり、事故直後から一〇％程度減少していた。最後に、調査時点での「事故後二年」の時点では、「うつ」と「ＰＴＳＤ」はそれぞれ二八・五％と二五・七％であり、事故半年後から一〇％程度の減少であった。

こうして見てみると、各尺度での原発事故直後から精神的健康が「不良」と判定される者の割合は、時間の経過とともに減少しており、事故直後のパニックとも言える状態から、福島の母親は少しずつ落ち着きを取り戻してきていることがわかる。ただ、忘れてはいけないのは、事故から二年が経過した時点でも「うつ」と「ＰＴＳＤ」を持つと判定される者が、ともに二五％以上存在していることである。

次に、事故直後に精神的健康が「不良」、もしくは「良好」と判定された者が、事故後二年

表２　精神的健康の二年間の軌跡

%

	うつ（SQD）				PTSD（SQD）			
事故直後	不良		良好		不良		良好	
	52.0		48.0		51.2		48.8	
事故後2年	不良	良好	不良	良好	不良	良好	不良	良好
	47.2	52.8	3.0	97.0	47.3	52.7	8.2	91.8

（二〇一三年上半期）の時点でどう変化しているかについて表２に示した。事故直後に「うつ」と判定された者のうち、五二・八％は回復したものの、四七・二％は「症状有」、「ＰＴＳＤ」については四七・三％が「症状有」のままであった。震災直後に精神的健康が不良になった者のうち、約半数は回復したものの、残りの約半数は慢性的なストレス状態に陥っていると推察される。

一方、事故直後には精神的健康が「良好」であった者の中にも、事故後二年（二〇一三年上半期）では「不良」と判定される者が「うつ」では三・〇％、「ＰＴＳＤ」では八・二％いることがわかった。本章の冒頭で示した母親のように、震災から時間が経過し、周囲の反応を見聞きしたり、子どもの体調の変化等が起こったりすることによって、不安が増し、遅発的なストレス状態を経験しているのかもしれない。

3　事故後の生活変化と母親の精神的健康

「事故直後」に精神的健康が「不良」と判定された母親が事故から二年が経過した時点において、「うつ」、あるいは「ＰＴＳＤ」症状を継続して抱えているのか、それとも回復することができたのか。また、症状の継続、あるいは回復に関連している要因とは一体どのようなものなのかについての検討を行った。検討した項目は、以下に示す事故後の生活変化に関する変数である。

第一に、放射能を避けて別の場所に移動した経験である。本調査では約七割の者が避難を経験している。その多くは、母子のみでの避難であったことはさまざまな調査でも明らかにされているが、住み慣れた土地を離れ、家族が離ればなれになった状態で過ごすことは母親にとって大きなストレスになったことが予想される。

第二に、放射能への対処をめぐる認識のずれである。幼い子どもを持つ母親にとって、子どもの健康や健全な発達は重大な関心事であり、子どもの発育のための適切な環境を整えようと日々努力している。しかし、放射能への対処をめぐっては、外遊びの是非、地元産の食材の使用、避難や保養といったリスク対処行動などで、一番身近な配偶者や両親との認識のずれが起こりやすい。家族外においても、例え幼い子を持つ母親同士であってもどこまでを安全と判断するか個人によって違う。また、その考え方の違いは事故から月日が経つほど拡がる可能性がある。この人間関係上の障害ともいえる認識のずれが母親の精神的健康と関連しているのではないかと考えられる。

最後に、事故後の生活変化による経済的負担感である。母親のなかには、子どもや家族の内部被ばくを恐れて、少しでも安全な水や他県産の野菜の購入を続ける者もいる。また、避難することを選択したり、避難はしなくとも週末や長期休暇を利用して保養に出かけたりする者もいる。これらのリスク対処行動は、家計を圧迫し、それがストレスとなりうる。こうした経済的負担感が母親の精神的健康を考える上では欠かせない要因と考えられる。

以上の要因を検討するために、事故直後に精神的健康が「不良」だった者を対象として、「事故後二年（二〇一三年上半期）」の時点で精神的健康がどう変化したかについて、避難経験の有無、放射能への対処をめぐる配偶者・両親・近所や周囲の人との認識のずれ、原発事故後の経済的負担感の五つの変数との関連を検討した。避難経験の有無については、「原発事故後、避難した経験はありますか」という質問に対して「1・はい、2・いいえ」で回答を求めた。放射能への対処をめぐる配偶者・両親・近所や周囲の人との認識のずれについては、それぞれ「放射能への対処をめぐって夫（配偶者）・両親・近所や周囲の人との認識のずれを感じる」という項目に対して「1・あてはまる、2・どちらかといえばあてはまる、3・どちらかといえばあてはまらない、4・あてはまらない」という選択肢の中からもっとも近い数字の回答を求め、それぞれ「1」あるいは「2」と回答した者について「ずれを感じる」と判定した。原発事故後の経済的負担感については、「原発事故後、何かと出費が増え、経済的負担を感じる」という項目に対して「1・あてはまる、2・どちらかといえばあてはまる、3・どちらかといえばあてはまらない、4・あてはまらない」という選択肢の中からもっとも近い数字の回答を求め、それぞれ「1」あるいは「2」と回答した者について「経済的負担感を感じる」と判定した。

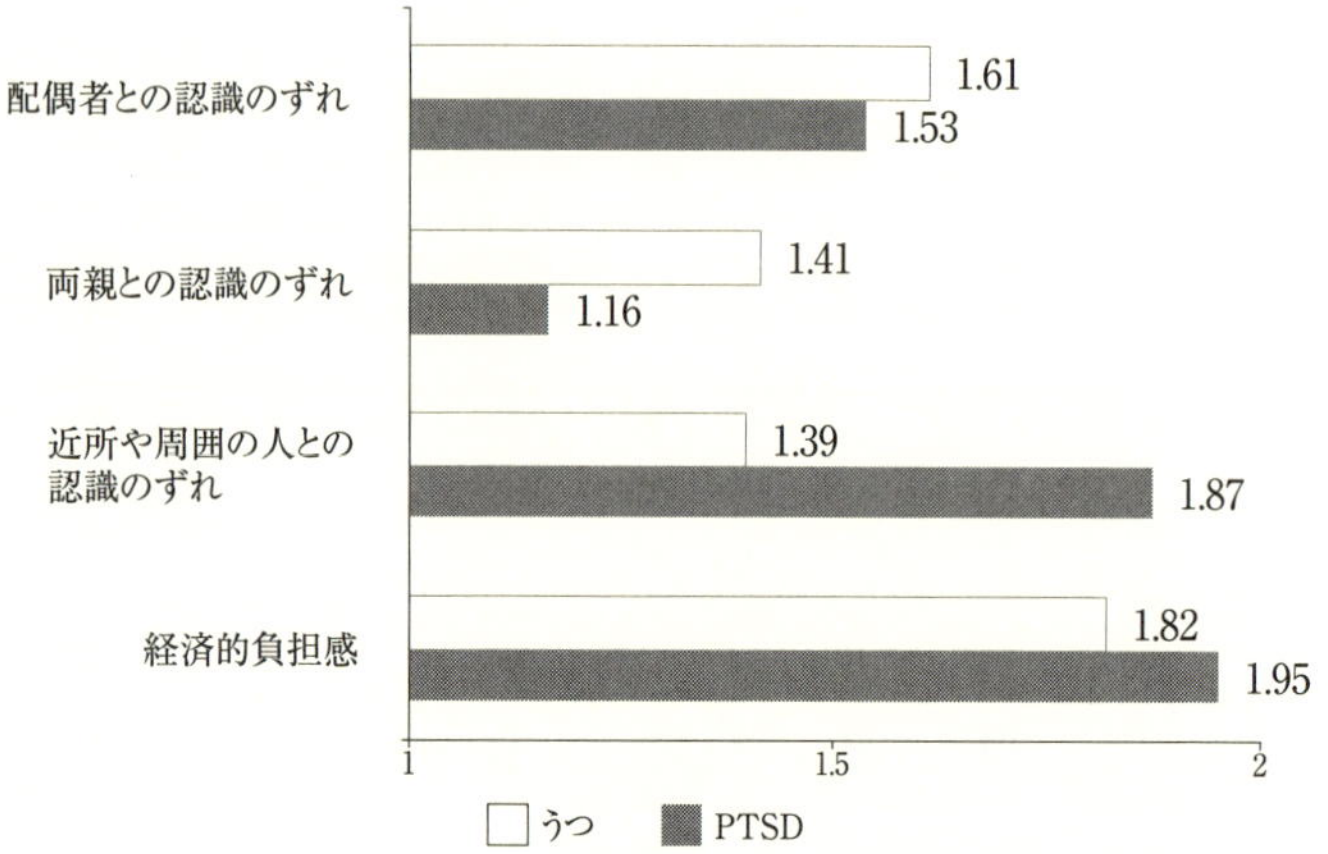

＊「認識のずれや負担感を感じない場合」と比べた
「認識のずれや負担感を感じる場合」のオッズ比

図２　「うつ」「ＰＴＳＤ」症状の持続に関連する要因

また、親子が実際に生活している地区の線量も母親の精神的健康を規定する重要な要因となりうるため、回答者を小学校区に振り分け、福島県放射能測定マップ（http://fukushima-radioactivity.jp/）による各小学校の二〇一一年四月の空間線量を個々人に当てはめた数値も分析に加えた。統計解析では、これまでの多くの研究で育児中の母親の精神的健康との関連が指摘されている年齢、教育歴、所得といった社会経済的な変数と夫が育児に参加する頻度、何かと頼りになる人数等のソーシャルサポート変数の影響を考慮した上で、ロジスティック回帰分析[6]を行い、それぞれの変数のオッズ比を算出した。

図2に、原発事故後の生活変化と精神的健康が「不良」の状態が続くことに有意に関連する要因を示した。図には、「認識のずれや負担感

を感じない場合」と比べた「認識のずれや負担感を感じる場合」のオッズ比を示している。放射能への対処をめぐる認識のずれは、「うつ」においても「PTSD」においても、それがない場合に比べて精神的健康の「不良」が持続することに有意に関連していることがわかる。例えば、配偶者との認識のずれを感じる場合、感じない場合と比べて「うつ」では一・六一倍、「PTSD」では一・五三倍、その症状が持続するリスクが高まることがわかる。

また、近所や周囲の人との認識のずれに関しては、ずれを感じる場合、感じない場合と比べて「うつ」では一・三九倍、「PTSD」では一・八七倍もその症状が持続するリスクが高まる。放射能をめぐる認識のずれが人間関係の障害を生み、それが母親のストレス持続に大きく関連していることを示している。

さらに、経済的負担感については、それを感じる場合、感じない場合と比べて「うつ」では

(6) ロジスティック回帰分析は、本章のように目的変数が2値（病気の有り無し等）であり、説明変数が名義尺度の場合に有効な統計手法である。また、別の利点として、交絡因子を調整できることがあげられる。ロジスティック回帰分析の結果、オッズ比や九五%信頼区間が得られる。オッズ比とは、ある事象の起こりやすさ（病気になるかならないか）を二つの群（ある要因を持っている群と持っていない群）で比較して示す統計学的な尺度のことである。オッズ比の数値が大きいほど因果関係は強いと考えられる。また、オッズ比が有意であるかないかは、九五%信頼区間の下限値と上限値の二つの数字で示される。九五%信頼区間とは、真のオッズ比がこの下限値と上限値の間に一〇〇回の観察で九五回収まることを示す。もし、1がこの九五%信頼区間内に入れば、危険性に差がなく、この結果は統計的に有意でないと考えられる。

一・八二倍、「ＰＴＳＤ」では一・九五倍、その症状を持続するリスクが高まることがわかった。リスク対処行動にともなう経済的負担の増加は、家計を圧迫することでストレス源となりうる。また、人によっては自分が求めるリスク対処行動を経済的な理由で断念せざるをえないという意味でストレスを増幅している可能性もある。

一方、原発事故後の避難経験については、「ない」場合と「ある」場合との間に精神的健康の「不良」の持続に関して有意な関連は認められなかった。本調査は二〇一二年十月〜十二月に福島県中通り地域に住民票が存在する者を対象としているため、それ以前に対象地区外に避難した者（住民票を移した者）は含まれない。また、先に本調査の対象者の約七割が避難経験ありだったと記したが、そのうちの七割がすでに避難を終えて中通りに戻ってきている。これらのことを考慮すると、本調査の対象者の多くは、一時避難はしたものの何らかの事情で中通りに戻ってきた者である。つまり、避難経験そのものは第一部の自由記述でも見られるように多くのストレスをもたらしたと考えられるが、現在中通りで生活する母親にとって、過去の避難経験よりも毎日の生活で生じる放射能対処をめぐる人間関係の亀裂《きれつ》や経済的負担感が、精神的健康の「不良」の継続に大きく関連していることを示唆している。

最後に、放射線量との関連については、「うつ」「ＰＴＳＤ」症状ともに有意な関連は認められなかった。幼い子どもを持つ母親にとって、自分が居住している地区の実際の線量の高低よりも、原発事故による放射能汚染が危惧され、その対処をめぐって人間関係に亀裂《きれつ》が生じている福島で生活すること自体がストレスとなっているのかもしれない。

4　母親の精神的健康の回復に向けて

4―1　原発事故後の母親の生活への適応と不適応

原発事故から二年が経過した調査時点で子育て中の母親の精神的健康は、事故直後の混乱した状況の中から少しずつ心の平穏を取り戻しつつあることがわかった。ただ、「うつ」では二八・五%、「PTSD」では二五・七%の人が事故後二年経過した時点でも「症状有」であり、三割近くの人が未だに精神的に問題を抱えていることがわかる。概して、精神疾患の有病率は災害直後に上昇するものの、七五%程度は予後良好なパターンを示すといわれている。[7] しかし、多数の人が回復する一方で震災から数年が経過しても精神的健康が「不良」の状態が続く人もいる。[8]

本研究結果においても、事故直後に精神的健康が「不良」と判定された者のうち、「事故後二年(二〇一三年上半期)」時点でも「不良」と判定される者の割合は、「うつ」では四七・二%、「P

(7) Fran H. Norris, Melissa Tracy, Sandro Galea, 2009, Looking for Resilience: Understanding the Longitudinal Trajectories of Responses to Stress. Social Science &Medicine 68(12), p.2190-2198.
(8) George A. Bonanno, Sumati Guta, 2009, Resilience after Disaster, Yuval Neria, Sandro Galea, Fran H. Norris, eds., Mental Health and Disaster, Cambridge University Press, p.145-160.

TSD」では四七・三%であった。この結果は、新たな環境に適応できた人と適応できず取り残されてしまった人に二極分化していることを示している。今後、精神的健康が「不良」の状態が長期化し持続する人への対応が必要である。加えて、事故直後には精神的健康が良好であった者のうち「事故後二年」で「不良」と判定される者がわずかながら見られることから、放射能災害の影響が及ぶ広範囲の地域において遅発性の発症も追跡確認することが求められる。

4―2　原発事故後の生活変化と母親の精神的健康の検討

放射能への対処をめぐる配偶者との認識のずれ、両親との認識のずれ、近所や周囲の人との認識のずれ、原発事故後の経済的負担感といった四つの要因が、母親の精神的健康と有意に関連していた。つまり、放射能への対処をめぐる認識のずれを感じている人ほど、また経済的負担感を感じている人ほど、精神的健康が改善されないことを物語っている。人間関係と経済的な問題が母親の精神的健康を阻害しているということは、通常の治療行為では母親の精神的健康の改善が見込めないということを示している。

一方、気象庁が発表した二〇一一年東北地方太平洋沖地震震度四以上の余震最大震度別地震回数表によると、二〇一二年十二月の震度四以上の余震回数は六回、二〇一三年一月は五回とされている。本調査の実施時期が、二〇一三年上半期であることを考えれば依然として続く余震、余震のたびに繰り返し報道される原発の状況や汚染水問題、そしてなかなか進まない除染作業も、子育て中の母親にとって生活上の支障や葛藤の源でありうる。低線量の放射能汚染が現在も続いている福島県中通りの状況を考えると、子育て中の母親の精神的健康の「不良」が持続するのはそうした状況に対する正常な反応であるといえるかもしれない。

4―3　今、福島の母親にどのような支援策が求められているのか

これまでの結果から、福島原発事故後、子育て中の母親の精神的健康の回復力を高め、生活を安定化させるためには、放射能への対処をめぐる配偶者・両親・近所や周囲の人との認識のずれを緩和するための支援策が求められていることがわかる。一般的に、除染によって放射線量が下がれば、母親の不安は低下すると考えがちである。しかし、本研究では、地域の放射線量と母親の精神的健康との間に有意な関連は認められなかった。このことは、母親の不安は、生活拠点の除染を進めるだけでは払拭《ふっしょく》しきれない可能性が高いことを示している。その理由の一つとして、同じ放射線量であっても母親によってその受け止め方は異なることがあげられる。つまり、不安は放射線量の高低に直接影響されるのではなく、その放射能対応をめぐる認識のずれ、経済的負担感といった心理社会的要因によって規定されるのである。したがって、除染後もなお続くと予想される母親の不安を低下させるためには、経済的負担感を軽減する支援策、そして何より放射能への対応をめぐる認識のずれで生じた人間関係の亀裂《きれつ》を修復することが必要である。

第2章　家族の不安定性と子どもの問題行動

*子どもの問題行動について、原発事故によって生じた家族の不安定性という観点から考察する。

*中通り九市町村の子どもは、他の調査結果と比べて攻撃的・反社会的な行動に代表される問題行動の領域で支援ニーズが高い傾向があった。また、その問題行動には、「放射能への対処をめぐる配偶者との認識のずれ」と事故後に生じた「母親のうつ」という家族の不安定要因が関連していることがわかった。

*子どもの健全な発達のためには、事故によって生じた家族の不安定性を回復することが必要である。その際、家族を取り巻く地域社会の環境も考慮に入れた支援策を構築することがより効果的である。

「原発事故以来、子供たちをこの場所で育てていくことがいいのだろうか……いつも心の片隅に置きながら、三人の子供たちを育てています。前までなら、庭で思いっきり遊び、どろんこ遊びも当たり前にできていたのに、今は、雨どいの下や土にさわるだけで〝ダメっ〟と大きい声を出してしまいます。主人の実家が県外なので帰省の際に広い公園で遊ばせていると、砂場で子供が〝さわってダメ？〟と聞くのです。公園に砂場があるのは、そこで遊べるからなのに、福島の子供たちは本当に当たり前の事を奪われてしまったのだと、頭が痛くなります。」

1　見えざる放射能汚染と母親の苦悩

福島原発事故から間もなく四年になろうとしているが、幼い子どもを持つ母親の苦悩は続いている。ある母親は、少しでも子どもの放射能被ばくを避けようと県外へ母子避難し、避難先と父親だけが残る福島とを行ったり来たりしている。またある母親は、地元産の食材を使う学校給食に不安を感じ、子どもには毎日お弁当を持たせ、外遊びについてもその内容と時間に神経をとがらせている。こうした放射能への不安を抱えたままの母親がいる一方で、見えざる放射能汚染を気にかけながら生活を続けることに疲れてしまった母親は、子どもに窮屈な思いをさせるよりも、今しかない子ども時代を十分に楽しんでもらおうと、不安な感情を閉め出し、表面上は事故前と同じような生活に戻りつつある。このように、不安なまま子育てをしている親も、不安な気持ちを閉め出し普通の生活を送る親も、そして、その両義的な感情を抱えながら暮らしている親も、共通して言えることは、不安な気持ちが時計の振り子のように揺れ動いているということである。原発からの汚染水漏れを報じるニュース、福島の子どもは運動能力が低下し、肥満傾向にあるといったニュースに接すると、母親の気持ちは揺れ動く。そのような母親の動揺は、福島の子どもの発達・健康にどのような影響を及ぼしているのだろうか。

原発事故は、何よりも家族生活に大きな影響を及ぼしている。放射能被ばくを避けるための避難とそれによる家族離散、放射能への対処をめぐる家族間の認識のずれや軋轢《あつれき》、放射能への対処による経済的負担の増加、福島で子育てを行う上での不安と心理的ストレスといった要因が、家族を不安定な状態にしている。これまでの研究で、家族構造の変化が子どもの発達・健康(well-being)に与える影響を説明する主要な要因は次の五つである。(1) それは、第一に両親の経済状況、第二に両親の精神的健康度、第三に夫婦関係の質、第四に育児の質、第五に父親の育児参加である。特に、経済状況と育児の質のどちらがより子どもの発達・健康に重要な影響を及ぼすのかをめぐって、長年研究が続けられてきた。(2) これらの研究結果によると、家族構造に変化が生じ、家庭環境が不安定になると、第一に、子どもの認知能力が低下する、第二に、攻撃的な行動が増え、不安・抑うつなどが増える、第三に、肥満や喘息が増える傾向にある。しかし、これまでの国内外の研究では、一人親家庭、特にシングルマザー、あるいはステップファミリー(3)と有色人種などの家庭に焦点を当てることが多く、[4] 震災や原発事故などによる家族や家庭環境の不安定さが子どもの発達・健康に与える影響についてはほとんど考察の対象となってこなかった。[5]

二〇一二年九月に震災当時、岩手、宮城、福島の三県で保育園に通っていた三歳から五歳の子ども一七八人とその保護者を対象に実施した厚生労働省研究班の調査[6]によると、東日本大震災を体験した被災地の幼い子どもの四人に一人が、引きこもりがちだったり、友達に暴力を振るったりするなどの問題行動を抱えている。また、その原因として、親子分離や被災地での生活体験を挙げ、専門的なカウンセリングが必要であるとしている。ただ、この研究は調査地域が被災三県に分かれ、福島県内に限定すると非常に少ない数であり、原発事故との関連については不明であ

(1) Jane Waldfogel, Terry-Ann Craigie, Jeanne Brooks-Gunn, 2010, Fragile Families and Child Wellbeing. The Future of Children 20(2), p.87-112.
(2) Elizabeth Thomson, Sara S. McLanahan, 2012, Reflections on "Family Structure and Child Well-Being: Economic Resources vs. Parental Socialization", Social Forces 91(1), p.45-53.
(3) 子どもを持った男女の再婚によって生じる血縁関係のない親子関係・兄弟姉妹関係を内包する家族
(4) Paula Fomby, Andrew J. Cherlin, 2007, Family Instability and Child Well-Being. American Sociological Review 72(2), p.181-204.
(5) (財) 21世紀ヒューマンケア研究機構家庭問題研究所、二〇〇五年、『震災と家族、震災10年目の検証―家庭問題研究所の調査研究から―』などは、震災が家庭生活にどのような影響を及ぼしているのかを検証している点で貴重な研究だが、子どもへの影響については系統的な検討がなされていない。
(6) 毎日新聞、「東日本大震災：引きこもりや暴力…被災園児25％問題行動」、二〇一四年一月二七日参照

る。そこで、本章では、原発事故が福島県中通りの子どもにどのような影響を及ぼしているのかを明らかにし、原発事故後の親子の環境改善に向けての提言を行いたい。

2　原発事故は家族にどのような変化をもたらしたか

本章では、原発事故による家族の不安定性に関連する要因として次の四つを取り上げる。それは、第一に、放射能被ばくを避けるための避難の有無、第二に、放射能への対処をめぐる夫婦間の認識のずれ、第三に、放射能への対処による経済的負担の増加、第四に、原発事故による母親の精神的健康の悪化である。

避難経験については、避難経験が「あり」と回答した者を「家族の不安定性あり」と判定した。夫婦間の認識のずれ、経済的負担の増加については、「事故直後」、「事故半年後」、「事故後二年（二〇一三年上半期）」の三時点のうちどこか一時点でも「あてはまる」「どちらかといえばあてはまる」と回答した者を「家族の不安定性あり」と判定した。母親の精神的健康は、SQD（Screening Questionnaire for Disaster Mental Health）によるうつ症状評価尺度を用いて、「事故直後」、「事故半年後」、「事故後二年（二〇一三年上半期）」の三時点のうちどこか一時点でも「うつ」症状があると判定された者を「家族の不安定性あり」とみなした。

図1に、原発事故による「家族不安定性あり」の割合を示した。避難については約七割の家族

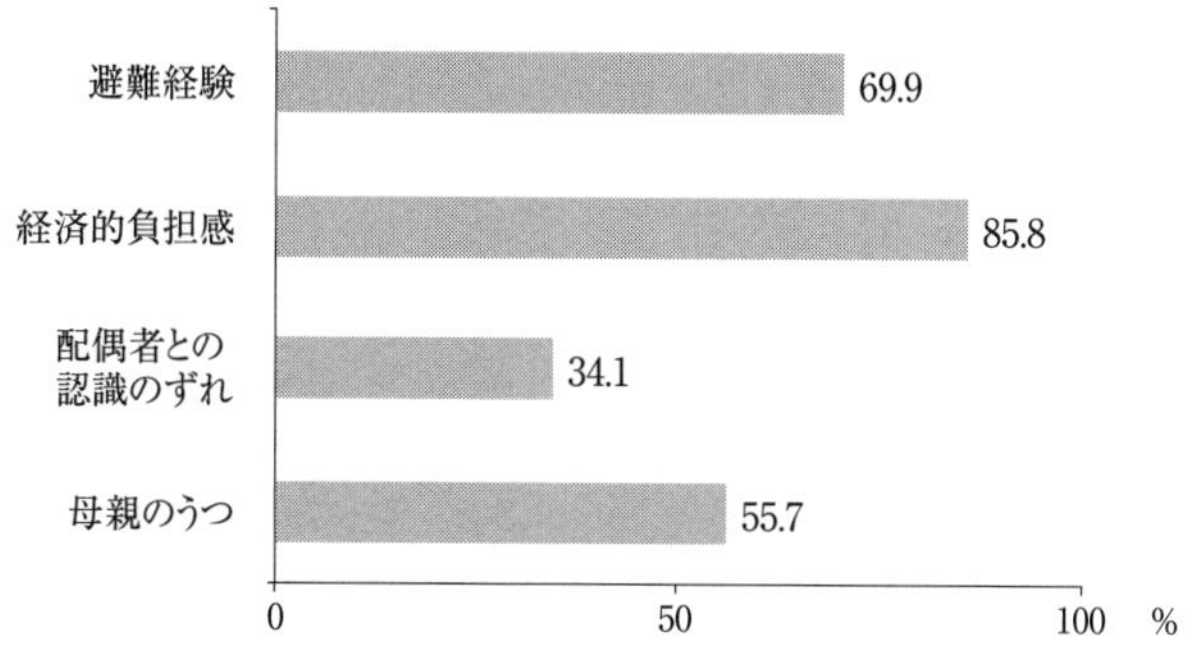

図１　原発事故による「家族不安定性あり」の割合

が一時避難を含む避難経験をしている。私たちの調査では、この避難が家族全員での避難か、母子避難に代表される家族分離での避難かは判断できない。ただ、原発事故から約三年後に福島県からの避難住民を対象に実施された調査[7]によると、避難指示区域外で避難によって家族が別々に住むようになった事例は三九・八％に及んだと報告されている。そこから類推すると、福島県中通りに住む本調査対象者についても、少なからぬ世帯が家族分離を経験したと考えられる。

経済的負担感については、八五・八％と八割以上の家族が、原発事故後に出費が増え、経済的負担を感じている。母親のなかには、子どもや家族の内部被ばくを恐れて、少しでも安全な水や他県産の野菜の購入を続ける者もいる。また、避難することを選択したり、避難はしなくとも週末や長期休暇を利用して保養に出かけたりする者もいる。このようなリスク対処行動は、家計を圧迫するとともに、経済的負担が増せば、

(7) 福島県避難者支援課、二〇一四年、『福島県避難者意向調査　調査結果（概要版）』(p.5)

リスク対処行動を制限しなければならない事態も発生する。

また、三割以上の人が、放射能への対処をめぐる配偶者との認識のずれを感じたことがあると回答している。夫婦間で放射能への対処をめぐって認識のずれがある場合、夫婦関係に支障が生じるとともに、リスク対処行動の選択においても夫婦間に緊張関係が生じる可能性がある。(8)最後に、五割以上の母親が、原発事故後のいずれかの時点で「うつ」症状を呈している。家事や子育ての主な担い手である母親が「うつ」症状を呈した場合、家族生活のあらゆる場面で支障が生じたことが想像される。(9)

3　福島県中通り九市町村の子どもの問題行動

では、原発事故による家族不安定性に関連する要因が子どもの発達・健康にどのように影響を及ぼすだろうか。まず、子どもの発達・健康に関連する基礎情報から確認しておこう。本調査対象者の子どもの出生時の身長は四九・〇〇±二・四〇センチ、体重は三〇一三・五六±四一六・七九グラム、三歳時の身長は九五・六六±四・二六センチ、体重は一四・四三±一・七七キロである。出生時と三歳児時の身長体重は他の道都府県平均と比較して、標準的な値である。二〇一二年十二月の文部科学省が発表した「学校保健統計調査」によると、福島県の子どもは「肥満傾向」にあり、五〜九歳の各年齢でその割合が全国最多で低年齢ほど多いと指摘されたが、今回の調査の対象者では肥満傾向は認められなかった。

次に、子どもの「ここ半年くらいの間の健康状態」（主観的健康度）は「良い」が五七・八％、「まあまあ良い」が三七・〇％で健康状態はおおむね良好であった。また、「子どものここ半年くらいの間の症状」（自覚症状）のうち、「よくある」症状で最も多いのは「皮膚のかゆみ」（二八・一％）、「せきが出る」（一五・三％）、「風邪」（一一・八％）の順である。さらに、「眠れない」も「よくある」と「ときどきある」を合わせると一八・〇％であり、不眠を訴える子どもがいることがわかる。

一日の平均屋外遊び時間は、原発事故から半年間は「まったく遊ばない」が六二・八％、ここ半年間ではその割合は一一・四％まで減少している。しかし、「三十分未満」と回答した割合の四〇・三％と合わせると、事故から二年が経っても外遊びが三十分未満である割合が全体の五割以上を占めていることになる。三歳児ともなれば、いろいろなものごとに興味を覚え、さまざまなものに触れながら体力や感性を磨く時期である。それが、少なくとも外遊びを通して得られる

(8) Jane Waldfogel らの論文では、夫婦間でどれくらいうまく調整しているか、また夫婦間でどれくらいの頻度でコンフリクトを経験しているのかといった夫婦関係の質が、離婚・家族分離と子どもの発達・健康との関連を媒介する鍵となる変数となりうると指摘している（p.91）。

(9) Jane Waldfogel らの論文では、シングルマザーが既婚の母より、うつ症状が多く心理的問題を抱えており、その結果として親としての機能が低下していると指摘している（p.90）。

体力や感性については、制限が加わった状態にあると言わざるを得ない。

次に、子どもの問題行動を見ていこう。子どもの問題行動には二つの軸があるとされている。一つは、外在化行動で、制御不足によりトラブルを起こす行動として攻撃的・反社会的な行動がその代表である。もう一つは、内在化行動で、制御過剰によりトラブルを抱える行動として引きこもり、不安、抑うつ気分がその典型である。(10)

子どもの精神的な問題によって起きる問題行動を数値化して評価できる代表的な指標が、厚生労働省調査の「子どもの行動チェックリスト」と本調査でも用いたＳＤＱ（Strengths and Difficulties Questionnaire）である。ＳＤＱは幼児期から就学期の行動スクリーニング質問票として、保護者や保育士が五分でチェックすることが可能で、子どもの適応と精神的健康の状態を評価できる点が特徴である。子育て相談や厚生労働省の軽度発達障害の気づきのためのツールとしても利用されている。ＳＤＱは、子どものここ半年くらいの行動について、行為、多動性、情緒、仲間関係、向社会性の五つの次元の合計二十五項目で構成されている。それぞれの項目について「あてはまらない」「まああてはまる」「あてはまる」の三件法で回答を求め、〇点、一点、二点の点数を与える。次に、各項目得点の合計点を求め、その領域における支援の必要性を測定する。さらに「多動性、情緒面、行為面、仲間関係」の四領域の合計でＴＤＳ（Total Difficulties Score）を算出し、全体的な支援の必要度を把握する。ちなみに、向社会性は低得点であるほど、それ以外の項目は高得点であるほど支援ニーズが高いことを示す。ここでは他調査

表1　子どもの問題行動（ＳＤＱ）の結果

	本調査（４歳のみ）	Matsuishi ら（2008）調査（４－６歳）	岩坂ら（2010）調査（４－５歳）
	平均（標準偏差）	平均（標準偏差）	平均（標準偏差）
①行為	3.11（1.95）	1.96（1.55）	1.55（2.00）
②多動性	3.77（2.15）	3.09（2.18）	3.60（2.93）
③情緒	1.99（1.87）	1.84（1.76）	1.75（2.33）
④仲間関係	2.00（1.69）	1.38（1.44）	1.64（1.90）
⑤向社会性	5.07（1.63）	6.63（2.09）	5.77（2.74）
⑥ＴＤＳ	10.84（5.31）	8.27（4.71）	8.52（6.73）

との比較のため、調査対象者のうち四歳になった子どものデータのみを分析した。

表1にＳＤＱの各領域における平均値を示した。比較の対象として、Matsuishiら[11]（二〇〇八年）と岩坂ら[12]（二〇一〇年）の調査結果を示している。その結果、すべての領域において他の調査に比べ、支援ニーズが高い傾向があることがわかった。その中でも攻撃的・反社会的な行動に代表される「行為」の領域で支援ニーズが高いことがわかった。「行為」は①カッとなったり、かんしゃくをおこすことがよくある、

(10) 菅原ますみ他、一九九九年、「子どもの問題行動の発達：Externalizingな問題傾向に関する生後11年間の縦断研究から」、『発達心理学研究』、10(1), p.32-45.

(11) Matsuishi T, Nagano M, Araki Y, et al. 2008, Scale Properties of the Japanese Version of the Strengths and Difficulties Questionnaire (SDQ) A Study of Infant and School Children in Community Samples, Brain & Development, 30(6), p410-415.

(12) 岩坂英巳・松浦直巳・前田由美子・根津智子、二〇一〇年、「教師版ＳＤＱを用いた4—5歳児の特別な支援のニーズ調査——地域と連帯した特別支援教育早期支援の取り組みの出発点として」、『教育実践総合センター研究紀要』、19, P113-117.

②よく他の子とけんかしたり、いじめたりする、③よく大人に対して口答えする、④他の人に対していじわるをする、⑤素直で、だいたいは大人の言うことを聞く（逆転項目）の五項目である。
以上の結果から、福島県中通り九市町村の子どもたちは、外遊び時間などの日常生活において制約があるが、肥満傾向はなく、主観的健康、自覚症状においておおむね良好であると言える。ただ、攻撃的・反社会的な行動に代表される外在化問題行動に問題を抱えており、支援が必要な状態である。では、何がこうした子どもの問題行動を引き起こすのか。次節では、原発事故による家族不安定性に関連した要因との関係で見ていくことにする。

4　家族の不安定性と子どもの問題行動

ここでは、子どもの問題行動のうち先の表1で示したＳＤＱの結果の中で他の調査と比較して支援ニーズが高く、これまでも国内外で家族の不安定性との関連が指摘されてきた「行為」が何によってもたらされるかを確認しよう。つまり、２節で取り上げた四つの家族の不安定性に関連した要因が子どもの問題行動のうち「行為」とどのような関連を持つのかをロジスティック回帰分析[13]で明らかにする。

まず、「避難経験」については、避難経験を「なし」「一ヶ月未満」「一ヶ月以上三ヶ月未満」「三ヶ月以上一年未満」「一年以上」の六カテゴリーに分けて解析した。その結果、避難期間が長くなるほど、子どもの問題行動が多くなる傾向があるが、有意な結果ではなかった。一方、「経済的負担」、「放射能への対処をめぐる配偶者との認識のずれ」については、「事故直後」、「事故半年後」、「事故後二年（二〇一三年上半期）」の三時点のうちどこか一時点でも「負担を感じた」、あるいは「認識のずれがある」場合、それがなかったケースに対して、それぞれ一・五九倍、一・四八倍有意に子どもの問題行動と関連した。また、「事故直後」、「事故半年後」、「事故後二年（二〇一三年上半期）」の三時点のうちどこか一時点でも「うつ」症状があった母親はそれがなかった母親に対して、二・〇七倍有意に子どもの問題行動と関連することがわかった。

さらに、この関連は、これまで子どもの問題行動との関連があると指摘されてきた要因である母親の年齢、学歴、就業有無、世帯年収、母親の妊娠時のアルコール摂取・喫煙、ソーシャルサポート数、子どもの性別、出生時体重、親子のコミュニケーションを統制した場合、「経済的負担」のみ有意ではなくなったものの、「放射能への対処をめぐる配偶者との認識のずれ」、「母親のうつ」については、それぞれ相変わらず強い有意な関連が見られた。つまり、「放射能への対処をめぐる配偶者との認識のずれ」と「母親のうつ」が家族の不安定性を高め、それが子どもの

(13) ここでは、Matsuishiら（二〇〇八年、一六五頁の「表1」参照）が提案した「行為」領域における支援のニーズが高い（High Need）とされる5点以上の点数をもつ者を「問題あり」、それ以下の点数の者を「問題なし」と判定し、ロジスティック回帰分析を行った。「ロジスティック回帰分析」と「オッズ比」については、一五一頁の注6を参照。

問題行動につながっている可能性を示唆しているのである。

5　子どもの問題行動を緩和する要因

では、どうすれば子どもの問題行動を緩和することができるだろうか。子どもの問題行動は放射能への対処をめぐる夫婦間の認識のずれ、母親の抑うつが関連していることを指摘した。これらの関連を弱める要因はさまざまなものがあり得るが、[14]本研究から確認できたのは「親子の密なコミュニケーション」と「母親のソーシャルサポート」の二つである。

まず、「親子の密なコミュニケーション」は育児環境指標[15]で評価した。そのうち「人的かかわり」領域の五項目（①子どもと一緒に遊ぶ機会、②子どもに本を読み聞かせる機会、③子どもと一緒に歌を歌う機会、④配偶者の育児協力の機会、⑤家族で食事をする機会）と「社会的かかわり」領域の三項目（⑥子どもと一緒に買い物に行く機会、⑦子どもを公園に連れて行く機会、⑧子供同伴の知人との交流の機会）の合計八項目を尋ねた。これらの八項目で「ほぼ毎日する」という回答が最も多かったのは「家族で食事をする機会」の八一・九％、続いて「子どもと一緒に遊ぶ機会」の六六・四％である。一方、「子どもを公園に連れて行く機会」は二一・一％と非常に低い値であり、母親と子どものふだんの生活に原発事故による影響が如実に表れている。

この育児環境指標の「人的かかわり」領域の五項目を得点化し、中央値でかかわりが低い群と

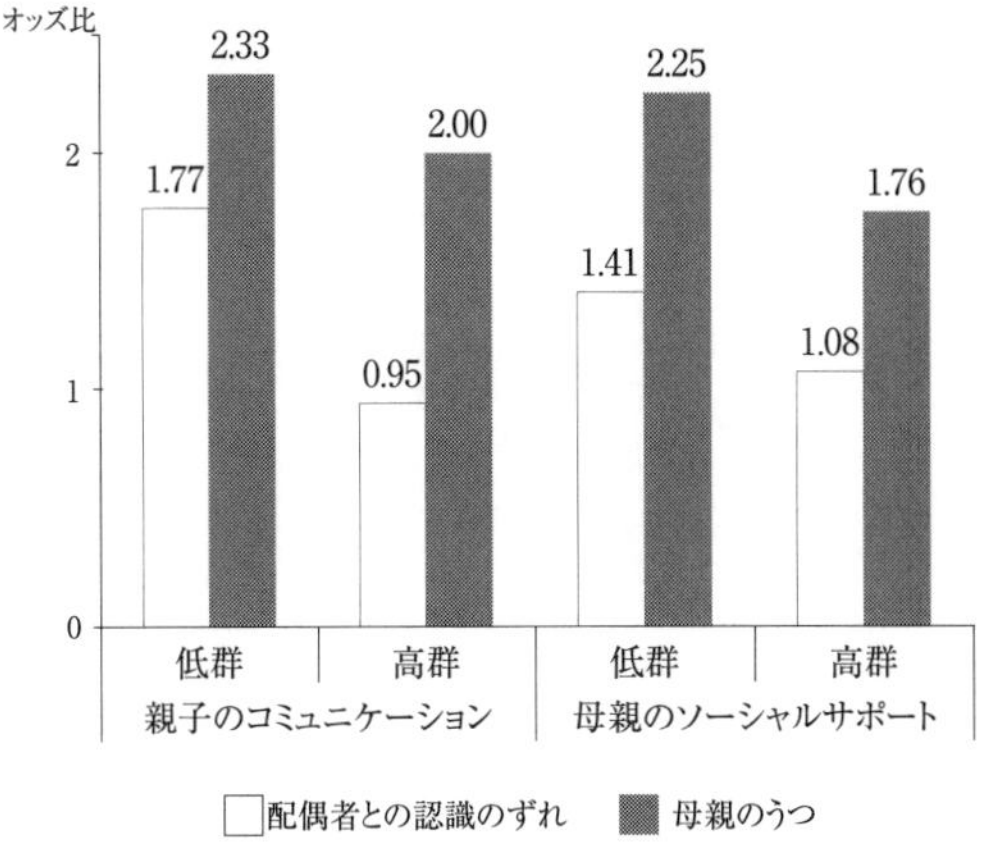

図２　家族の不安定性と子どもの問題行動の緩和要因

高い群に区分し、その結果を確認すると、親子のコミュニケーションの度合が低い群では、「配偶者との認識のずれ」と子どもの問題行動との関連は、一・七七倍であったのに対し、コミュニケーションが高い群では、そのオッズ比が〇・九五倍に減少し、関連が弱まっていることがわかった（図2）。また、「うつ」と子どもの問題行動に関しては、親子のコミュニケーションが低い群では、二・三三倍だったものが、高い群では二・〇〇倍にその関連が減少している（図2）。

もう一つの「母親のソーシャルサポート」については母親の回答した「何かと頼りになる人の数」

(14) Jane Waldfogelらの論文では、両者の媒介要因としては、収入、父親の育児参加、育児の質などが指摘されている（p.105）。

(15) 子どもと環境とのかかわりの質的および量的側面を測定する指標。健やかな子育ちに影響する子どもと環境との直接的なかかわりの質と頻度、子どものために準備されている環境などを測定する（Anne T,Tanaka H, Shinohara R, et al. 2010, Effectiveness of Japan's extended/night child care: A five-year follow up. Procedia Social and Behavioral Sciences, 2, 5573-5580, を参照）。

をその中央値でサポートの数が少ない群（〇～五人）と多い群（六人以上）に区分し、その結果を確認した。サポートが少ない群に比べ、多い群では、母親の「配偶者との認識のずれ」、「うつ」と子どもの問題行動との関連がそれぞれ、一・四一倍から一・〇八倍へ、二・二五倍から一・七六倍へと弱まる結果となった。これらの結果から、親子のコミュニケーションの度合が高く、母親のソーシャルサポートの数が多いといった要因があれば、「配偶者との認識のずれ」や「母親のうつ」があったとしても、それが子どもの問題行動に結びつくリスクを減らすことができることがわかる。

6　原発事故後の福島の親子の環境改善に向けて

幼い子どもを持つ親は、外遊びができない我が子を不憫《ふびん》に思うとともに、そのような状態で健全な発達ができるのだろうかと日々不安に思う。事態をさらに深刻化させているのは、母親の不安な心に、放射能への対処をめぐる配偶者・両親・周囲の人との認識のずれ、放射能被ばくを最大限避けるための県外産の野菜の購入や度重なる週末や長期休暇ごとの遠出といった経済的な負担感が加わっていることである。それにより、母親へのストレスは高まる一方である。目に見えない放射能が突如、生活空間に降り注いだうえに、人間関係上の軋轢《あつれき》や経済的な負担が加わり、母親にとって見えざる傷となる。それが、子どもの生活と健康に大きな影を落としている。

しかし、福島の復興を進める側は、母親に放射能について正しく理解してもらうための情報を提供し、不安を和らげようとしている。果たして、放射能に対する知識が高まれば母親の不安は減少するのだろうか。

これまでの結果から、福島の母親の不安には、放射能への対処をめぐる人間関係上の軋轢《あつれき》や経済的な負担感といった社会的要因が深く関わっていることが明らかになった。そして、それが子どもの問題行動につながっている。逆に、家族の不安定性があったとしても、それが子どもの問題行動と結びつきにくくするために必要なのは、親子の緊密なコミュニケーションと母親のソーシャルサポートであった。この結果から必要とされるのは、放射能リスクについての情報提供に加えて、人間関係上の軋轢《あつれき》や経済的な負担感を和らげるための支援策である。また、子どもだけにターゲットを当てた支援より、子どもを取り巻く社会的環境として母親の状態と家族を一つのユニットとして捉え、家族の安定性を高めることと[16]、放射線量を低減することをはじめとする地域社会の環境も考慮に入れた支援策を構築することがより効果的であると考える。

(16) こうした考えに基づき、近年、ファミリー・レジリエンスを高めるための施策について具体的な研究が進められている（Becvar, Dorothy S. (ed.) 2013, Handbook of Family Resilience, Springer を参照）。

第3章　原発事故による被害の社会経済的格差

＊福島県中通りの母親たちは、多かれ少なかれ放射能不安やストレスをかかえている。

＊しかし、原発事故後、時間が経つにつれ、世帯収入や学歴といった社会経済的要因が放射能不安やストレスの格差を広げている。

＊放射能不安やストレスの格差を拡大する要因の解明は、今後の支援策を考える上で重要な知見である。

1　脆弱な人々に集中する原発被害

本章は、原発事故による被害の社会経済的格差について明らかにする。本調査は、福島県中通りに住み三歳の子どもを育てる母親を対象としているが、その七割が一時的もしくは長期の自主避難をしている。そして、ほとんどの母親が放射能への健康不安を抱き、生活のさまざまな場面においてリスク対処行動を余儀なくされた。そこでは、経済的負担感や補償不公平感が高まったことが予想される。

ただし、こうした生活変化は福島中通りに住む母親すべてに一様にもたらされたわけではなく、社会的に脆弱《ぜいじゃく》な人々に集中していると考えられる。このことは、自由回答に示された次の母親の言葉からもうかがえる。

「食生活では、安全とは言われても、あれば高い値段でも、他県の商品を買い求め、水（飲料水）は、いつも買い求めている。うちのような母子家庭で、収入の少ない家庭では、大きな問題です。」

原発事故後、世帯収入が低い人々にとっては、さまざまなリスク対処行動を行うことの経済的負担は大きい。そのことで、時間が経つにつれて、十分なリスク対処行動を行えないことも増え、子どもに対する放射能の影響についての不安を高めていくことも予想される。また、情報へのアクセスに関する資源も放射能への健康不安に影響しているかもしれない。情報が不足している

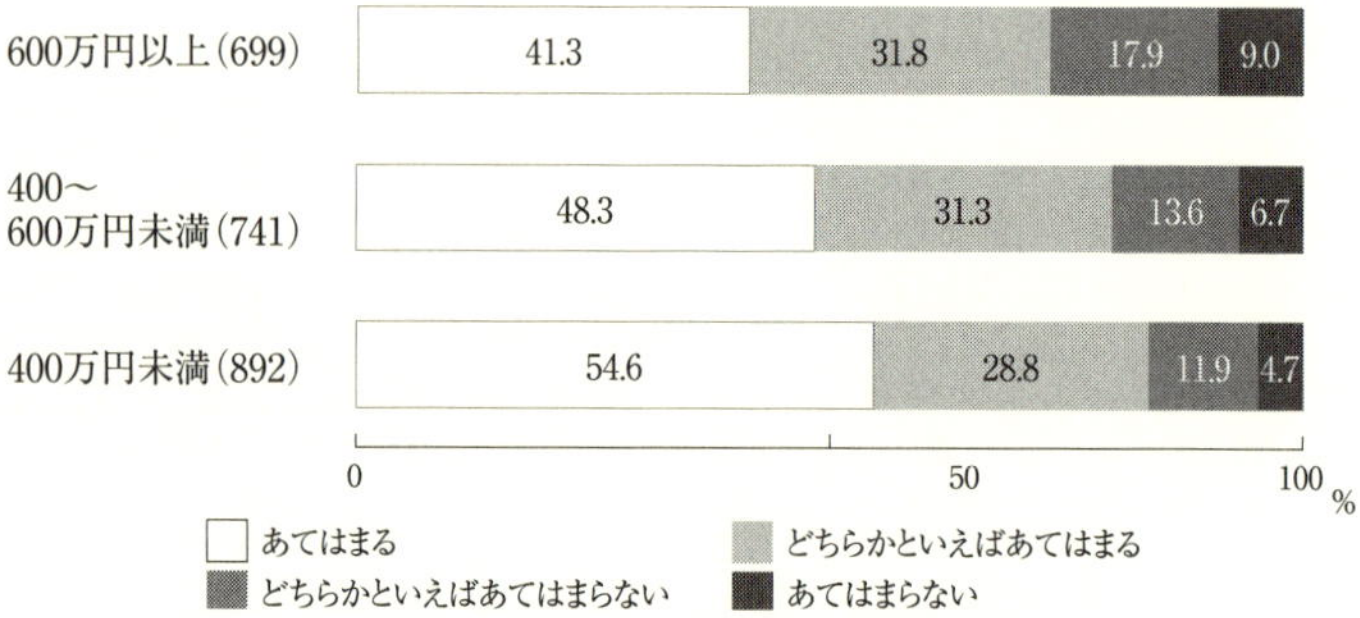

図1　世帯収入別の放射能への健康不安

人々は、どのようにリスクに対処すればいいのかと迷い、不安をさらに高める可能性もあるだろう。このような被害の社会経済的格差という視点は、飯島伸子（一九八六）の被害構造論をはじめ多くの先行研究において指摘されてきたが、[1]福島における原発被害においても検討すべき研究課題であると考えられる。以下では、社会経済的地位の違いによって放射能への健康不安や経済的負担感がどのように異なるのかについてみていく。

2　拡大する経済的格差

まず、はじめに世帯収入によって放射能への健康不安はどの程度異なるのかを確認する。図1は、世帯収入三分類別に、原発事故から二年後の調査時点における放射能への健康不安の程度を示したものである。「放射能の健康影響についての不安が大きい」という質問に対して、「あてはまる」から「あてはまらない」まで四つの選択肢でたずねている。図を一見して気づくことは放射能への健康不安をほとんどの人が抱いているということである。そして、さらにそれは世帯収入が低い層において深刻であることがわかる。図から世帯収入が六〇〇万円以上の世帯では、放射能への健康不安が「あてはまる」と答えた人が四一・三%である一方で、四〇〇万円未満の世帯では五四・六%である。世帯収入が低いほど、放射能への健康不安が高まる傾向にあるといえるだろう。

では、ここで見られた原発事故から二年後における放射能への健康不安の経済的格差は、原発事故直後からどのように変化してきたのだろうか。仮説として、原発事故後から現在にかけて、その経済的格差は徐々に拡大してきたことが予想される。原発事故直後は、ほとんどすべての人が同様に高い健康不安を抱く。しかし、その後、リスク対処行動を余儀なくされる日々が続く中で、低収入の人々はそれらに十分にお金をかけることが難しく、放射能リスクをコントロールできないという感覚を強めていくと推測できる。

原発事故直後に調査を行っていないため、この変化を直接検証することはできないが、本調査では、先ほどの放射能への健康不安の質問を、現在だけではなく、原発事故直後、六ヶ月後についても回顧でたずねている。この項目を用いて、原発事故直後から現在に至るまで放射能への健康不安の経済的格差がどのように変化してきたのかをみてみよう。図2は、原発事故直後、事故半年後、事故後二年（二〇一三年上半期）の三時点における放射能への健康不安の程度を、世帯

（1） 飯島伸子、一九八六年、『環境問題と被害者運動』、学文社

収入別に確認したものである。ここでは見やすさを重視して、先ほどの質問の選択肢を「あてはまる4点」「どちらかといえばあてはまる3点」「どちらかといえばあてはまらない2点」「あてはまらない1点」として、世帯収入別の健康不安の平均値を示している。つまり、値が高いほど不安が高いことを示す。図2からわかるように、原発事故直後は、どの収入層においても不安が高く、それは世帯収入によって変わらないことがわかる。しかし、半年後、二年後と時間を経ると、収入による差が拡大していく。原発事故から時間を経るほど、放射能への健康不安は減少していくが、その傾向は六〇〇万円以上の高収入層で顕著であり、四〇〇万円未満の低収入層では相対的に減少幅が少ないのである。

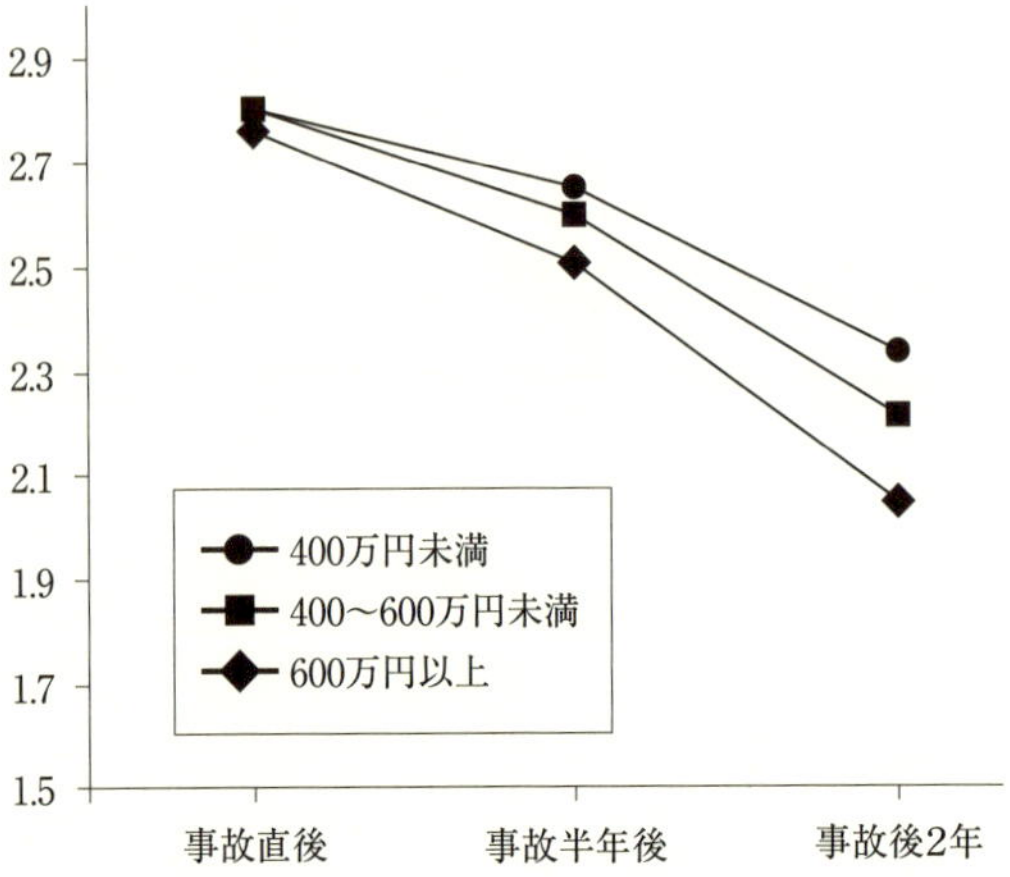

図２　世帯収入別の放射能への健康不安

　このように原発事故以降、時間を経るごとに放射能への健康不安の経済的格差が拡大していくのは、世帯収入の多寡《たか》によってリスク対処行動の経済的負担が異なるためだと推測できる。このことを先ほどと同様の手順で確かめる。図3は、世帯収入三分類別に、原発事故から二年後の調査時

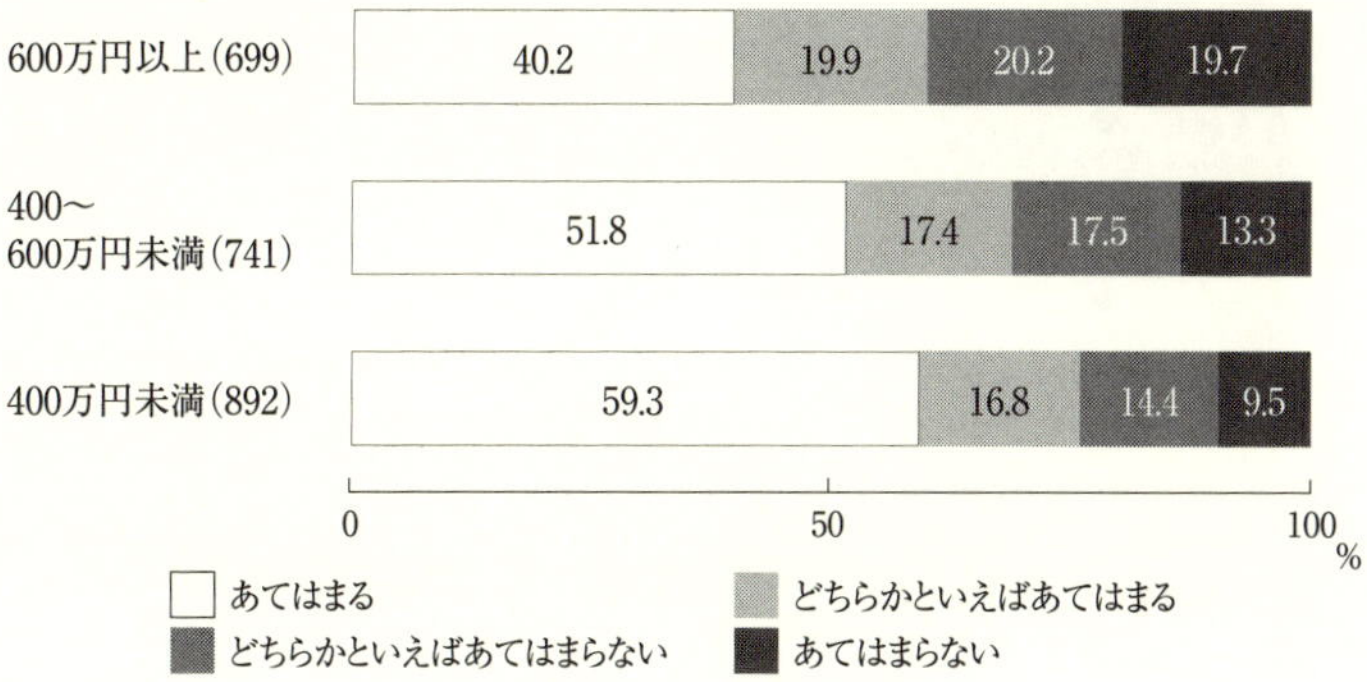

図３　世帯収入別の経済的負担感

点における経済的負担感の程度を示したものである。「原発事故後、何かと出費が増え、経済的負担を感じる」という質問に対して、「あてはまる」から「あてはまらない」まで四つの選択肢でたずねている。図3から世帯収入が六〇〇万円以上の世帯では、経済的負担を感じるに「あてはまる」と答えた人が四〇・二％である一方で、四〇〇万円未満の世帯では五九・三％である。ここから、世帯収入が低いほど、原発事故による経済的負担が大きいと感じる傾向にあることがわかる。

そして、この経済的負担の収入別格差は原発事故直後から現在まで、一貫して存在する。図4は、先ほどと同様に、原発事故直後、事故半年後、事故後二年（二〇一三年上半期）三時点の経済的負担の程度（平均値）を、世帯収入別に確認したものである。四〇〇万円未満に比べて、六〇〇万円以上の世帯では相対的に経済的負担は少なく、その差は事故後から二年後まで存在しつづけている。これらの結果は、原発事故後、避難や保養、リスクを気遣いながらの家事・育児など、さまざまな場面において経済的負担を強いられるなかで、特に世帯収入の低い人々はより深刻な経済的負担を感じ続けていることを示唆している。その影響は時間を経る中でも変わらずに続き、そこでは経済的な事情でさまざまなリスク対処行動を止めざるを得ないことも増えてくるだろう。先の結果も踏まえてまとめれば、原発事故後、世帯収入が低い人々は、時間を経るにつれて、経済的理由からリスク対処行動を十分にできないという経験を積み重ねていく。そのことによって、現在だけでなく将来においても放射能リスクに対処できないという感覚を強め、時間が経過しても放射能の健康影響の不安が高いままであり続ける傾向にあると解釈できる。

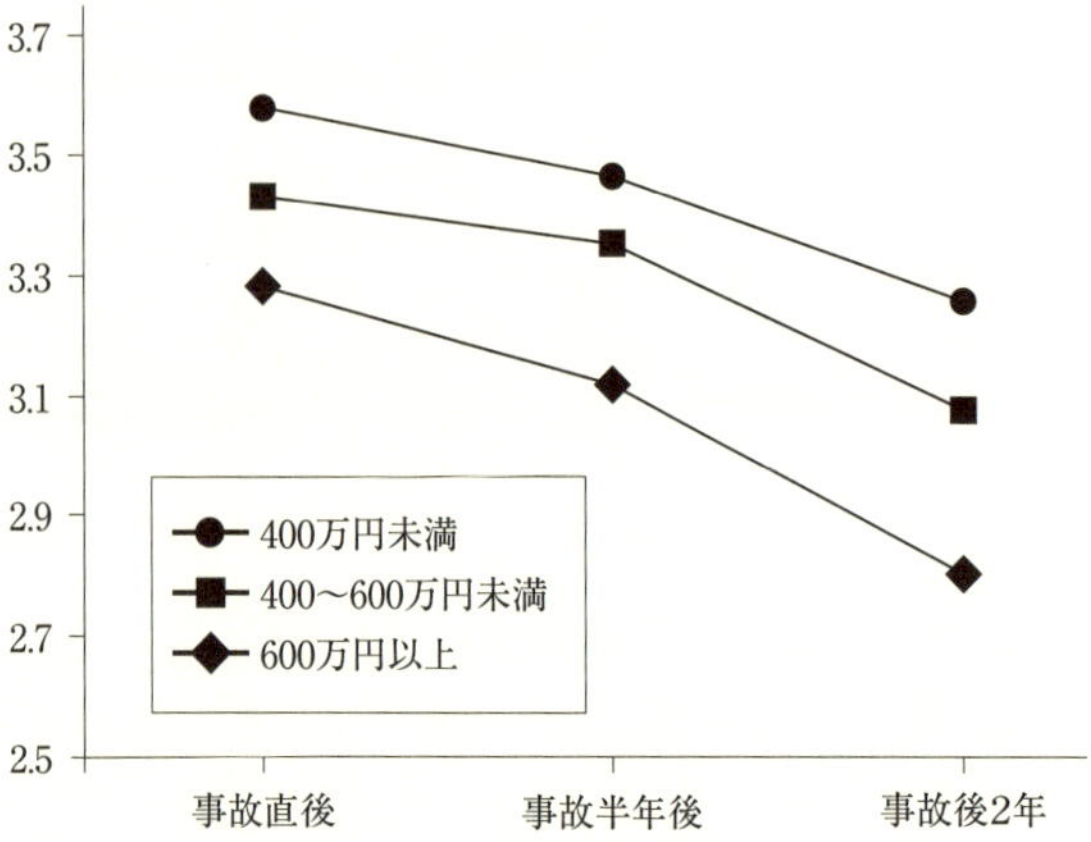

図4　世帯収入別の経済的負担感の変化

3　学歴による情報アクセス方法の差

次に、放射能への健康不安の学歴による差についてみていこう。図5は、学歴別に放射能への健康不安の程度を示したものである。中学・高校卒では放

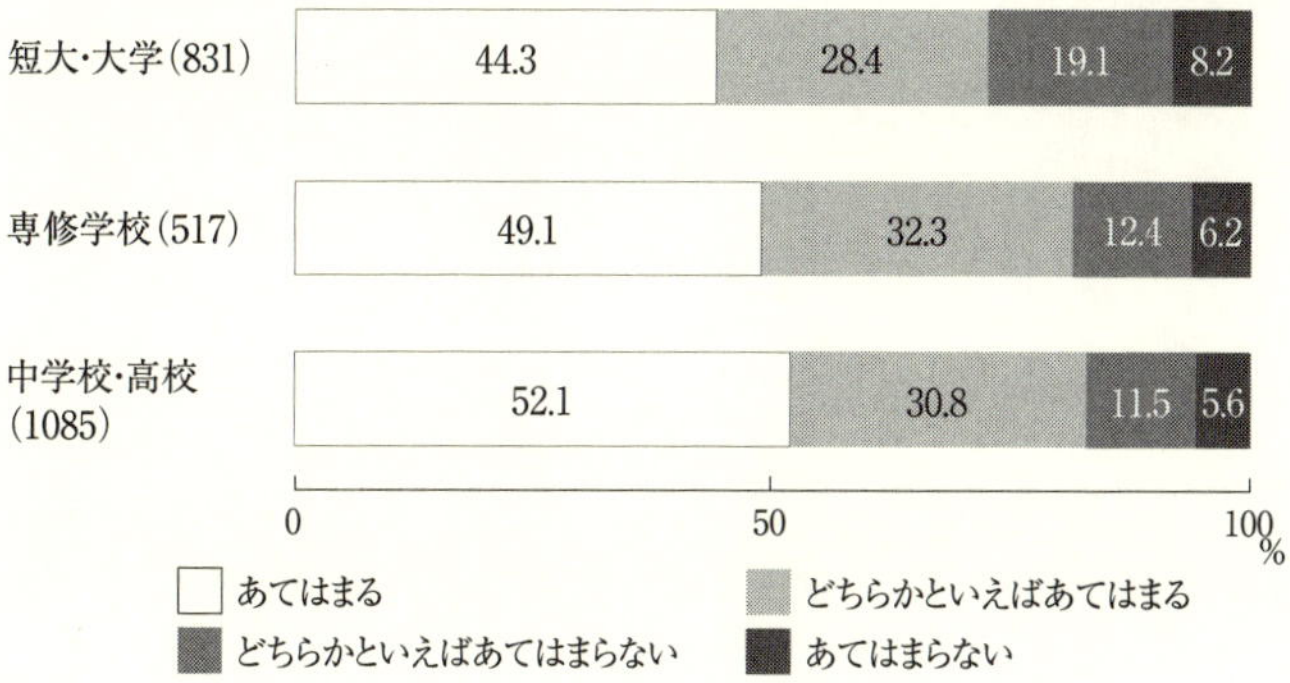

図5　学歴別の放射能への健康不安

射能への健康不安が「あてはまる」人々は五二・一%であるが、短大・大学卒では四四・三%となっている。短大・大学卒では、中学・高校卒に比べて、放射能への健康不安が低い傾向にあることがわかるだろう。

　では、このような不安の学歴差はなぜ生じたのだろうか。学歴については複数の概念を捉えたものと考えるのがよいであろう。たとえば、学歴は世帯収入と同様に経済的資源として捉えることもできる。本人が大卒であると配偶者も大卒であることが多く、夫が収入の高い安定した職業についている可能性が高いと考えられる。また、大卒資格を有していると労働市場において相対的に有利であり、学歴は今後の生活状況の悪化を防ぐ資源であるともいえる。その他にも、学歴によって情報への向きあい方は異なると考えられる。大学ではさまざまな知識を学ぶだけでなく、インターネットなどを通じた情報へのアクセス方法や、情報の取捨選択の方法などについても学習する。高等教育を受けた者は、原発事故後、こうしたスキルを用いて必要な放射能リスクに関する情報を自らで収集し、自身のリスク対処行動へとつなげていると想定される。これらによってリスクのコントロール感は高まり、放射能への健康不安も緩和すると考えられる。

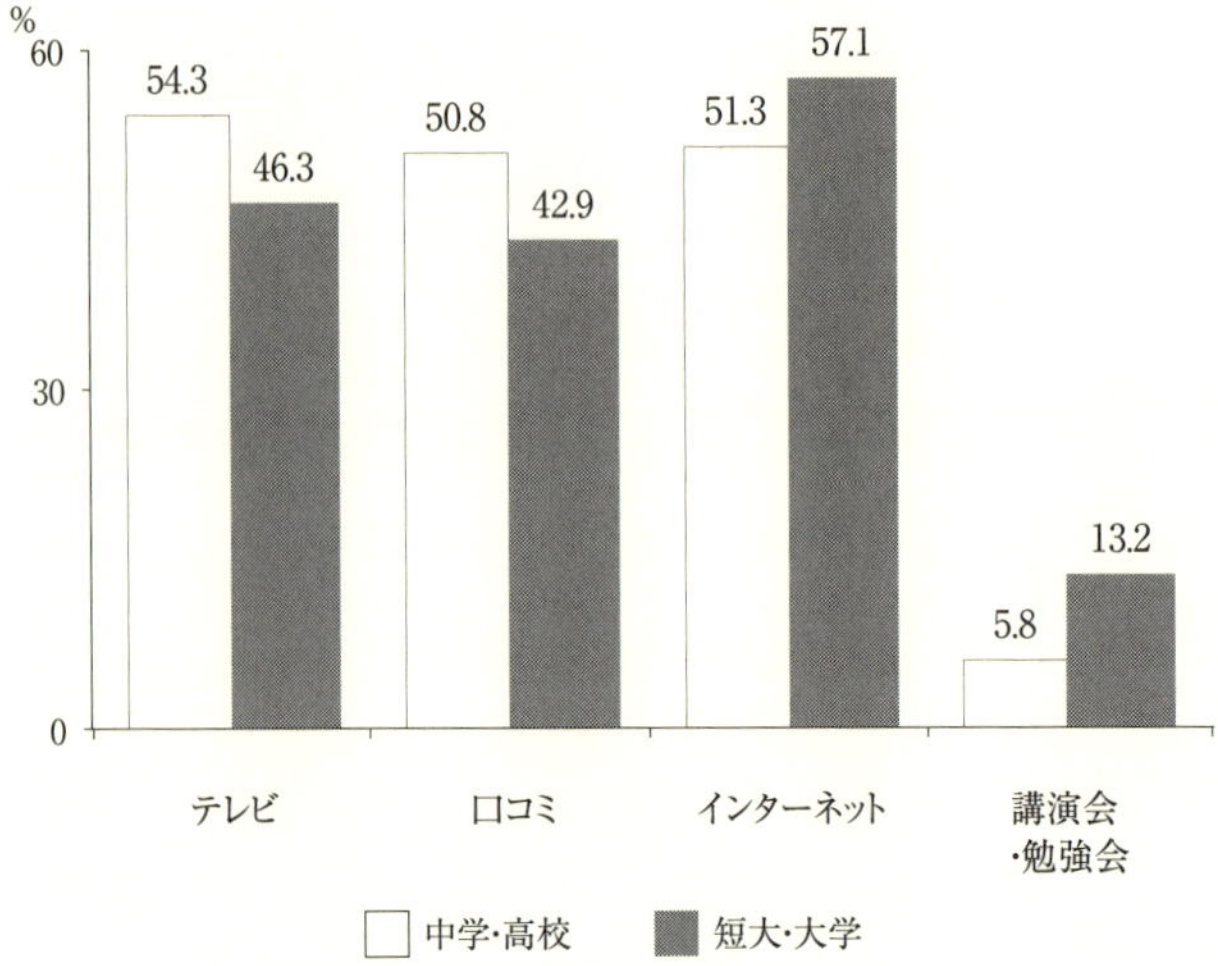

図６　原発事故後、保護や避難をするかどうかを決める際に参考にした情報（学歴別）

こうした解釈を検証するために、夫の職業や学歴と放射能への健康不安との関連性をみたが、職業については収入が高く安定的な専門職や管理職において放射能への健康不安が低いという傾向はみられなかった。ただ、夫の学歴については、本人の学歴と同様に、学歴が高いと放射能への健康不安が低いという傾向がみられた。

次に学歴によって情報への向きあい方が異なるという解釈を検証するため、原発事故後にアクセスした情報の学歴差をみておく。図６は、原発事故後、保養や避難をするかどうかを決める際に参考にした情報を、学歴別に示したものである。質問は、保養や避難についての行動であるが、ここで回答した情報収集方法はその他のリスク対処行動についても当てはまることが予測される。図6から、学歴によって参考にする情報が異なることがわかる。中学・高校卒の人々では、テレビや口コミが多く、短大・大卒の人々では、インターネットや勉強会・講演会が多くなっている。特にテレビとインターネットの違いは、情報の多様性・選択性の点で大きな違いがあるといえるだろう。たとえ同じ情報を得たとしても、テレビでは与えられた情報を受け取るのに対し、インターネットでは数ある情報のなかから必要なものを自らで探しだすという違いがある。後者の方が、必要な情報を自分で探しだして、リスク対処行動につなげるという点では、リスクに対するコントロール感は高まると考えられる。今回の原発事故では、マスメディアにおける政府や専門家の説明に多くの疑問が呈されたが、それらの批判は主にインターネットを通じて広がった。インターネットではテレビに比べて多様な情報が存在しており、自らが知りたい情報を得やすいといえるだろう。

4　ストレスの社会経済的格差

最後に、世帯収入や学歴の違いによって母親のストレスがどの程度、異なるかについて確認する。これまでみてきたように、世帯収入が低い人々は原発事故後、経済的負担の大きさから十分にリスク対処行動を行うことができず、放射能への健康不安を高めている。さらに、中卒・高

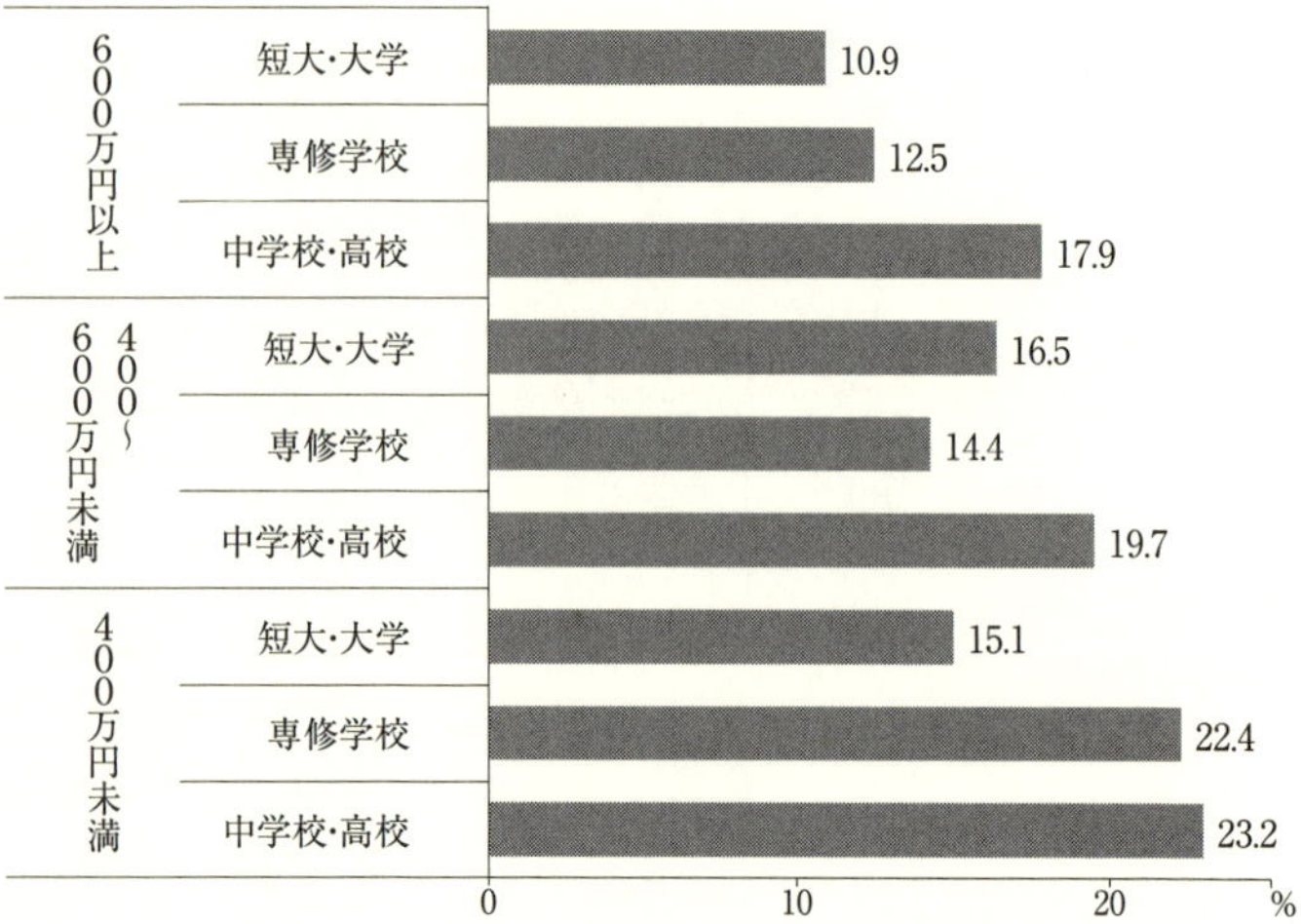

図7　世帯収入・学歴別のストレス有の割合

卒の人々は、情報がテレビに偏り、自らで多様な情報を選択するインターネット利用が相対的に少ない。これらによって放射能リスクを十分にコントロールできていないという感覚を高め、放射能への健康不安も高めていくと考えられる。さらに、放射能への健康不安や経済的負担感は配偶者や親など周りとの軋轢《あつれき》も生成させる。その結果、世帯収入および学歴がストレスと相関することが予測される。

以下では、世帯収入と学歴別に、ストレスがどのように異なるかについて確認する。ここではK6という尺度を用いて、「気分が晴れない」「自分は価値がない」といった六つの設問からストレスの度合いを測定している。九点以上の人々をストレスありとする。この点は、それ以上であると気分障害発症の確率が五〇%以上になるポイントである。

ここでは、世帯収入と学歴別にストレスがある人の割合をみることで両者が合わさったストレスへの影響を確認する。図7から、世帯収入が高くなるほど、ストレスの割合が低くなっていくことがわかる。そして、同じ収入のカテゴリのなかで、学歴の効果をみると、おおむね学歴が高い層ではストレスが低くなる。ここから、世帯収入・学歴それぞれがストレスに影響しているといえよう。六〇〇万円以上で短大・大学卒の人々のストレスは一〇・九％に対して、四〇〇万円未満で中学・高校卒では二三・二％と二倍以上の差がある。リスクに対処できるお金がなく、さらに情報スキルが相対的に低い層では、経済的負担感や放射能への健康不安もより深刻であり、結果として、ストレスが高まることを示している。

5　原発被害の社会経済的格差

本章では、原発被害の社会経済的格差についてみてきた。原発事故以降、人々は放射能への健康不安を高め、経済的負担に苦しみ、ストレスを高めている。ただし、それは人々に一様にもたらされたのではなく、社会的に脆弱《ぜいじゃく》な層に集中しているのである。原発事故直後から世帯収入による経済的負担感の差は一貫して維持されており、経済的資源を持たない人々は、さまざまなリスク対処行動をあきらめざるをえない。そうした経験は、原発事故から時間が経つにつれて増えていくことで、放射能リスクを十分にコントロールできないという感覚を強めていく。その結果、原発事故から時間が経つにつれて、放射能による健康不安の経済的格差は拡大していったと推測される。

さらに、世帯収入だけではなく、学歴によっても被害の格差が生じていた。学歴が高い層ではインターネットや勉強会といった多様な情報を選択する傾向にあった。こうした情報スキルを有すことで高等教育を受けた人々は、リスクをコントロールできるという感覚を高めやすく、放射能の健康不安が相対的に低いと考えられる。この結果は、原発事故後、一方的な立場の情報を受動的にしか受け取ることができず、その他の情報アクセス手段を持たないことが多かったため、放射能リスクに対するコントロール感が低く、不安を高めている人々が存在することを示している。

最後に、人々のストレスが世帯収入と学歴によって異なることが分かった。世帯収入が低く学歴も低い人々では、リスクの対処行動を十分にとることができず、さらにリスクに関する情報もただ受容せざるをえない傾向にある。そうした人々は原発事故後、リスクに対するコントロール感が低いままであり、放射能への健康不安が高く、経済的負担感に苦しむ。これらの積み重なる被害によって、ストレスを高めていると考えられる。

このように本章が明らかにした「被害の社会経済的格差」の実態は、すでに国内外の多くの災害研究や公害研究で示されており、新たな知見とはいえない。しかし、福島第一原発事故においても同様に、被害の社会経済的格差の存在が明確に示されたという事実はしっかりと受け止める必要があるだろう。また社会経済的格差が時間と共に拡大しつつあることを示唆する結果もみられた。今回の原発事故被害の実態解明のためには、多くの人々の被害を全体として把握するとともに、そのなかでもより被害が深刻で回復が容易ではない脆弱《ぜいじゃく》な人々への影響を明らかにすることが不可欠だといえよう。

第4章　地域の放射能汚染と生活変化

＊放射線量の地域差は人々の暮らしや考え方にどのような影響を与えているのだろうか。

＊外遊びと放射能への健康不安に関しては線量によらずどの地域においても高いが、子どもに対する不安や地域への態度については線量の高い地域においてより顕著である。

＊外遊びや放射能への健康不安に加えて、線量の影響が明確に表れる子どもに対する不安や地域への態度に配慮した支援策を考える必要がある。

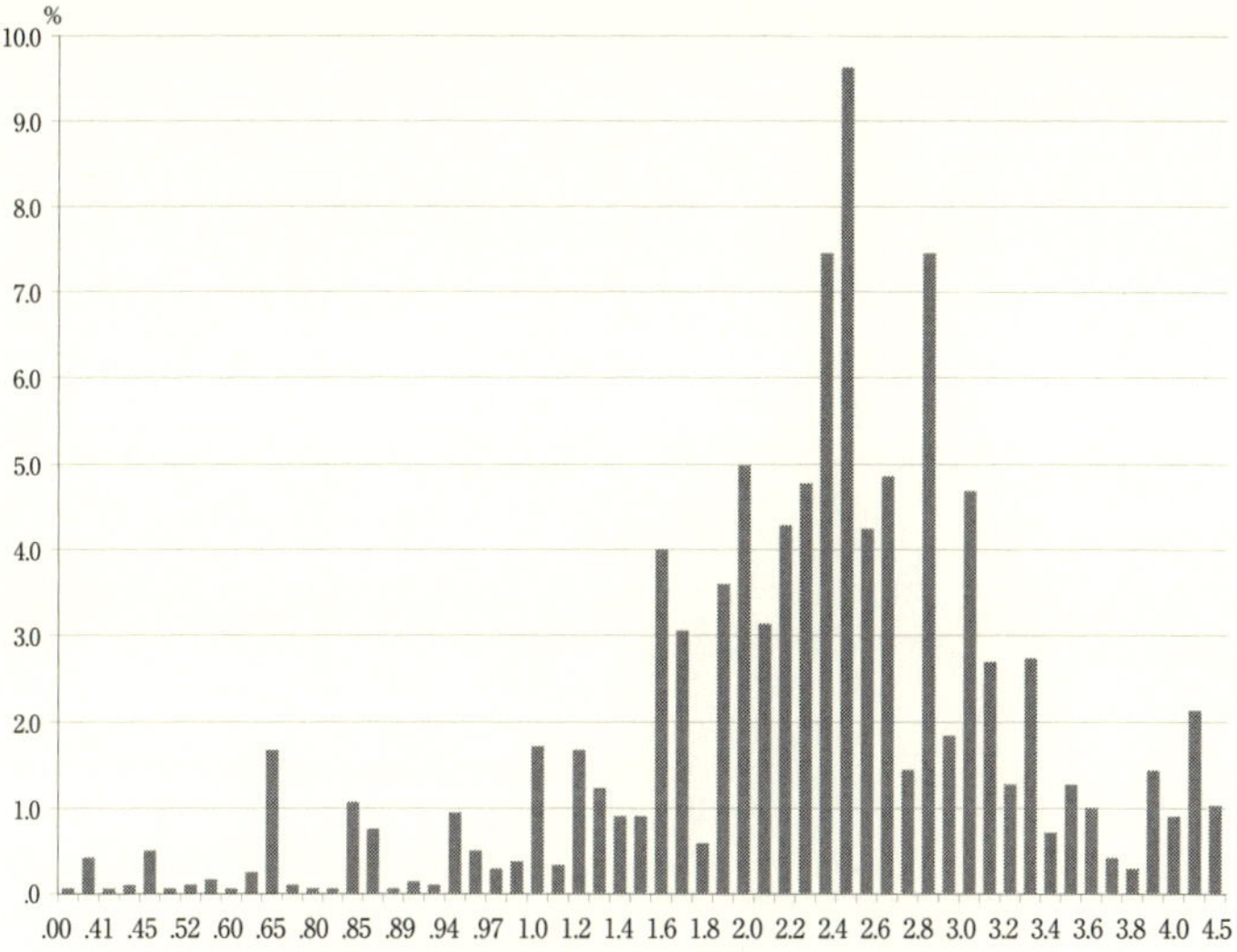

図１　小学校区の放射線量の度数分布　N＝166
（2011年４月５日～７日、毎時マイクロシーベルト）

1　地域によって異なる放射能汚染

原発事故による放射能汚染は人々の暮らしをどのように変化させたのか。それが身体的健康の被害という疫学的問題にとどまらないことは言うまでもないだろう。子どもに対する放射能への健康不安、日々判断を強いられるリスク対処行動、避難に伴う出費の増化、補償への不満感・不公平感、地域に対する愛着の喪失など、数えきれない程の生活変化を人々にもたらしたと予想される。本章では、実証データをもとに、放射能汚染と生活変化の関連性について明らかにする。

本調査は、福島県中通りの九市町村における母親を対象として実施されたが、その地域のなかでも放射能汚染は一様ではない。図１は、九市町村における一六六の小学校区において原発事故から約一ヶ月後の線量の度数分布を示したものである（二〇一一年四月五日〜七日、毎時マイクロシーベルト）。同じ九市町村のなかでも一未満の地域もあれば、四を超える地域もあり、放射能汚染の程度にばらつきがあることがわかるだろう。本章では、こうした原発事故直後の放射能汚染の差は、そこで暮らす人々のリスク対処行動、放射能への健康不安、地域への態度にどのような影響を与えたのかを実証的に明らかにする。

もちろん、人々の行動範囲や経済活動は居住地域周辺だけにはとどまらないため、居住地域の放射線量が低いからといって原発事故の影響を受けていないわけではないだろう。地域線量が低くても深刻な生活の変化を強いられていることも想定される。しかし、このこと、すなわち低い線量地域における深刻な生活変化の実態を把握するためにも、異なる地域ごとにリスク対処行動や放射能への健康不安の程度を実証データから確認することは必要である。

以上の問題関心から、本章では以下の項目について地域線量による差を実証的に明らかにする。

・リスク対処行動（子どもの外遊び時間、洗濯の外干し、地元産の食材の使用）
・放射能への健康不安
・経済的負担感・経済的不公平感
・地域への誇り

地域線量については、図1の線量（毎時マイクロシーベルト）の多寡《たか》によって五つのカテゴリに分類した（レベル1：一・五未満、レベル2：二未満、レベル3：二・五未満、レベル4：三未満、レベル5：三以上）。なお、ここでの地域線量は、事故から一ヶ月後の値であり、その後、除染によってその数値は低くなっている。とはいえ、原発事故から間もない時期において線量が高い地域では、その後の人々のリスク対処行動や放射能への健康不安に大きな影響を与えることも予想されよう。

2　リスク対処行動

はじめにリスク対処行動についてみていこう。図2は放射線量5カテゴリの地域別に、子どもの外遊びの時間を示したものである。上の図は原発事故直後、下の図は事故後二年（調査時点）の回答である。原発事故直後については回顧で回答してもらっている。図から、原発事故直後では、どの線量の地域でも「遊ばない」が五割を超えており、多くの子どもが外遊びを控えていたことがわかる。地域差に注目すると、やはりレベル2以下の放射線量が低い地域では、子どもに外遊びをさせる傾向にあり、それ以上になると外遊び時間をさせない人が増えることがわかる。ただし、レベル3以上の地域では、線量が高くなるほど外遊びを回避する傾向が高まっていくわけではない。むしろ非常に線量の高い地域では、遊び時間がやや上昇する傾向もみられる。原発事故から二年後についても同様の傾向が読み取れる。全体として外遊び時間は増えているが、いまだ四割の人が外遊び時間は三十分以下である。そして、レベル2以下の地域では、外遊び時間

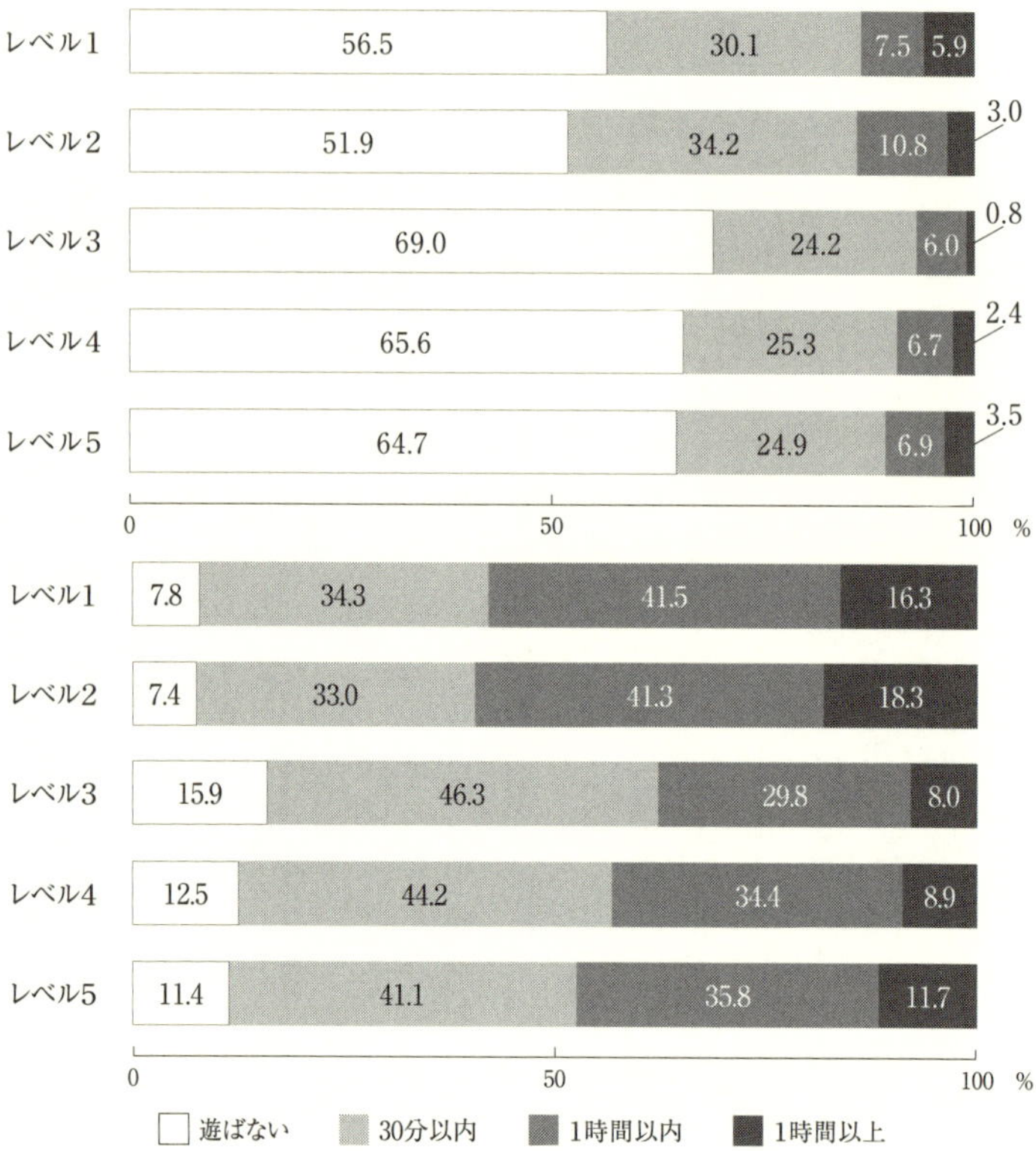

図２　放射線量５カテゴリ地域別の外遊びの時間
上：原発事故直後～半年　N＝2429
下：事故後２年　N＝2431

が多いが、それを超えると外遊び時間が少なく、線量が増えても減少していくわけではない。母親たちは、線量の高さによって外遊びを回避する傾向を強めているというよりも、線量が一定以上なら外遊びを回避し、ある程度以下なら遊ばせるという選択をしていたことをうかがえる。

また、このように地域によって外遊びの回避行動の差があまり大きくない理由として、外遊びを控えることは単にリスクを回避する行動ではなく、同時に新たなリスクを生む行動であることが関係していると考えられる。そのことは、次の自由回答の言葉にも現れている。

「今の時点で、幼稚園に行っても自由に外遊びもできないし、子どもの運動能力がすでに低下していると感じます。県外に居る同じ年の親戚と夏に遊ばせたときに、まず外見でも一方は真っ黒に日焼けしているのに、我が子だけ白くびっくりしました。遊具で遊ぶのにも、外遊びをしていないのでなかなか使いこなせていませんでした。とてもショックを受けたし、やはり子どもは外で遊ばせて体力をつけなければダメと感じました。」

外遊びの回避によって、子どもを放射能の健康被害のリスクから守ることはできるが、その一方で運動不足や体力低下といった他のリスクを生むことにもなる。ゆえに、線量が高い地域だからといって、外遊びの回避行動が単純に多くなるわけではない。母親たちは、子どもの日々のリスク対処行動をめぐって解決の存在しないリスクの判断を余儀なくされているといえよう。

次に、その他のリスク対処行動として、「洗濯物の外干し」についてみてみよう。図3は、放射線量5カテゴリの地域別に、「洗濯物の外干しはしない」程度について示したものである。まず、気づくことは、原発事故から二年経った調査時点においても四割強の人々が洗濯物の外干しをしないというリスク対処行動をふだんから行っていることである。また、線量の低い地域においてはやや洗濯物の外干しをしない傾向にあるが、全体として地域差はあまりみられない。

次に、その他のリスク対処行動として、「地元の食材を使わない」について確認する。地元食材は多くの場合、居住地域の近くでとれたものではなく、福島県内で流通している食材であることがほとんどだろう。ならば、周辺の地域の線量がリスク対処行動に大きな影響を及ぼしていないことも予想されるが、実際はどうだろうか。図4から線量が最も低い地域では、地元食材の回避が「あてはまる」人が少なく、「あてはまらない」人が多くなっている。しかし、線量がそれ以上の地域では、線量が高くなっても、リスク対処行動の傾向はあまり変わらない。

リスク対処行動の分析からわかることは、原発事故から二年を経ても、約半数の人が子どもの外遊びや、洗濯物の外干しや地元食材の使用を控えているということである。そして、低線量の地域においては、これらのリスク対処行動はやや少ないものの、全体として地域差は大きなものではない。特に原発事故直後、一定以上の線量であると、その後のリスク対処行動にはほとんど差がみられなかった。

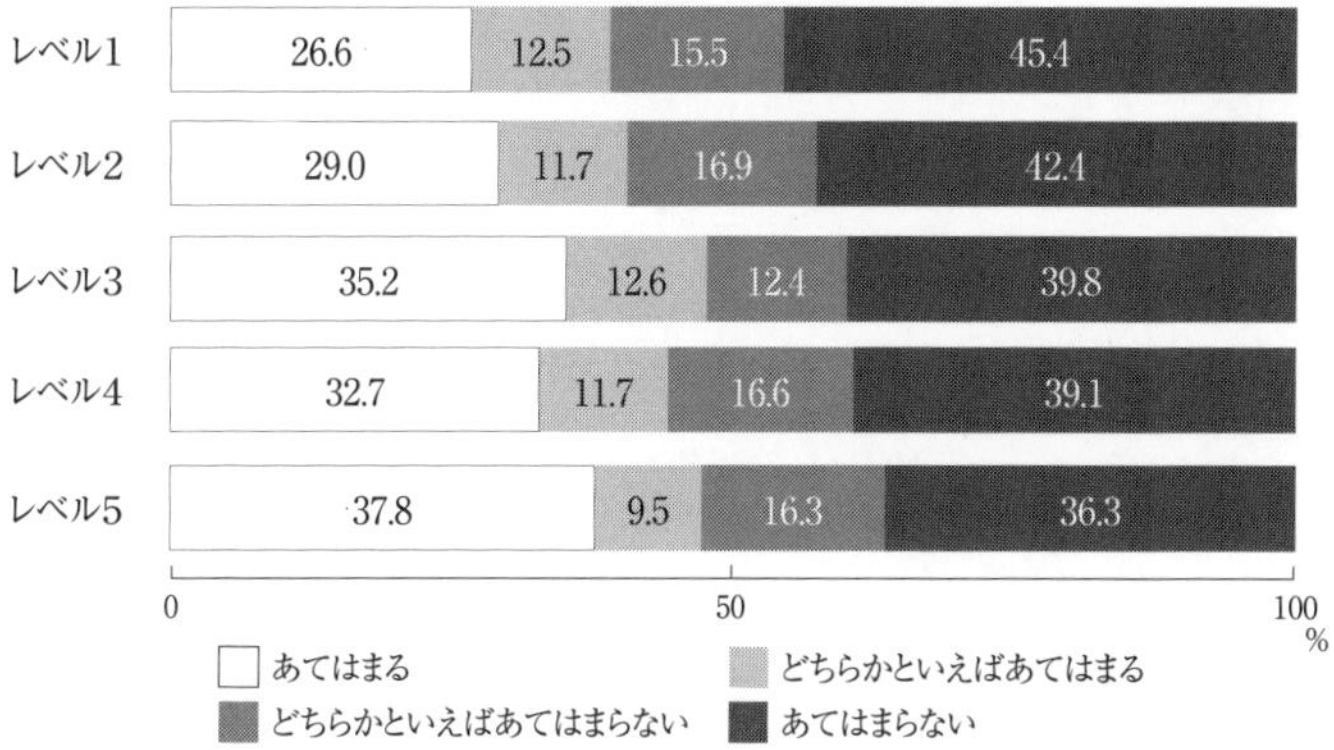

図３　放射線量５カテゴリ地域別の洗濯の外干し回避行動
N＝2443

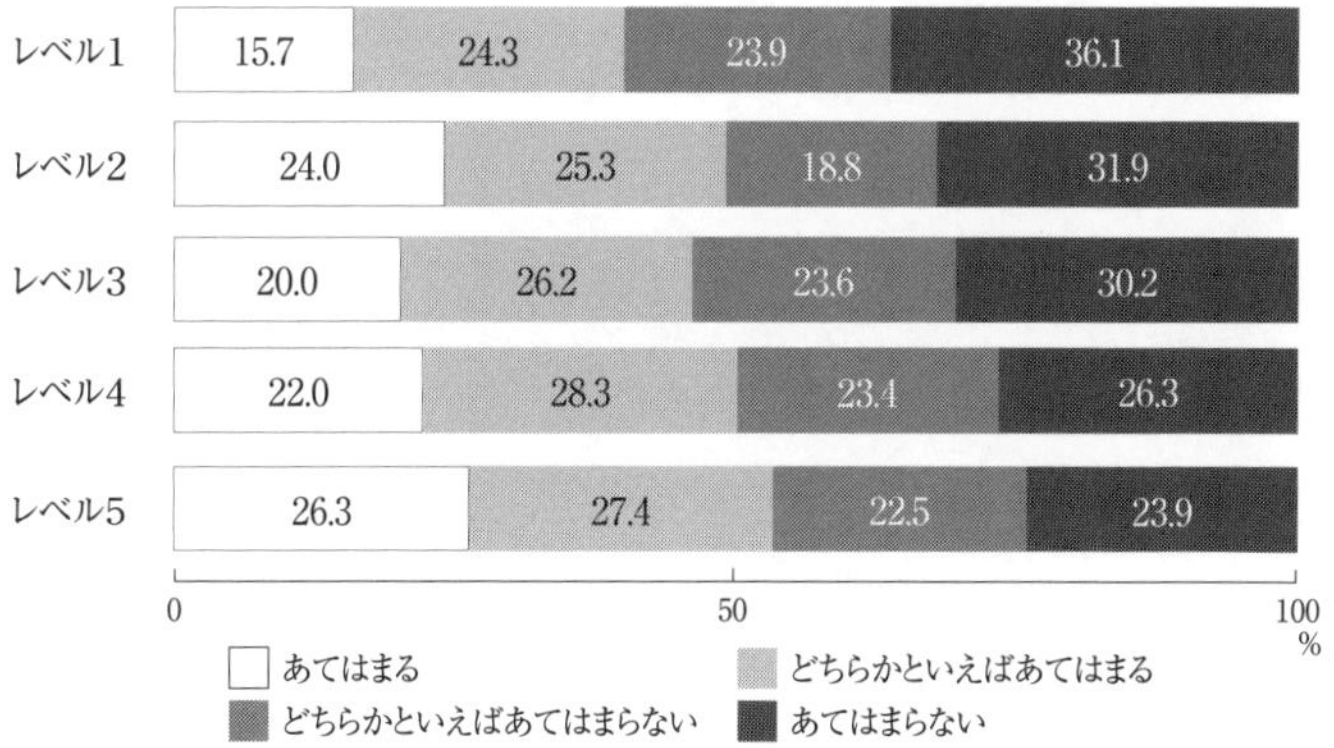

図４　放射線量５カテゴリ地域別の地元食材回避行動
N＝2434

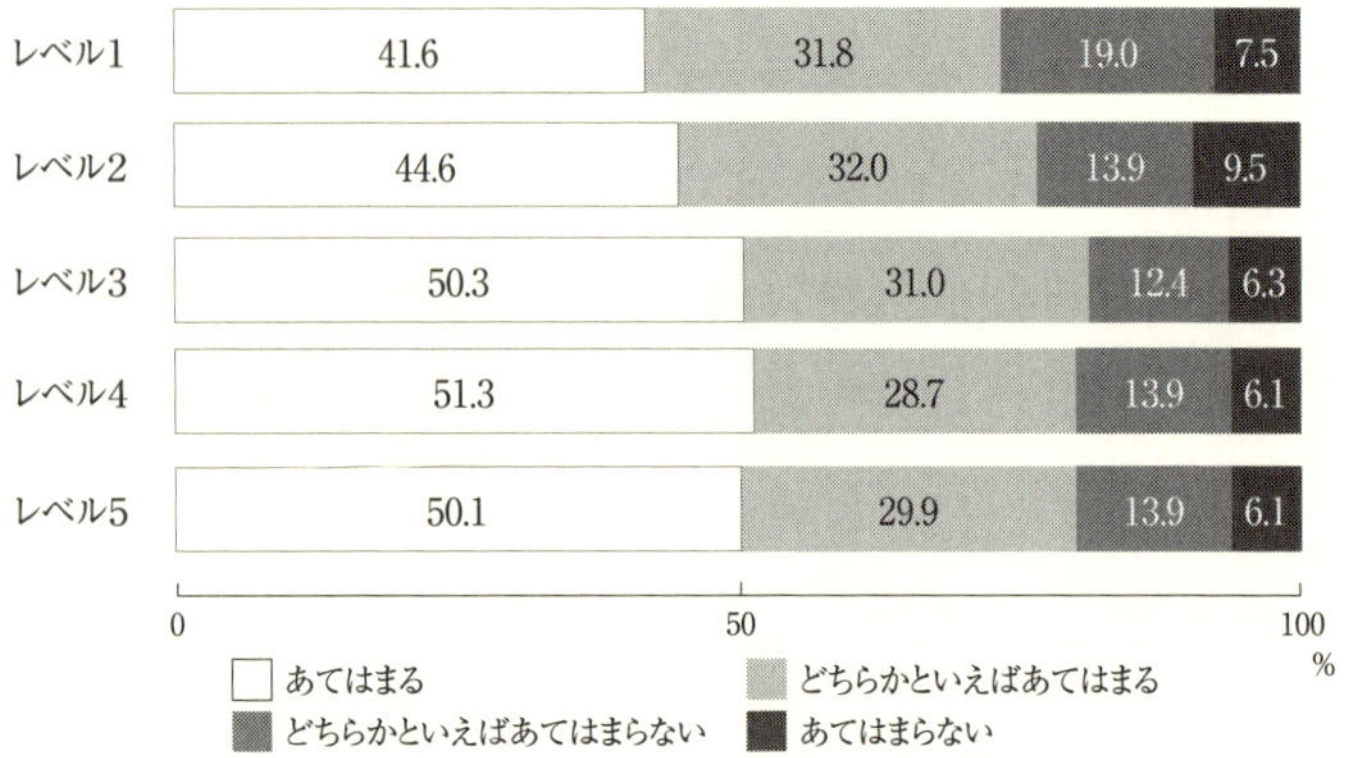

図５　放射線量５カテゴリ地域別の放射能への健康不安
N＝2443

3　放射能への健康不安

次に、放射能による健康影響への不安についてみてみよう。図５は放射線量５カテゴリの地域別に、放射能への健康不安の程度を示したものである。図から、原発事故から二年後においても八割以上の人は放射能の健康影響に不安を抱いていることがわかる。地域差については、原発事故直後の線量が低い地域では、健康影響不安がやや減少するが、それ以上ではあまり変化がない。線量の高さに関係なく、多くの母親が子供の健康に対して不安を抱えていることがわかる。

このように低線量地域でも多くの母親が健康不安を抱える要因の一つとして、放射能リスクが一つの地域にとどまらず、広範囲に被害をもたらす可能性を有すことが関係していると考えられる。それは低線量地域においても放射能への健康不安を抱くという下記の母親の言葉にも表れている。

「今後何らかの健康被害が出てくるのではないかという不安はいつも持っています。除染作業といっても、表面はたしかに線量は低くなってもけっきょくは隣近所に流れていっているだけで何も変らないと思う。」

そして、子どもはさまざまな場所を自由に遊びまわるものだし、母親や子どもの活動範囲は決められた一つの場所ではないといえよう。たとえ、居住地域の線量は低くても、自分や子どもの活動範囲のなかに高線量のスポットが点在するならば、やはり子どもに対する健康不安は消えることがないだろう。

その他にも、放射能の健康影響への不安の背景には、国や自治体、東電に対する不信が背景にあるかもしれない。ある母親は「低線量被ばくが不安」であり、「補償費でごまかされているような気がする。情報を包み隠さず全て出しているのか疑ってしまう。」と回答している。放射能汚染に関して情報の隠蔽や責任回避が行われていると認識しているため、たとえ低線量地域であったとしても、国や東電による「健康に影響はない」という説明を信じることができず、不安を高めてしまうのかもしれない。

次に経済的負担感と補償不公平感についてみてみよう。図6と図7は、放射線量5カテゴリの地域別に、経済的負担感や補償の不公平感の程度を示したものである。図から、どの線量の地域においても、経済的負担感は高く、補償の不公平感も高いことがわかる。たしかに放射線量が高い地域において、経済的負担感がやや高い傾向があるが、その差はあまり大きくはない。これは、

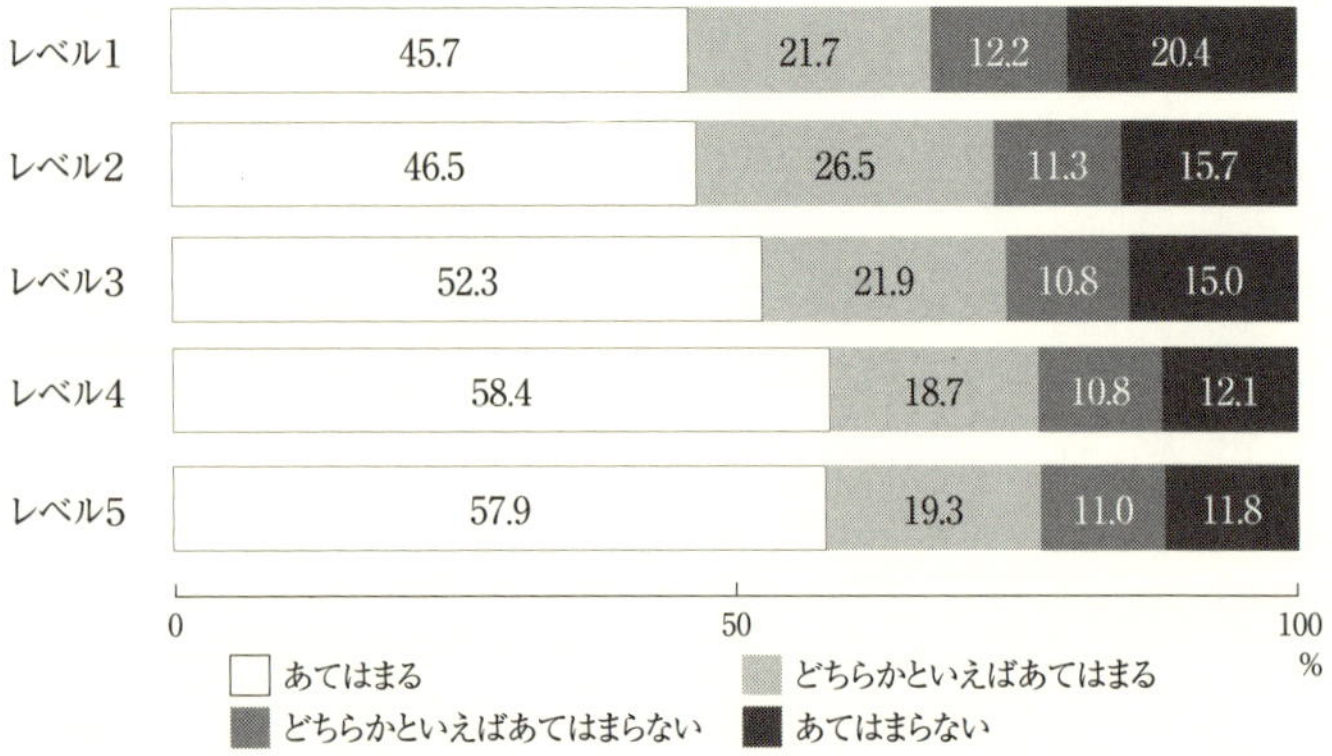

図６　放射線量５カテゴリ地域別の経済的負担感
N＝2441

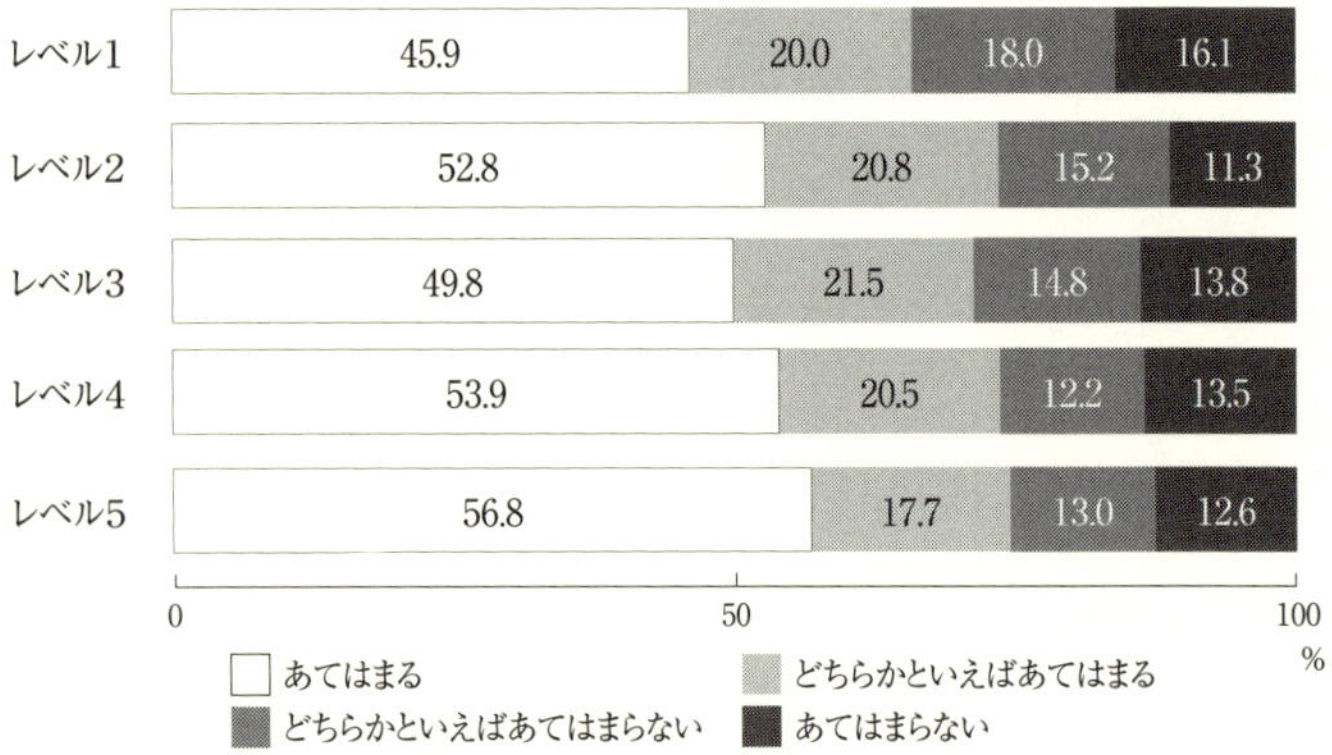

図７　放射線量５カテゴリ地域別の補償の不公平感
N＝2440

放射能への健康不安と同じ傾向であり、線量が低い地域においても、高い経済的負担感と補償の不公平感を抱いていることをうかがえる。

4　地域に対する態度

最後に、地域に対する態度について確認しよう。これまでの結果からみたように、地域の線量によってリスク対処行動や放射能への健康不安は異なるもののそれほど大きなものではなく、線量の低い地域の人々でも放射能への健康不安や経済的負担感は非常に高い。では、放射線量の違いによる地域差はあまりないといえるのだろうか。そうとはいえないだろう。本調査において、線量の高い地域に住む母親の自由記述をみると、このまま今の場所に住み続けることへの不安や、将来の子どもに対する差別の心配が述べられている。たとえば、次のような記述である。

「原発事故当時、私の住む地域はかなり高い線量でした。今現在ではなく、十年後、二十年後、三十年後、子供の体に何か影響が出てくるのではないか、ととても不安です。また、福島に住んでいたということで、将来差別されたり、結婚を避けられはしないか心配です。」

「女の子なので、〝福島の子〟という事で、将来いじめや差別を受けないかとても心配。福島の中でも、特に線量が高い地域に住み続けることも不安。除染しても、特に変わらずに、将来の健康も不安。」

このような地域と関連付けられた将来不安は、地域に対する愛着や誇りを低下させていくことが予想される。図8は放射線量5カテゴリの地域別に、居住地域を誇りに思う程度を示したものである。図から、原発事故以前については、線量の違いによって地域に対する誇りの程度は変わらず、八割以上の人が地域に対する誇りを有していたことがわかる。しかし、原発事故以降では、全体として、地域に対する誇りは低下している。そして、線量が低い地域に比べて高い地域ではその低下が顕著であり、地域に対する誇りを有している人は半分に満たないことがわかる。地域に住み続けることへの不安、子どもに対する差別の心配、これらによって地域への誇りが低下しているのかもしれない。

5　放射能汚染がもたらしたもの

本章では、放射能汚染は人々にどのような暮らしの変化をもたらしたのかについて量的アプローチによって明らかにした。福島中通りのなかでも地域によって原発事故直後の線量は大きく異なり、そうした線量の違いが、その後の放射能への健康不安やリスク対処行動、経済的負担感・不公平感、地域への態度などにどのような影響をもたらしているのかを調べた。

分析の結果、原発事故後の線量の多寡《たか》に関係なく、多くの人々が、子どもの外遊びを控え、地元食材を使わず、洗濯の外干しを回避するというリスク対処行動をとっていることがわかった。

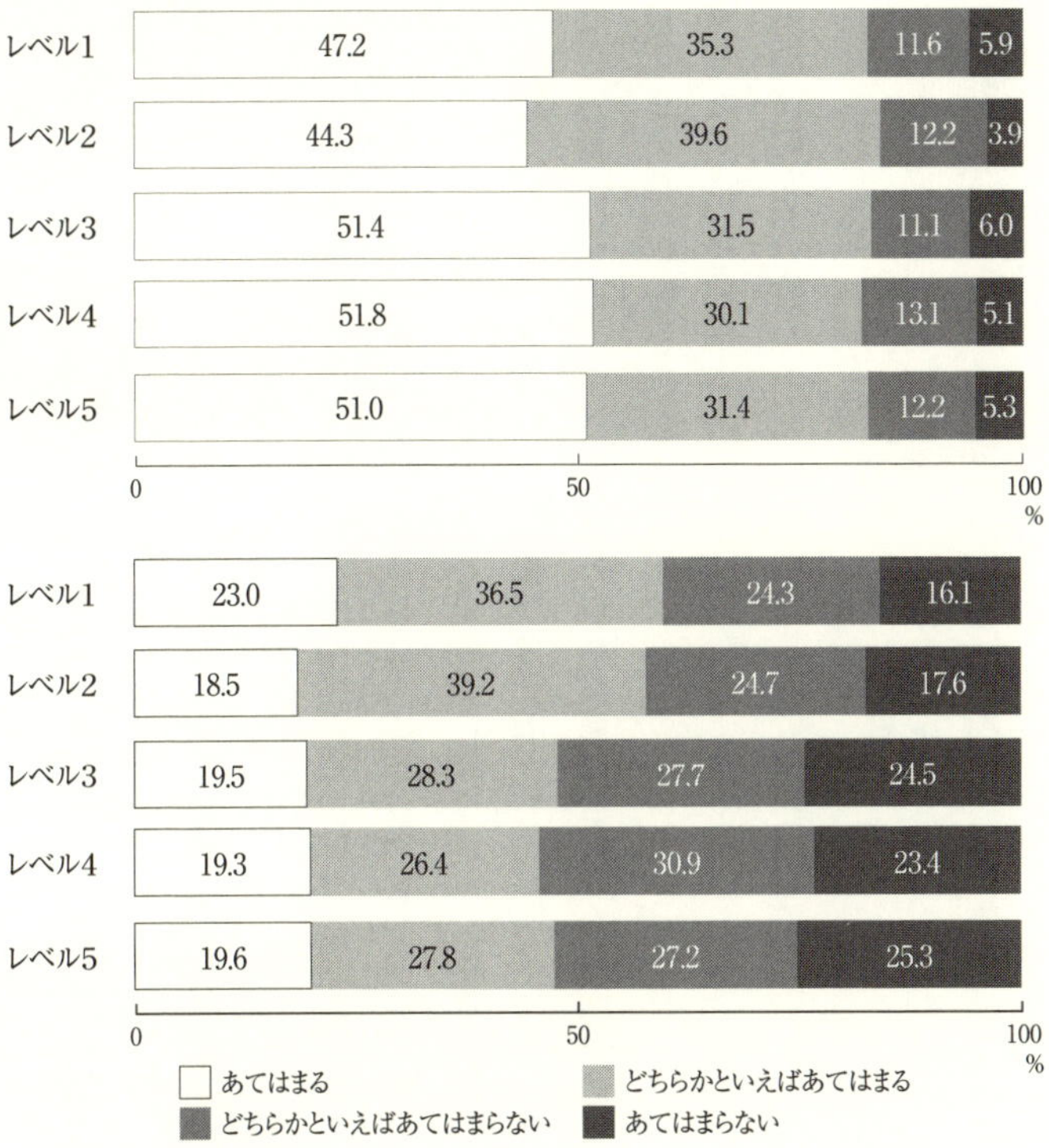

図８　放射線量５カテゴリ地域別の地域への態度「この地域に誇り」
上：原発事故以前　N＝2428
下：原発事故以降　N＝2438

また、放射能への健康不安や経済的負担感・不公平感についても、地域線量による差はあまりなく、多くの人々が放射能への健康不安や経済的負担感・不公平感を抱いていることがわかった。本章の冒頭では、原発事故後の放射線量の地域差がその後のリスク対処行動や放射能への健康不安に影響を与えることを予測したが、ほとんどの地域で高いリスク対処行動を行い、高い放射能への健康不安を抱いており、地域差はあまりみられなかったのである。その理由として、放射能のリスクは不可視であり、一つの地域に限定されないことが関係しているかもしれない。また、人々の行動範囲も居住地域に留まるわけではない以上、自身の経済活動や行動範囲の中には高線量地域が含まれない人はほとんどいない。ゆえに、たとえ線量が低い地域であったとしても、子どもに対する健康不安は消えず、リスク対処行動を余儀なくされているといえよう。こうした結果は、予想に反して、原発事故後の線量の違いによって、放射能への健康不安やリスク対処行動には大きな地域差がみられないとまとめることができるだろう。ただし、それは、放射能被害の影響が小さいことを意味するのではなく、逆にあまりに大きかったためだといえる。リスク対処行動や放射能への健康不安は、原発事故後の地域線量に関係なく、どの地域においても非常に高い傾向がみられたのである。

しかし、放射能汚染の影響が全くみられなかったわけではなく、地域への誇りについては大きな差がみられた。高線量地域においては、地域に関連する将来不安の声も聴かれた。そこに住む母親は、原発事故以降、地域に対する誇りを大きく低下させていることがわかった。原発事故以前では八割もの人が地域に誇りを感じ、線量による差も当然みられなかったが、原発事故後は高線量の地域では地域に対する誇りが大きく低下し、それは約半分になったのである。もちろん、この結果は、いまだ五割以上の人が地域に誇りを持ち、今後もその地域に住み続けようという意思を持っていることを示しているともいえる。ただし、次の言葉に表れているように、このとき住み続けるという意思はさまざまな制約の中で形成され、住み続けることの将来不安はいまだ消えないことも十分に理解しておく必要があるだろう。

「小さい子どもを持つ親として、このまま福島に住み続けていて大丈夫なのか、とても不安に感じていますが、家も建てたばかりだし、仕事などさまざまなことを考慮すると、他の地域へ移住することも難しい状況です。」

第5章　避難する／しないをめぐって

＊原発事故後、多くの人が「避難したい」と望んだが、実際に避難した人はそれほど多くない。何が避難を妨げたのだろうか。

＊実家が福島にあること、仕事をもっていること、子どもの年長のきょうだいがいることなどが、避難を妨げる要因になっていた。また、社会的・経済的に「余裕」がない人のほうが、時間がたっても「避難をしたい」と考え続けていることがわかった。

＊避難や保養にかかわる経済的な支援のほか、仕事をもつ母親やシングルマザーなどさまざまな社会的立場の人の意向をふまえた支援、誰にとってもわかりやすく多様な情報を得られるような工夫などが求められる。

1　避難したくてもできなかった

「避難したくてもできなかった」

調査への回答には、このような内容がとても多かった。たとえば次のような記述だ。

「避難したくても……あきらめるしかなかったのが、本音です」

「避難したくても出来なかったことを悔しく思う気持ち」

「避難も出来ず事故前と同じ生活をしている……せざるを得ない者もいるという事を知っていただきたい」

「簡単に避難したりすることができないからこの町に住んでいるのです」

必要以上に心配している少数の人の声と思うだろうか。しかし、調査結果はこれが極端な意見ではないことをはっきりと示している。

図1は「できることなら避難したいと思う」人の割合を示している。事故直後は八四・九％が、半年後は七三・八％が、そのような思いを多少なりとも持っていた。そして、この調査が行われた二〇一三年一月頃は四四・九％が「避難したい」と考えている。数はだいぶ減ったものの、けっして極端な少数の人とはみなせない。

この結果は、福島の人々にとってはたぶん当たり前のことだろうが、他地域の人々にとってはなかなか想像しにくい状況ではないか。もちろん、「福島は今も人が住めないほど危険なの

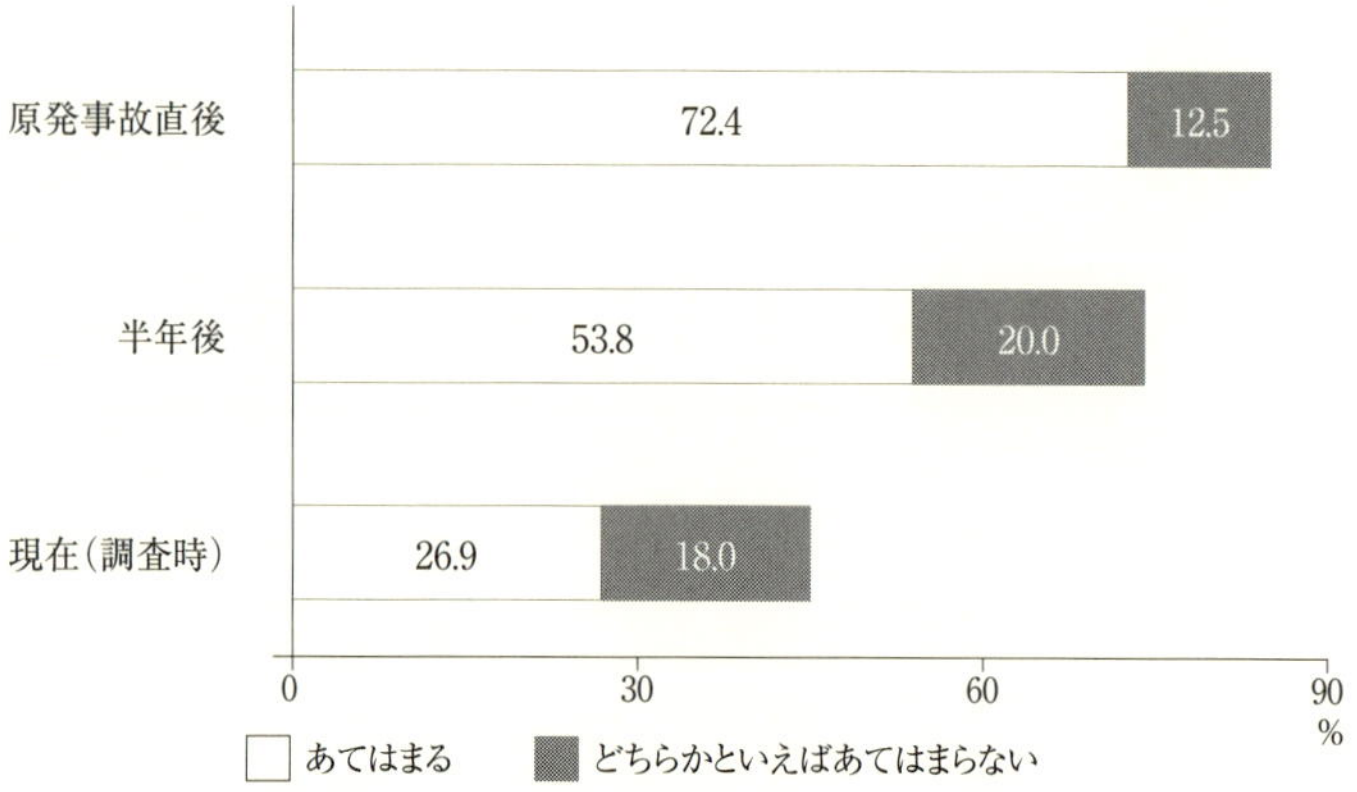

図１　できることなら避難したいと思う[1]

に、他に行き場がなく、みんな悲痛な覚悟で暮らしている」というのも極端すぎる見方だ。さまざまな情報が飛び交うなか、それほど心配することもないのかな、そうだといいなと思いつつ、でももしかして、と時に不安に襲われる、というのが平均的な心情ではないか。

「平均的」という表現を用いたけれども、母親たちの不安や心配の程度には、かなりばらつきがあるだろう。そもそも、そうした心のありようがみんな同じというほうが考えにくい。だから、放射線量といった科学的な一律の基準をもって、「この値だから安全だと思いなさい」とか、逆に「この値だから不安に思いなさい」というのは間違った対応だ。

人間の心にはかなりの幅があるという前提は、この問題に取り組むうえでとても重要だ。だからこそ、「子ども被災者支援法」は、

「被災者一人一人が支援対象地域における居住、他の地域への移動及び移動前の地域への帰還につ

いての選択を自らの意思によって行うことができるよう、被災者がそのいずれを選択した場合であっても適切に支援する」（第2条第2項）と定めたのではないか。

しかし、実際には「避難したくてもできない」という「自らの意思」に反した行動をとらざるをえない人がたくさん出てしまった。「できることなら避難したい」人は多いのに、実際に中長期で避難をした人はそれほど多くない。では、何が避難を妨げたのだろうか。調査データを用いながら考えてみたい。

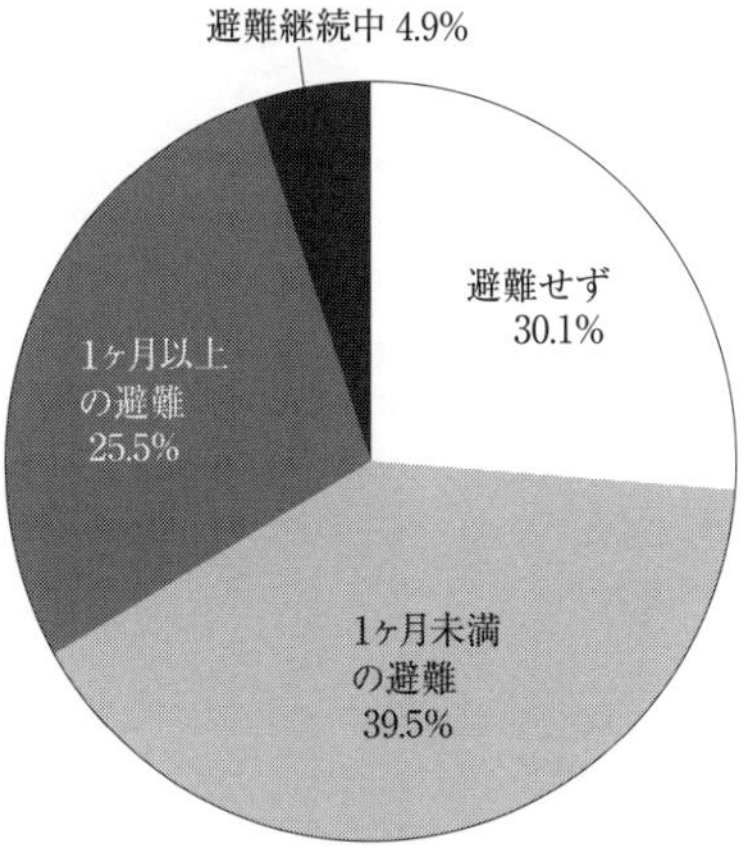

図２　避難の有無とその期間

2　何が避難を妨げたのか

事故当時に対象地域に住んでいた人の避難の有無とその期間について図2に示した。事故直後に「できることなら避難したい」と思っていた人に限定している。まったく避難しなかったのは三〇・一％にとどまる。一ヶ月未満の避難だったという人が三九・五％と多かった。調査では、「避難を始めた時

(1) 調査時点で対象地域に住んでいる人のみ

期」をきいていないので推測になるが、その多くは緊急的な「一時避難」と考えられる。原発事故発生直後、被害の全容がよくわからない時期に、最悪の事態を想定して一時的に避難した人が多かったのではないか。また、少しの間なら何とかなるが、一ヶ月以上の中長期にわたる避難はとてもできないという事情がさまざまにあっただろう。その「事情」とは何だったのか。考えられる要因を整理しておきたい。

①経済的要因

「お金のない人達は簡単には避難など出来ません」

「避難するのにも、金銭面にも余裕もなく……」

回答のなかでとても多かったのが、経済的な余裕のなさによって避難を断念または中断したという記述だ。じゅうぶんな補償もないなかで他地域に家を借り、引越しをし、場合によっては二重生活をするというのは、経済的にかなりの負担になるだろう。「もっとお金に余裕があれば」と多くの人が考えたに違いない。

②職業上の制約

「仕事が看護師ということもあり、すべてをなげだして避難する決断はできませんでした」

「職場の理解が得られた為、二週間程度休み、一緒に避難しました」

仕事もまた避難をしにくくする要因だろう。とくに、常勤の仕事だと、長期に休んだり、急に辞めたりといったことはためらわれる。また、仕事を休む、辞めることは家計にも大きく響く。逆に、母親が働いていていない場合は、避難をしやすいだろう。

③実家

「ずっと線量の低い実家に子供たちと避難しています」
「隣県にある私の実家に母子のみで避難中です」
「実家のある山形に母子避難中です」

県外にある実家を避難先とした人も多いようだ。実家であれば、経済的な負担も比較的少ないだろうし、家を探す手間もない。母子で避難したとしても、育児を一人で抱え込む必要もない。精神的なサポートも得やすい。

逆に、実家が近くにあった場合、避難を難しくするだろう。県外などに避難することは、長年住み慣れた地域を離れることを意味するからだ。

「今でも不安ですが、避難するのにも、他県に知り合いもなく不安」

また、避難が近くに住んでいた両親との別離をも意味することになる。

「避難したくても、戻ってから主人の両親との関係がぎくしゃくするのではないか……」

④子どもの学校・友人関係

「学校が再開してからはやむを得ず戻りました」

「学校に通う子供を持つ親としては個人的に避難は、困難なものがあるので、今に至っている人たちがたくさんいます」

とくに就学中の子どもがいる場合、避難はしにくくなるだろう。休暇期間に一時的に避難をすることはできるが、中長期の避難となると、転校を考えなければならない。子どもが友だちと離れ離れになるのを嫌がったというのも、よく耳にするエピソードだ。

⑤地域性

「福島などは、都会とは違い、ほとんどの人は地元に根付き、なかなか避難するなど、気持ちの面で難しい」

「避難を考えても、田舎の為、さまざまなしがらみがあり、(土地や人など) 思うように避難ができません」

地域性も関係しているかもしれない。調査対象地域のなかにも、人口の多い都市的な地域と、人口の少ない農村的な地域とがある。農村的な地域のほうが、近所の人とのつながりが強く、また、人の入れ替わりも少ないので、避難がしにくいかもしれない。

ここにあげた以外にもさまざまな理由が考えられるが、調査データを用いて確認できるものに限った。それぞれの要因が避難経験とどのように関連しているのか、実際に検討してみよう。

3　避難に影響した要因の分析

①〜⑤について避難経験との関連を図3に示した。以前の分析で、一ヶ月未満の避難については、こういった要因との関連がほとんどみられないことがわかっているため、[2] 一ヶ月以上の避難についてのみ、その割合を示している。

①経済的要因

経済的に余裕がある、つまり世帯年収が高いほど避難の割合が高くなるという予測とは異なる結果となった。高収入の世帯と低収入の世帯とで若干避難の割合が高いようだ。低収入の世帯で避難の割合が高いのは、調査時点の世帯年収をたずねたことも影響しているだろう。つまり、避難をしたことによる年収の変化（減少）も反映していると推測できる。経済的に余裕がなくても、子どものために無理をして避難を選択した人がたくさんいたのだ。

（2）松谷満ほか「福島原発事故後における『自主避難』の社会的規定因—福島県中通りの母子調査から」『アジア太平洋レビュー』一一号、二〇一四年。本章での分析をより専門的な手法を用いて行っている。あわせて参照していただきたい（http://www.keiho-u.ac.jp/research/asia-pacific/pdf/review_2014-06.pdf）。

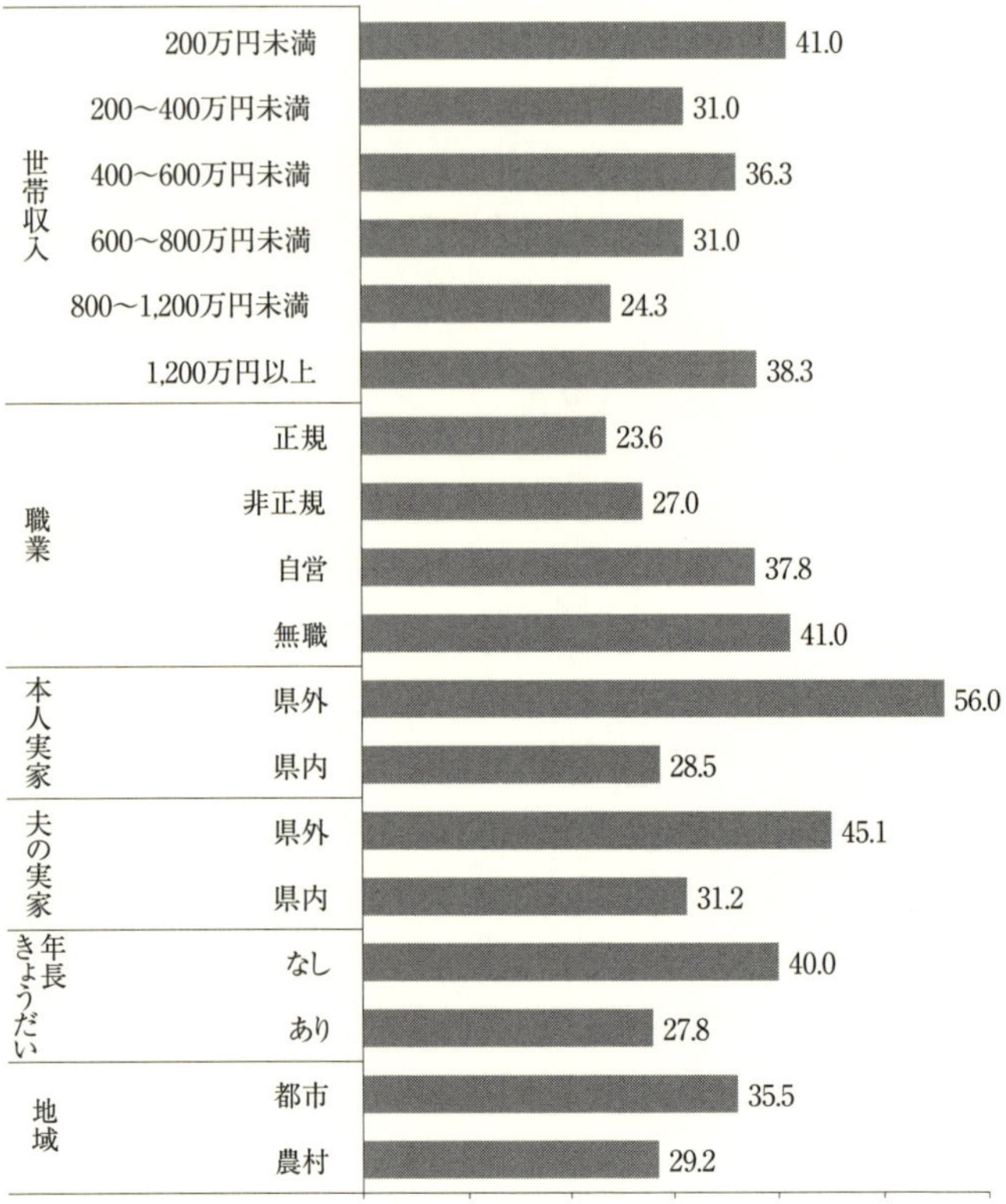

図３　一ヶ月以上避難した人の割合(3)

②職業上の制約

職業はほぼ予測通りの結果だ。正規か非正規かに限らず、事故発生時、職を持っていた人は自営や専業主婦の人と比べて、避難の割合が低くなっている。両者のあいだにはおおよそ一〇％以上の開きがあるので、明確な関連があるとみてよさそうだ。

③実家

もっともはっきりとした違いがみられたのが、実家の所在地だ。母親本人の実家が県外にある場合、避難の割合は五六％ととても高くなっている。夫の実家が県外にある場合、やや低いが、それでも四五・一％という結果だった。やはり、実家が県外にあることが避難のしやすさにつながっていることがデータからもはっきり確認された。

④子どもの学校・友人関係

就学中の子どもがいるかどうかについては、調査データで直接確認できない。ただ、対象

(3) 事故発生時に対象地域に住んでいた人のうち、その時期に「できることなら避難したい」と思っていた人のみ。職業は事故発生時のもの。都市／農村は、二〇一〇年に実施された国勢調査結果にもとづき行政区単位で人口密度（1㎢あたり）五〇〇人未満／以上で分類している。すべて統計的に有意な関連であることを確認している。

となった三歳児よりも年長のきょうだいがいるかどうかは確認できるため、それを代わりとした。年長のきょうだいがいない場合、避難の割合は四〇%、逆にいる場合は二七・八%だった。一〇%以上の開きがあるので、これも明確な関連があるとみてよさそうだ。

⑤地域性

実家、きょうだい、職業ほどではないけれども、地域もまた関連がみられる。都市的地域では、避難の割合が三五・五%なのに対し、農村地域では二九・二%にとどまる。やはり、農村地域のほうが、避難をしにくい状況にあったといえるだろう。

このように、経済的要因以外の職業、実家、きょうだい、地域という要因が避難の割合に関連しているとの結果になった。そのなかでも、実家の影響がたいへん強く、ついで、職業ときょうだいといった要因が影響しているというようにまとめられる。対象者が語るさまざまな要因はデータの分析結果からもはっきりと確認できたといえる。

4　避難願望の変化についての分析

「避難したい」という思いにも着目したい。図1では、「できることなら避難したい」の割合が事故直後の八四・九％から四四・九％（調査時点）まで減少したことを確認した。四割の人が「避難したい」とは思わなくなったということになる。では、「避難したい」という思いは、とくにどのような人に持続しているのだろうか。

先に結論を言ってしまうならば、母親の社会的な立場や生活環境そのものが、「避難したい」という思いの背景にあるようだ。簡単にいうと、さまざまな意味で「余裕」があるかどうか、弱い立場にあるかどうか、ということが関連しているようなのだ。図４はとても気が滅入る結果だけれども、事実として受け止め、その打開策を探らなければならない。

事故直後、「避難したい」と思っていた人のうち、調査時にも変わらず「避難したい」と思っている人の割合は次の要因と関連している。まず、配偶者がいない、つまり未婚か離死別を経験した人は、配偶者がいる人よりも割合が高い。次に、母親本人の学歴と夫の学歴が初中等学歴（中卒・高卒）か高等学歴（短大卒・大卒）かによっても違いがある。高等学歴の人のほうが、「避難したい」とはあまり思わなくなってきている。そして、職を持つ（とくに非正規の）人は、無職か自営の人よりも「避難したい」の割合が高い。さらに、年収でみると、収入の少ない人のほうがより「避難したい」の割合が高くなっている。

なぜ、このような結果になったのだろうか。配偶者の有無については、生活面、精神面でのサポートの得やすさが影響しているだろう。ひとり親で生計を立てつつ、なおかつ放射能の影響まで配慮し、子どもを育てなくてはならない、というのは相当の負担だと想像される。経済的にい

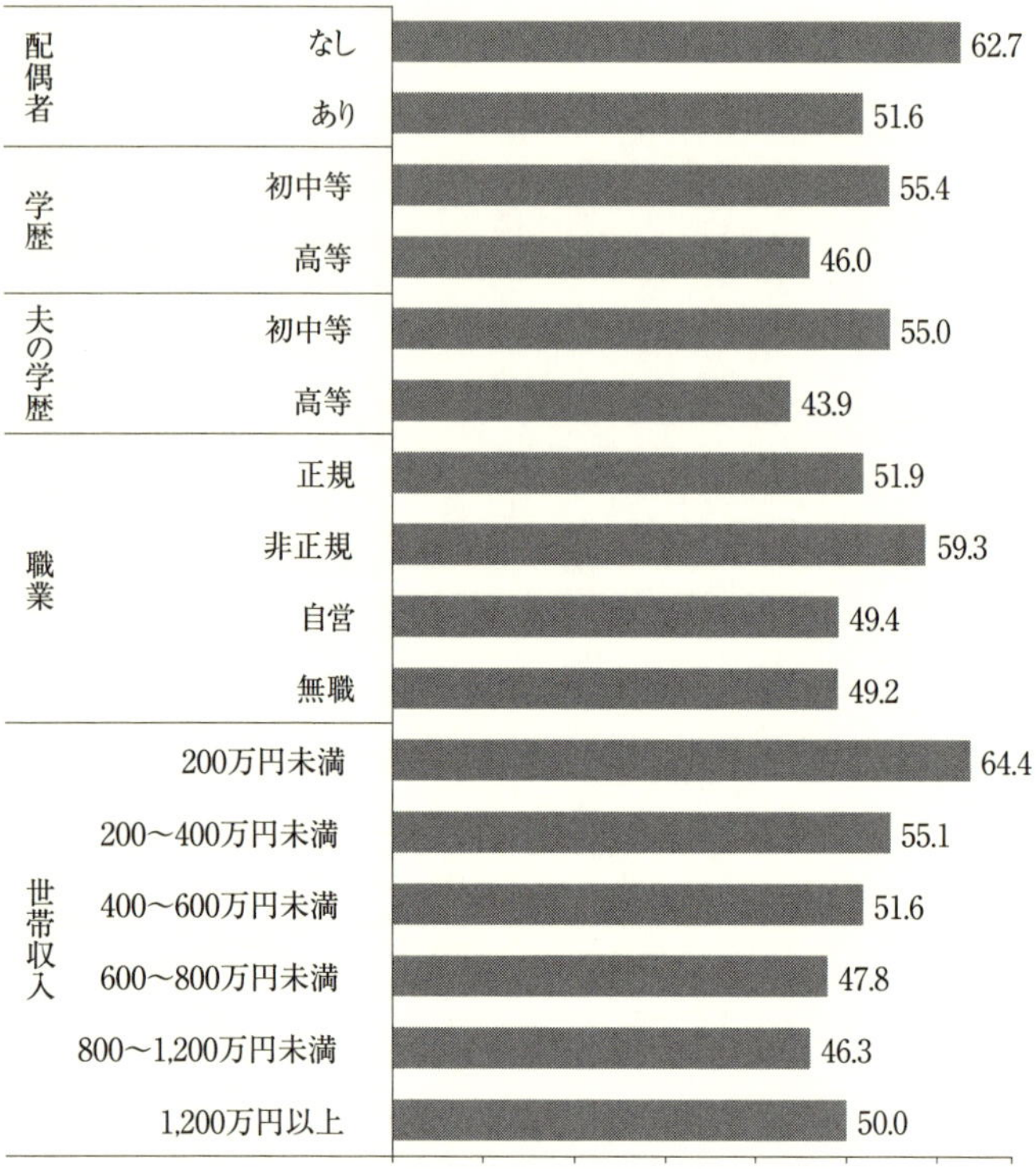

図４　調査時点で「避難したい」と回答した割合(4)

くらかの余裕があるならば（世帯年収）、他地域への避難をしなくても、一時的に保養を行ったり、食生活等、生活の諸側面で被ばくを避けることにもそれだけ出費が可能だろう。また、職を持たない場合、家庭内のことにより専念できるという時間的余裕から、子どもの生活にもさまざまな注意を払うことができるだろう。

学歴については、なかなか解釈が難しい。原発事故以降、マスコミやインターネットなどを通じて、放射能に関するさまざまな情報が氾濫している。どれを信頼すべきか、どれが信頼できないのか、そもそも事故後の対応から行政に対する信頼感が失われてしまった以上、自分で判断するしかない。そのようななかで、情報の取捨選択をどれだけ自信をもってできるか、友人知人のなかに、そうした知識にも詳しい助言者がいるか、といったことが影響しているのかもしれない。

さまざまな意味での「余裕」のあるなし、あるいは社会的な「格差」が、原発事故という未知のリスクにおいて、それを回避することの可能性や回避できるという自信の有無にまで影響しているとするならば、言うまでもないことだが、それは本人が背負い込むべきものではなく、政府が、社会全体が責任をもって対処しなければならない課題だ。このような被災「格差」はすみやかに解消されなければならない。

（4）事故発生時、調査時点ともに対象地域に住んでいた人のうち、事故直後に「できることなら避難したい」と思っていた人のなかで、現在も「避難したい」と回答した人の割合。すべて統計的に有意な関連であることを確認している。

5　求められる支援策とは

この章では、避難について分析を行った。事故直後、とても多くの人が避難したいと考えていたが、その人たちがみな、望むだけのあいだ避難できたわけではない。何が避難を妨げたのか、について分析をした結果、実家が近く（県内）にある、職を持っている、年長のきょうだいがいる、農村地域に住んでいるといった条件が避難をしにくくしていたことがわかった。一方で、経済的要因についてはは明確なことはわからなかったが、中長期避難者は世帯年収が低い家庭と高い家庭の両極に多くみられた。

また、「避難したい」という意識については、時間がたつにつれて、そのように考える人は減ってきている。ただ、その変化には社会的・経済的な「格差」があることがわかった。さまざまな意味において比較的「余裕」がある場合、この地域にとどまっても何とか対処できるかもしれないという気持ちの変化が生じやすいようだ。

この章の分析結果について、最後に、簡単な考察を行いたい。第一に、社会的・経済的な「格差」ゆえに、放射能被害に関しても、より不安な状態におかれがちな人々がいることが明らかになった。実際に避難を選択するかどうかにかかわらず、金銭的な補償、保養などの代わりとなる選択肢を取りやすくなるような対策が望まれる。

同時に、経済面に限らず、時間にかかわるサポートも必要だ。仕事をもつ母親は、時間が制約されるため、不安な状態におかれやすい。それならば、勤務時間により融通が利く、長期の休暇が取りやすくなる、といったサポートを促進するような対策を検討してもよいのではないか。今回の調査で対象となった子どもの母親のうち、約半数が職をもっている。この人たちが気持ちよく働くことができるためにも、彼女たちの意向調査とそれをふまえた施策が必要ではないだろうか。

「学歴」の解釈が難しいことは先にもふれたが、氾濫する情報のなかで、適切な取捨選択がなされるような配慮が必要だろう。それは、「信頼すべき情報」を一方的に流すのではなく、多様な情報について整理がなされ、簡単に読むことができるようになるとか、不安なことについては、行政とは独立した第三者的な相談窓口で対応してもらえるとか、そのような取り組みも検討されるべきだろう。

さらに、学歴に関しては母親本人だけでなく、父親（夫）の学歴も影響していることは重要な意味をもつ。それは、母親の心のありようやリスクについての判断には、夫婦の関係性が反映していることを意味するからだ。当たり前のことではあるが、〝母子〟ではなく〝夫婦とその子ども〟という視点でのサポートが必要だろう。

また、避難には実家の所在やきょうだいの年齢という、家族の状況が大きく影響していたことが今回の分析では明らかになった。実家が近くにあること、年長のきょうだいがいることは、ふだんの生活では大きなメリットがある。しかし、原発事故の発生という思わぬ事態にあっては、それが「避難したくてもできなかった」原因になってしまったという皮肉な現実がある。

地方はどこも同じかもしれないが、福島は身近な地域のなかで家族や近所の人々が支え合いながら生活を営んできた。今回の調査対象者のうち、八割以上が近隣の市町村に実家があり、調査対象となった子どものほかにも年長の子どもがいる家庭が半数以上だった。

「なぜ避難しなかったのか」「避難するほどのことではないと思うから、避難しなかったのだろう」と都会の人たちは思うだろうか。仮に、田舎から出てきて都会で事故に遭ったならば、誰がそこにとどまるだろう。誰が近所の人に気兼ねしてそこにとどまるだろう。一人っ子の家庭ならば、兄姉の学校のことなど気にする必要もなく避難できただろう。つまり、表面的な避難者の数は、地域に住む人々の危機感を直接的に反映したものではないのだ。原発事故が仮に東京周辺で起こったならば、避難者の割合は福島の比ではなかったろう。私たちはそのことをより強く認識すべきだし、それをふまえて子どもと被災者への支援を強く訴えなければならない。

第6章　母親のサポート・ネットワークとストレス

＊母親のストレスが悪化するのを防ぐものとしてサポート・ネットワークが考えられる。ではどのようなサポート・ネットワークが有効であろうか。

＊母親のストレスの緩和には配偶者とその両親が大きな影響を持っているが、避難による家族分断と家族間の軋轢《あつれき》を経験している場合、サポート・ネットワークが不足していることが明らかになった。また学歴・年齢によってサポート・ネットワークは異なっていた。

＊こうしたサポート・ネットワークに頼ることができない人々が原発事故の影響がより深刻であることに考慮した支援が必要である。

1　原発事故後のストレス

これまでの章で明らかになったように、福島原発事故はそこで暮らす人々の生活を一変させ、幼い子どもを育てる母親たちは深刻なストレスにさらされている。彼女たちは子どもの放射能被害の不安から、外遊びをさせるか、夕食の食材に何を使うか、子どもたちの将来の健康はどうなるかといったリスク意識をいだき、日々の生活のさまざまな場面においてリスク対処・回避行動の選択を余儀なくされている。将来の被害を予測できないリスクがあらわれたことで、どのようなリスク対処・回避行動をすべきかという選択を迫られ、対処・回避行動をしないことも含めて日々判断しつづけなければならない。このように日々の生活において繰り返し強制される判断は主に母親が担う傾向にあるため、それは彼女たちにとって深刻なストレスとなり、彼女たちの身体的・精神的健康を悪化させていると予想される。

実際、今回調査対象となった母親のストレスは全国平均に比べても高い傾向にある。本調査では、以下の六つの設問を「いつも」から「まったくない」までの五つの選択肢で答えてもらい、ストレスの度合いを測定している。

「神経過敏に感じた」
「絶望的だと感じた」
「そわそわ、落ち着かなく感じた」

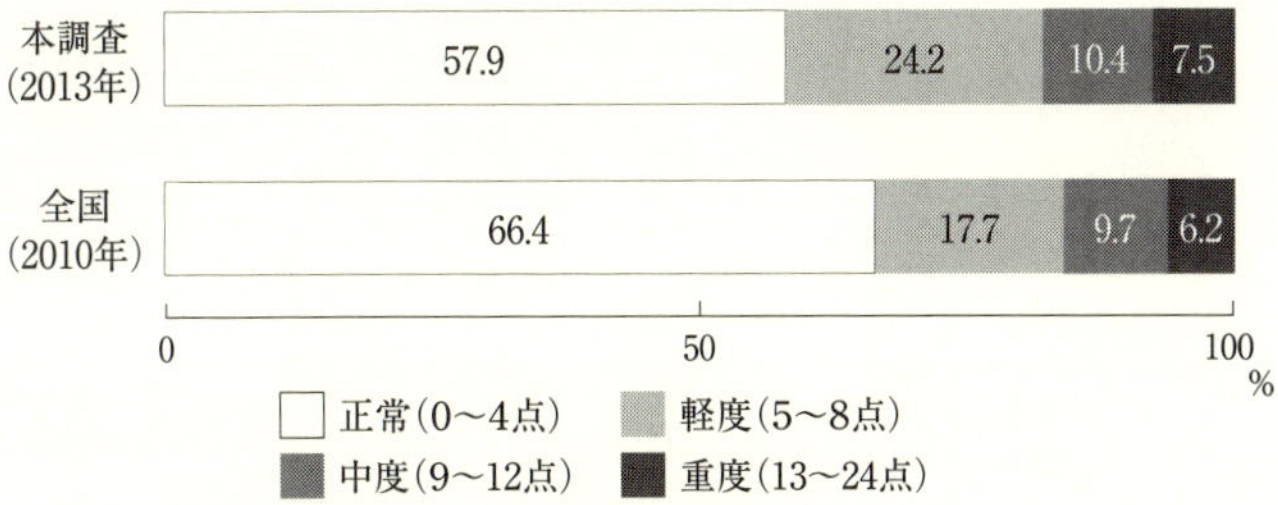

図1　ストレス得点（K6尺度）の分布
（本調査の母親と全国調査の30～34歳の女性）
※全国は『平成22年国民生活基礎調査』の30～34歳の女性

「気分が沈み込んで、何が起こっても気が晴れないように感じた」
「何をするのも骨折りだと感じた」
「自分は価値のない人間だと感じた」

この六つの質問について「いつも（4点）」「たいてい（3点）」「ときどき（2点）」「少しだけ（1点）」「まったくない（0点）」として足し合わせたものが、多くの調査においてストレスの程度を捉えるため用いられているK6という尺度である。値が高くなるほど、ストレスが高いことを意味し、「正常（0～4点）」「軽度（5～8点）」「中度（9～12点）」「重度（13～24点）に分類できる。9点は気分障害発症の確率が五〇％以上になるポイントである。

このK6尺度を用いて、今回調査対象となった母親のストレスをみたものが図1になる。参考として、『平成二二年国民生活基礎調査』から三〇～三四歳の女性のストレスの分布も示している。[1] 図から、全国と比較すると、本調査の母親においては、正常（0～4点）のカテゴリが少なく、軽度（5～8点）、中

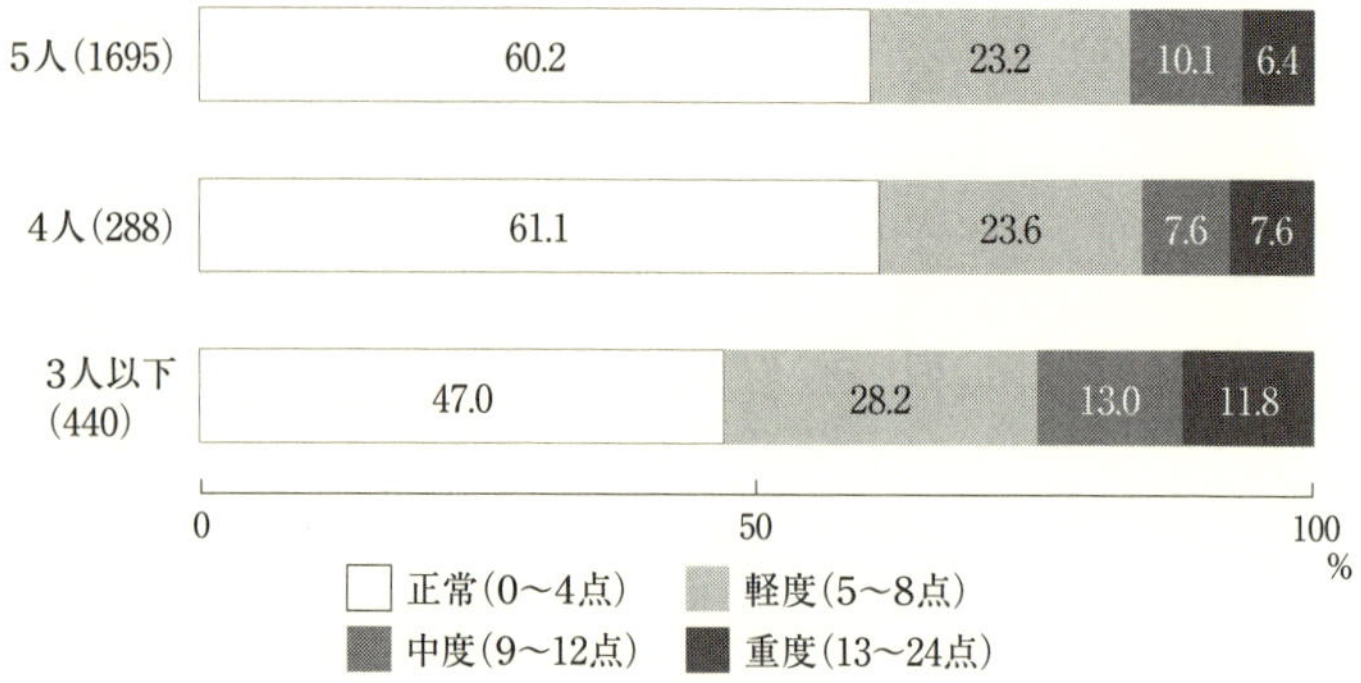

図２　相談できる人の数別ストレス得点（Ｋ６尺度）

度（9～12点）、重度（13～24点）のカテゴリが多いことがわかる。九点以上の人々は全国では一五・九％であるが、本調査の母親では一七・九％と高くなっている。原発事故後のさまざまな生活変化によるストレスが関係していると考えられる。

2　ストレスを緩和するサポート・ネットワーク

一方、こうした母親のストレスが深刻化するのを防ぐのが配偶者・両親・近隣・友人・専門機関といった彼女たちを取り巻くサポートの存在だといえる。先行研究によれば、サポート・ネットワークはストレスを緩和するという緩衝効果を持つ。緩衝効果とは、ストレスを引き起こす生活の変化（ストレッサ）が個人に及ぼす影響を弱める、いわばサポートが緩衝材として作用するという効果である。[2] 逆にいえば、サポート・ネットワークが少ないことは、ストレッサをそのまま受け止め、ストレスを高めることにつながるのである。

実際、本調査においてもサポート・ネットワークの多寡《たか》とストレスは関連している。図2は、生活において何かと助けになってくれる人の数とストレスの程度の関連性をみたものである。図から助けになってくれる人の数が三人以下のネットワークが少ない層の人々では、軽度、中度、重度のカテゴリが多いことがわかる。9点以上の人は二四・八%と四分の一にも達するのである。このようにすべての母親が原発事故に伴う生活の変化を経験するが、そのストレッサがどの程度ストレスを高めるのかについては、母親が有すサポート・ネットワークの多寡《たか》が影響するといえるだろう。


ではどのようなサポート・ネットワークが母親のストレスを緩和するのだろうか。以下のような想定ができるだろう。

第一に、同居家族の存在がストレスの緩和に影響することが予想される。配偶者や親と同居することで、日々の放射能汚染への不安に関する悩みを共有し、その対処法について相談すること

---

(1) 国立社会保障・人口問題研究所、二〇〇八年、『第四回全国家庭動向調査 結果の概要』http://www.ipss.go.jp/ps-katei/j/nsfj4/NSFJ4_gaiyo.pdf
2 稲葉昭英、二〇〇四年、「ストレス研究の諸概念」石原邦雄編著『家族のストレスとサポート』、放送大学教育振興会、p.55-56

ができる。また、何らかのサポートが必要になった際にはすぐに同居人に頼ることができる。これらによってストレスは抑えられるだろう。

第二に、父親の育児参加がストレスを低減させると考えられる。育児不安の研究では、父親の育児参加の水準は相対的には低いものの、それは育児不安の低減に大きな効果を持つことが示されている。(3) 父親が育児に参加することは、子どもへの放射線汚染の不安を同じ親という立場で共有し、その悩みやリスク対処法を相談する機会を増やすことを意味し、結果として、母親のストレスは低減すると予想される。

第三に、市町村が提供する育児サービスを利用することもストレスの低減に影響するかもしれない。子育て支援センター、子育てサークル、母親クラブといった育児サービスでは、放射線リスクに対する対処方法についての専門的知識が提供され、リスクについて母親同士で相談する機会もあるだろう。これらの機会を得ることで、ストレスは減少すると予測される。

第四に、日常生活においてサポートを受けることのできる人の数が多いことがストレスの緩和に影響すると考えられる。ただし、そのなかでも配偶者や親といった親族と、友人・近隣の人といった非親族では提供されるサポートは異なるし、ストレスへの効果も変わってくるかもしれない。そこで、親族・非親族に分けて、サポートのストレス減少への効果を確認する。

以上のような問題意識から、本章では母親たちのサポート・ネットワークとストレスに焦点をあて、以下の問題について実証的に明らかにする。

・本調査対象の母親たちはどのような種類のサポート・ネットワークを有しているのか
・どのような種類のサポート・ネットワークが母親たちのストレスを減少させるのか
・ストレスを低減するサポート・ネットワークはいかなる層の人々が有しているのか

3　どのようなサポート・ネットワークを有しているか

はじめに、本書で用いるサポート・ネットワーク変数の度数分布を確認することで、母親たちがどのようなサポート・ネットワークを有しているかをみていこう。なお、変数の詳しい説明は表1に示す。まず、図3から同居形態の分布について確認しよう。図3は、五つのタイプに同居形態を分けたものである。本人・配偶者・子どもの核家族が六割と最も多い。次に多いのは親と同居する家族形態であり、三割を超える（配偶者の親二一・二％、本人の親八・六％）。二〇〇八年に行われた全国家庭動向調査によると、三〇〜三四歳の既婚者妻における配偶者の親との同居率は一一・二％、本人の親との同居率五・二％である[(4)]。この全国データと比較すると、本調査対象者の親同居率はかなり高いといえるだろう。なお、配偶者との非同居も一定割合、存在する。配偶者と非同居で自分の親と同居している母親は四・四％、配偶者と非同居で自分の親とも同居し

(3) 松田茂樹、二〇〇八年、『何が育児を支えるのか　中庸なネットワークの強さ』、勁草書房
(4) 厚生労働省、二〇一〇年、『平成二二年国民生活基礎調査』

表１　サポート・ネットワーク変数の指標

同居家族	配偶者、配偶者＋本人親、配偶者＋配偶者親（本人親と同居、配偶者非同居も含む）、配偶者と非同居、配偶者と非同居＋本人親
市町村子育てサービス	ファミリーサポート、児童センター、子育て支援センター、子育てサークル、母親クラブ、放課後児童クラブの参加数
サポート相手	何か助けになってくれる人としてあげた数を間柄別に算出 配偶者、自分の親、配偶者の親、子ども、きょうだい、その他の親戚、近隣、職場、 所属団体、友人
サポート総数	何か助けになってくれる人（五人まで）として具体的な人物をあげた数
親族サポート数	総数のうちの親族数
非親族サポート数	総数のうちの非親族数

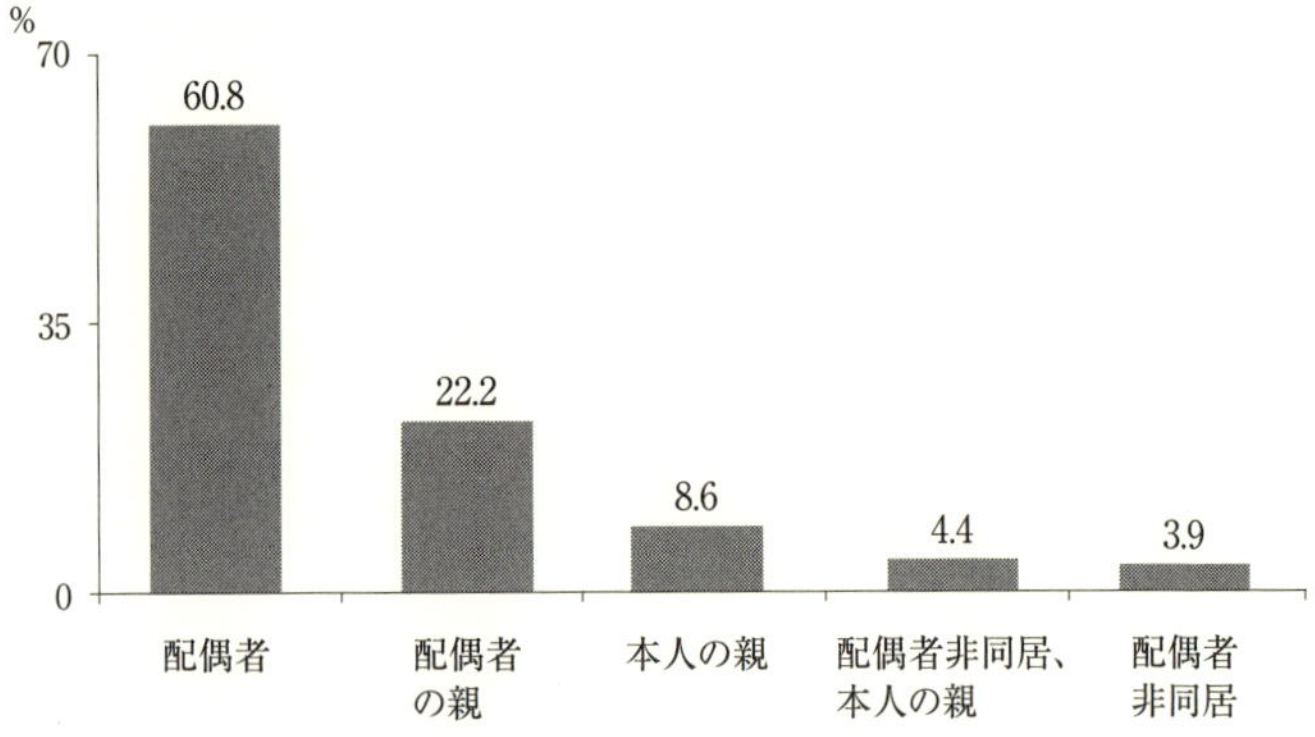

図３　家族形態５分類の度数分布　N＝2454

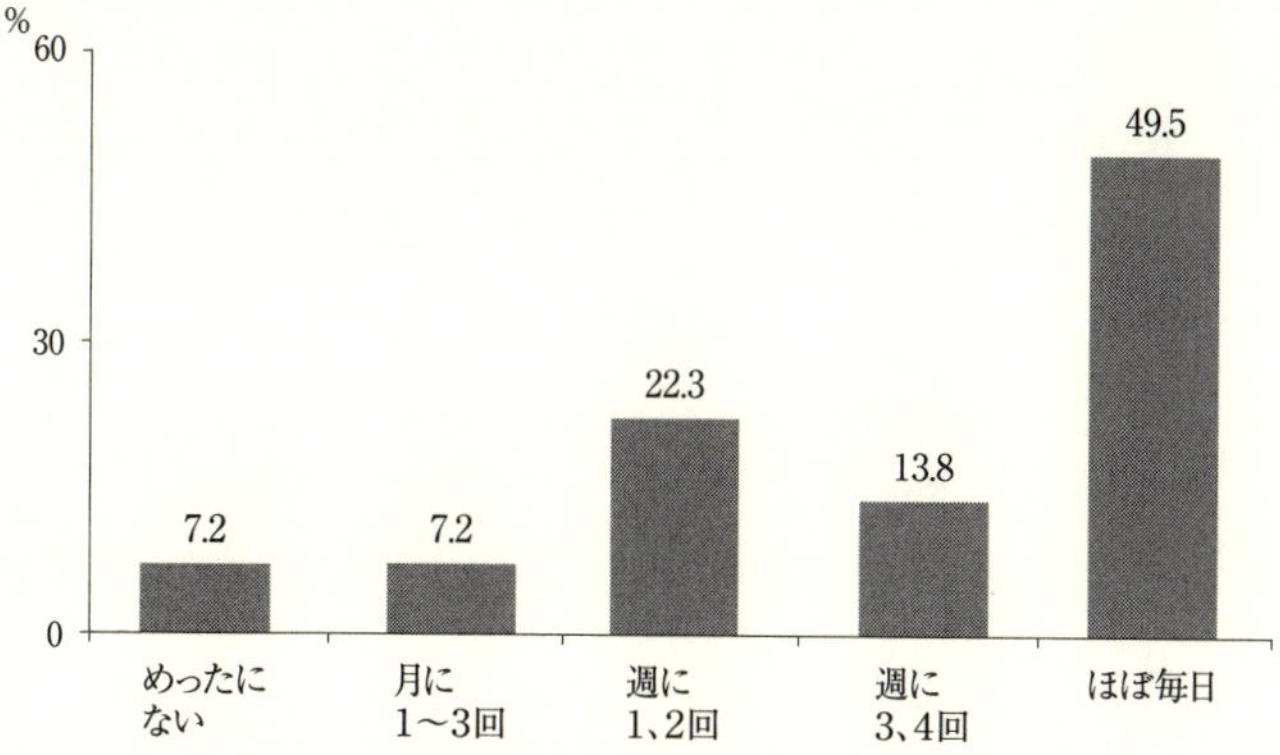

図４　父親の育児参加の度数分布　N＝2454

ていない母親は三・九％となっている。

　次に、先行研究で母親の育児不安の低減に大きな影響をもつことが示されている「父親の育児参加」についてみていく。図４からわかるように、「ほぼ毎日」が約五割で最も多い。ただ週に三、四回以下も約五割おり、家庭によって父親の育児参加の程度は異なると言えるだろう。次に一〜三回、めったにない家庭も合わせて一四・四％に達する。

　次に、市区町村の提供するサポートへの参加について確認する。図５は、六つのサービスについて、利用者の率を示したものである。子育て支援センターが最も多く（二八・一％）、児童センター、子育てサークルも一定割合存在する（一五・九％，九・九％）。ただ、全体として利用率は低く、市区町村サポート・サービスの利用者は少ない。

　続いて、サポート・ネットワークについてみていこう。対象者には「何かと助けになってくれる人」を五人まで

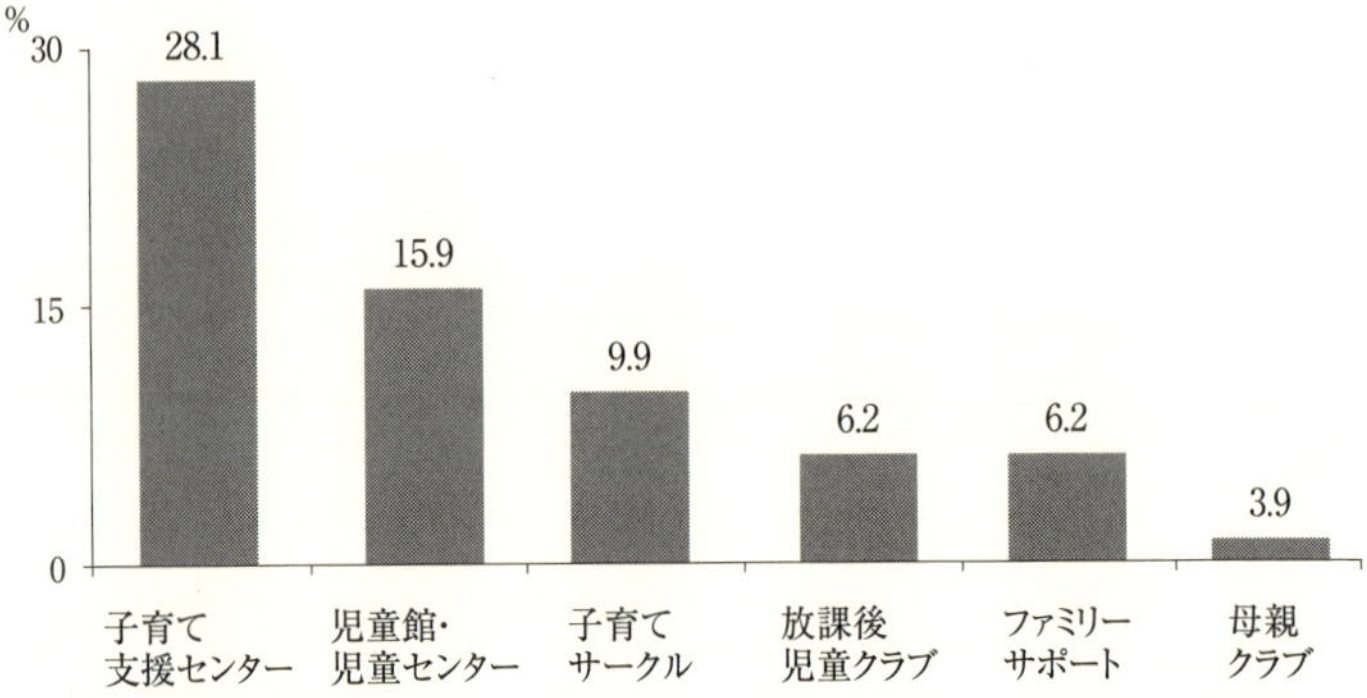

図５　市区町村サポート・サービス利用率の分布　N＝2454　多重回答

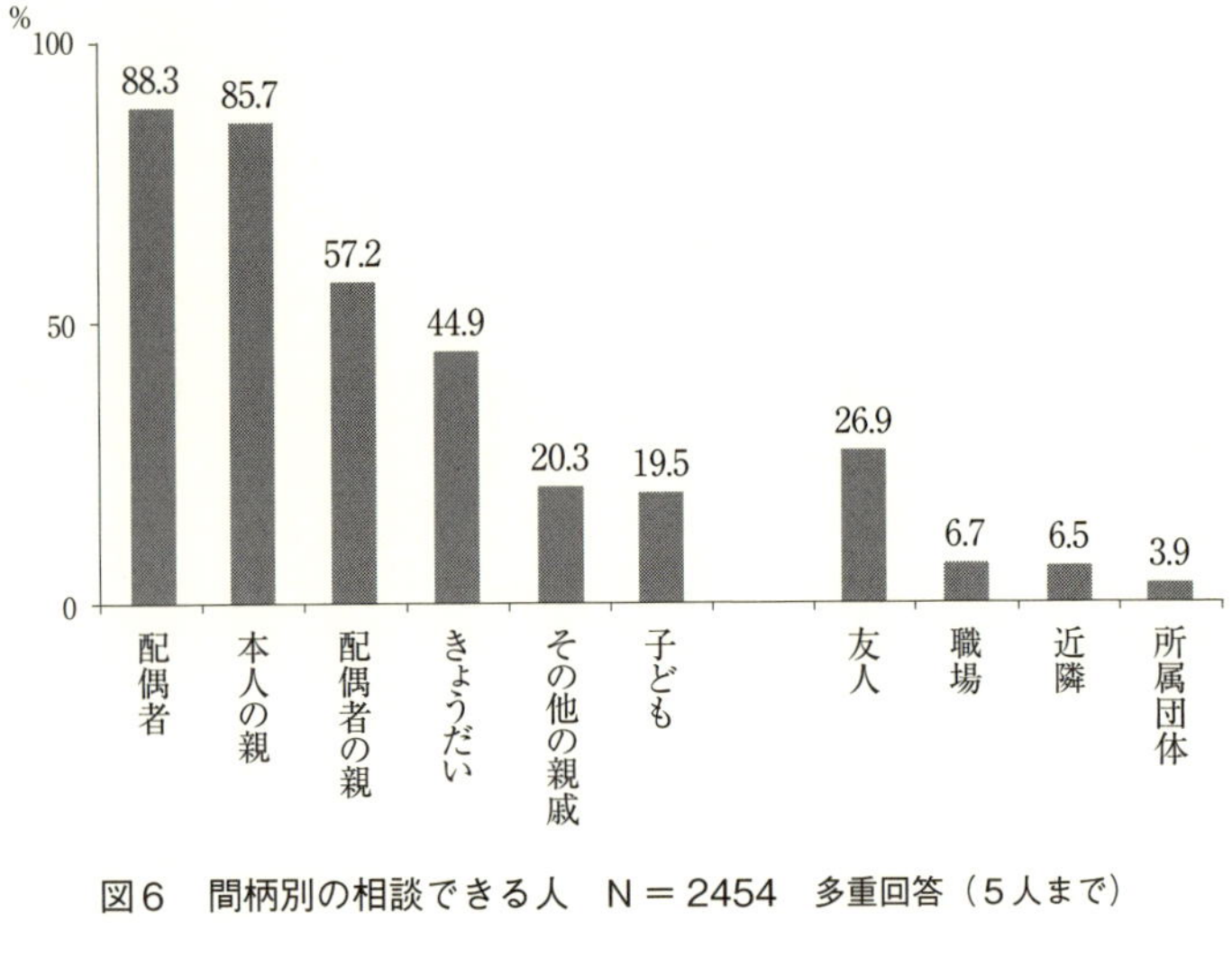

図６　間柄別の相談できる人　N＝2454　多重回答（５人まで）

あげてもらい、それぞれ自分との間柄について回答してもらっている。図6は、本人との間柄別にサポート・ネットワークの回答率を示したものである。図からわかるように、配偶者、本人の親が八割以上であり非常に多い。次に配偶者の親、きょうだいも多くなっており、親族のサポート・ネットワークが多いことがわかる。一方、非親族は友人二六・九％、職場六・七％、近隣六・五％と親族に比べると少ない。サポート・ネットワークは親族に偏《かたよ》っていることがわかる。

4　どのようなサポート・ネットワークがストレスを緩和するか

では、どのようなサポート・ネットワークがストレスを緩和するのかについて確認しよう。ここでは、重回帰分析という方法を用いる。この分析方法によってストレスを上昇（低下）させる要因を明らかにする。図7の↓は、左側の変数がストレスにどのような効果を持っているかを示したものである。↓がない場合は有意な効果がなかったことを意味する。マイナス（－）であるとストレスを減少させる効果を持ち、プラスであるとストレスを高める効果を持つことを示す。数字は標準偏回帰係数と呼ばれるものであり、その絶対値は効果の大きさを意味する。

では、結果をみていこう。年齢は↓がないので、ストレスに効果を持たないことを示す。教育年数は－〇・〇九五の値を取っており、これは、教育年数が高いほどストレスが低くなることを意味する。次に、同居家族については↓がなく、ストレスを減少させる効果はみられないことが

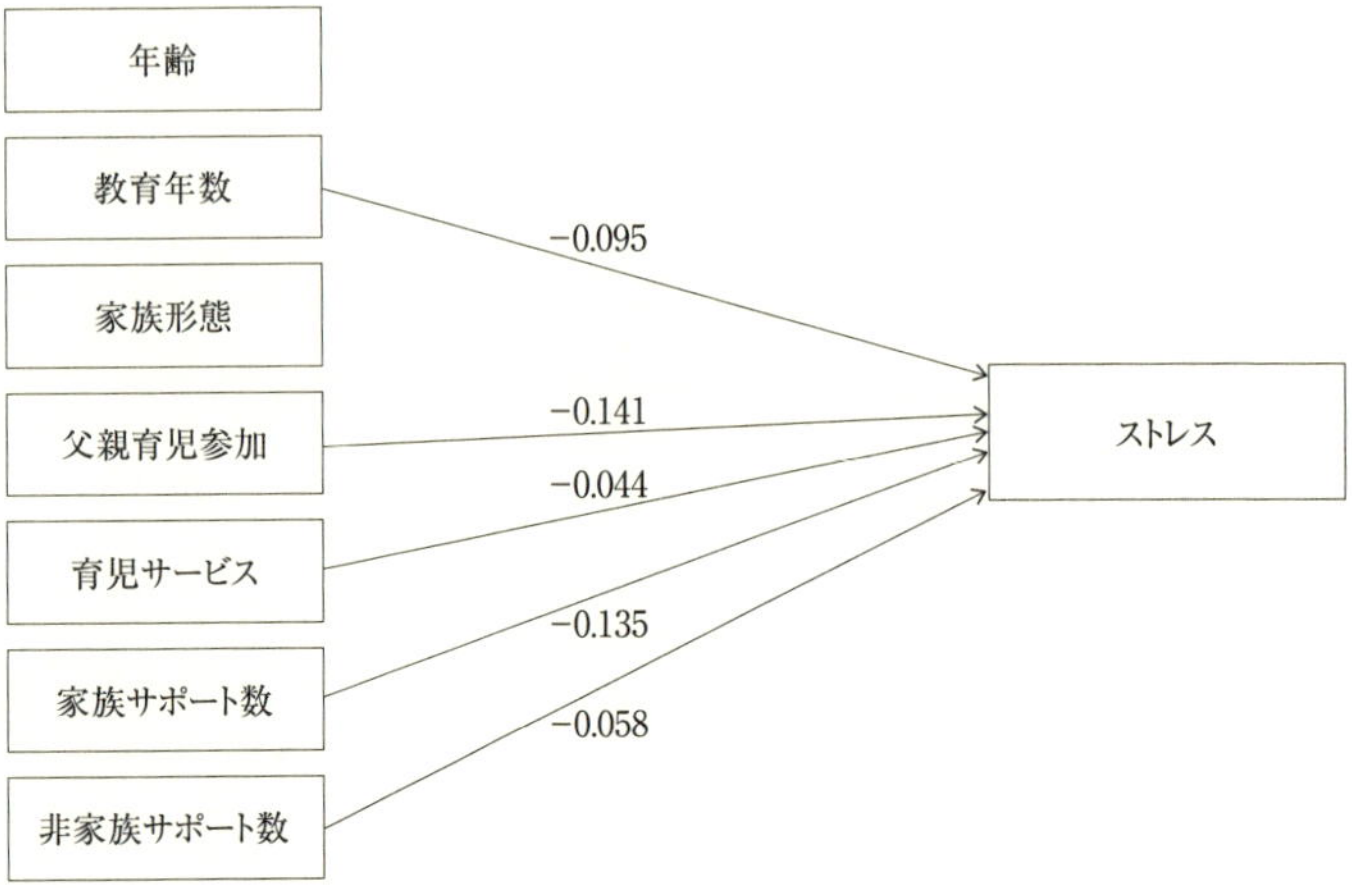

図7　サポート・ネットワークとストレスの関連性

わかる。核家族に比べて親と同居する世帯においてストレスが低いことを予測したがそうした傾向はみられない。

次に、父親の育児参加については−〇・一四一と強いマイナスの効果を持っている。先行研究でも示されているように、父親の育児参加度が高いほど、母親のストレスは低減することがわかる。育児サービスについては−〇・〇四四とマイナスの効果を持つ。効果は大きくないものの、市町村が提供する育児関連サービスを利用することは、ストレスを低減させることがわかる。そして、サポート・ネットワーク数は親族数−〇・一三五、非親族数−〇・〇五八であり、両方ともストレスを緩和させることがわかる。ただし、非親族数に比べて、親族数の効果の方は倍以上も大きいことがわかる。先ほど分布で確認したように、サポート・ネットワークは親族に偏っていたが、ネットワークを有することのストレスへの効果も親族の方が強いといえるだろう。

5　いかなる人々がサポート・ネットワークを有しているか

これまでの分析から、母親のストレスを減少させるのは、父親の育児参加と親族サポート数であることが明らかになった。では、こうしたサポート・ネットワークを有している人はどのような人々なのだろうか。このことを確認するために、先ほどと同様の手法で、どのような要因が父親の育児参加および親族サポート数に影響しているかを確認する。

図8から父親の育児参加の結果を確認する。まず、年齢が負の効果を持っており（―〇・〇四九）、高齢層では父親が育児に参加しない傾向がみられる。教育年数は正の効果を持っており（〇・〇七一）、高学歴であるほど父親の育児参加度が高まる傾向にあることがわかる。若年層や高学歴層で父親の育児参加が高いことは、これらの層の夫婦が相対的にリベラルな考え方を有す傾向にあるためだと解釈することもできるだろう。家族形態では、配偶者と同居していない世帯において父親の育児参加が低い傾向にある。これは当然の結果だとも言えるが、さまざまな事情で父親と同居できない、もしくは父親がいないことで父親から育児の協力を受けることができないことを示しているといえよう。

次に、親族サポートを従属変数とした分析結果についてみていこう。まず、年齢が負の効果を

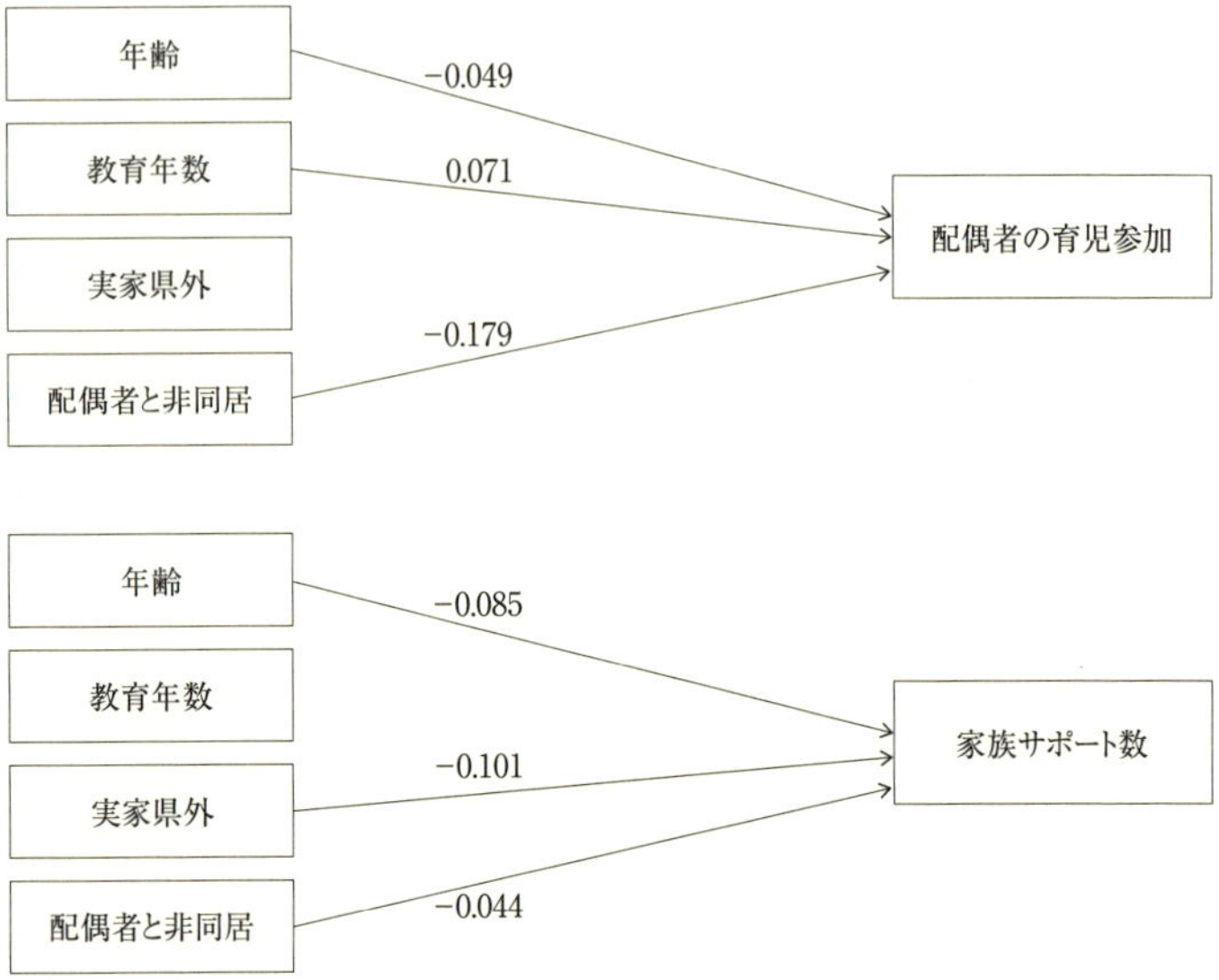

図８　配偶者の育児参加と親族サポート数の規定要因

持っていることがわかる（—〇・〇八五）。これは年齢が高いことで親も高齢化しているため、サポート・ネットワークとして頼ることが難しくなると解釈することもできるだろう。実家県外は負の効果である（—〇・一〇一）。本人の親や配偶者の親が県外にいると親に頼ることが難しくなり、ゆえに親族サポート数が減少すると考えられる。また、同居形態については、配偶者との非同居がサポート数を減少させることを示す。これは、先の父親の育児参加と同様、さまざまな事情で父親と同居できない、もしくは父親がいないことで配偶者の相談ネットワークを持てないことを意味している。

　これらの分析結果から、本調査においては、ストレスの低減に大きな効果をもつ配偶者や親のネットワークを有す人は、年齢が若い層、教育年数が高い層、配偶者と同居する層、自分の親と同居する層、実家が県内である層であることがわかる。逆に言えば、高齢層、教育年数が低い層、何らかの事情で配偶者と非同居である層、実家が県外である層では、配偶者や親のネットワークに頼ることができない傾向にある。

6　偏在するサポート・ネットワーク

原発事故後、リスク対処・回避行動の判断を日々強いられる母親はストレスを高めていることが想定されるが、それはサポート・ネットワークの多寡によって異なる。本章では、彼女たちがいかなるネットワークを有し、どのようなネットワーク要因がストレスを低減しているのかについてみてきた。

分析の結果、まず、福島中通りに住み三歳児の子を育てている母親のネットワークは、配偶者や自分の親、配偶者の親という親族に偏っており、近隣や友人、専門機関は比較的少ないことがわかった。親との同居率も全国に比べて高く、親族ネットワークが強い地域であるといえよう。また、ストレスを低減するサポート・ネットワーク要因についても親族の効果が強かった。配偶者の育児参加、サポート・ネットワークとしての配偶者・親の存在がストレスを低減させていた。市町村の提供する育児サービスの利用はストレスを低減させていたが、これも配偶者や親族によるサポートに比べると効果は弱い。

このように非親族のサポート・ネットワークの効果が弱いのは、子どもの年齢も関係しているだろう。先行研究では、子どもの年齢が低いほど、親族によるサポートに頼る傾向にあることが示されている。配偶者の効果が強かったことは、同じ親という立場で放射能汚染への不安を共有し、リスク対処法を共に考えることが、ストレスの低減に大きな効果を持つことを示唆する。

最後に、これらストレスの低減に強い効果を持つネットワークが一部の層に偏っていることを確認した。高齢層、教育年数が低い層、何らかの事情で配偶者と非同居である層、実家が県外である層では、配偶者や親のネットワークに頼ることができない傾向にあることが示された。

こうした結果は、原発事故後、福島中通りに住み幼い子どもを育てている母親のウェルビーイングには、家族・特に父親のネットワークが重要であることを示している。特に、今回の対象者については、全国に比べて同居率が高く、親族からのサポートの役割が大きいといえるだろう。逆にいえば、原発事故後、さまざまな事情で父親や自分の親からのサポートを受けることのできない人々は、よりストレスにさらされやすいといえる。本書の他の章ですでに述べられたように、原発事故以降、避難によって家族分断を余儀なくされる人々も一定数おり、放射能リスクをめぐる家族間の意見の相違といった軋轢《あつれき》も生じている。こうした家族からのサポート・ネットワークを持たない脆弱な人々がより深刻な原発事故の被害を受けているのである。

第7章　国、東電、自治体はどうみられているのか
——原発事故対応の評価

＊国、東電、自治体の事故後の対応について、きわめて厳しい評価がされていることがわかった。市町村については、その評価に大きな開きがあるため、その背景要因について分析した。
＊自治体（市町村）に対する評価には、地域の線量、自治体の規模、育児関連サービスの利用率が関連していることがわかった。
＊自治体（市町村）は、国や県の支援を受けつつ、きめ細やかなサービス、育児関連サービスの充実をはかるべきである。行政に対する不信の持続は、地域への愛着を失わせることになりかねず、より真摯な対応が求められる。

1　不満、不信、不安

これまでみてきたように、親子の生活と健康には本当にさまざまな問題が残されている。一人ひとりがそれぞれの判断で対応しているわけだが、できることには限りがある。そもそも、原発事故の対応は、国と東電が責任の主体として進めるべきものであり、地方自治体も住民のニーズに応えなくてはならない。しかし、この間の事故対応については、きわめて厳しい評価がなされており、とくに国と東電に対しては、相当な不満、不信感が募《つの》っている。

この章では、国、東電、自治体の原発事故対応の評価について分析する。不満の大きさはどの程度であるのか、また、とくにどの部分にあるのか。その評価には地域差があるのか。行政に対する不信感の持続は地域に何をもたらすのか。これらのことを明らかにしたい。

はじめに、自由回答として寄せられた意見を参照することからはじめたい。(1) そこには、国、東電、自治体に対するさまざまな意見が直接的に書きだされている。表1は、自由回答に書かれた語句の関連を示したものだ。一人の回答者が、東電、国、県、市（あるいは町村）といった語句とともに、どのような語句を用いて回答を書く傾向があったか、ここから把握することができる。まず、東電、国、県、市町村が同時に出現することがかなり多い。

「国や東電、県・市の対応には全く納得のいくものではありません」

「市町村、国、県にはもっと迅速に対応してもらえるように東電に訴え続けてほしい」

「国や県・市の対応が遅く、不満」
「国は、県は、市は、何もしてくれない。期待できない」

このように、行政と東電をひと括りにし、対応の遅れや不十分さを指摘する意見が目立つ。「対応」という語句自体もまた、東電、国、県とのかかわりでよく出てくる語句だ。

表1　自由回答における関連頻出語のリスト

東電	国	県	市町村
賠償	県	市	県
国	東電	国	国
お金	市	安全	除染
除染	対応	東電	東電
終わる	子ども	対応	住む
生活	健康	子ども	高い
原発事故	除染		
対応	不安		
子ども	将来		
問題	原発事故		
家	避難		
県	放射能		
補償	安全		
住む	お金		
避難	生活		
原発			
放射能			
外			
安全			
水			

また、東電、国、自治体に共通する頻出語として「除染」がある。「除染」は事故対応の象徴ともいえることがらであることがわかる。

「自分たちで除染した土を早く市でも県でも国でもが回収してほしい」

(1) 自由回答の分析については、KH Coderを用いた（樋口耕一、二〇一四年、『社会調査のための計量テキスト分析――内容分析の継承と発展を目指して』ナカニシヤ出版）。樋口氏には、分析の方法について、直接、レクチャーをいただくことができた。記して感謝申し上げる。

「個人でやった除染の費用を行政、いや、東電に全額負担してもらうことを願います」

「除染を行うのならば、徹底的に県、市全体で取り組んで欲しいと思います」


では、東電、国、県に共通する頻出語「安全」はどんな文脈で使われているのだろうか。

「県も市も、教育委員会も、すべて行事にしろ給食にしろ「安全です」で終わらせます」

「県と市は安全のアピールに躍起で、住んでる市民と子どもの声を聞かない」

「国・県・市町村や東電などが放射能に関して、安心・安全だと言っても一切信じていません」

「食材や水道水が安全と言われても、まだまだ、子ども達の将来の健康を考えると、国も県、市も信用できません」

「国や県が安全だとしか言わないことが一番に不安に感じる」

「県は安全、安心を合言葉のように使っているが、私は決してそうは思っていない」


行政は住民の気持ちを落ち着かせるために、「安全」アピールをしているのだろうが、不幸なことに、それがまったく逆の効果をもってしまっている。信頼関係が築けないなかで、「安全」という言葉だけが踊ると、かえって不信が強固になってしまうという悪循環がここに表れている。東電と行政とのあいだには頻出語で大きな違いがある。それは「東電」とともに「賠償」「お金」という語句がかなりの頻度で用いられていることだ。「終わる」という語句も多いのは、たまたま調査の時期が、賠償の打ち切りの時期に重なったためでもあるが、そのことが人々にかなりのショックをもって受け止められていたことがうかがえる。

「東電の賠償ももう終わりなので、なんか、被ばくしている子どもたちなどの体が本当に心配です」

「東電は責任を感じていないのか、早く忘れてほしいのか、賠償の打ち切りは当然のように言うし、何も終わっていないのに親にだけこの心痛を押し付けて知らんふり」

「今後子ども達がもし健康的に何らかの問題が生じてそれが原発問題の影響であったとして、東電からの賠償金を受け取ったから保障は終わりですという無責任なことになりはしないか心配です」

「東電は、今回で精神的賠償を打ち切りと言っていますが、子どもをもつ親にとっては、何も終わってはいません」

自由回答から伺える母親たちの心情を整理すると、次のようになる。事故後の対応は、国、東電、自治体すべてにおいて遅いし、不十分だ。とくに除染の遅れ、不十分さがそのことをはっきりと表している。そういう不満があるのに、国、東電、自治体は安全・安心を言うばかり。これではかえって不信感が増すし、安心できない。くわえて、東電は自分たちへの賠償を早々に終わらせようとしている。自分たちにとって問題は解決していないのに。

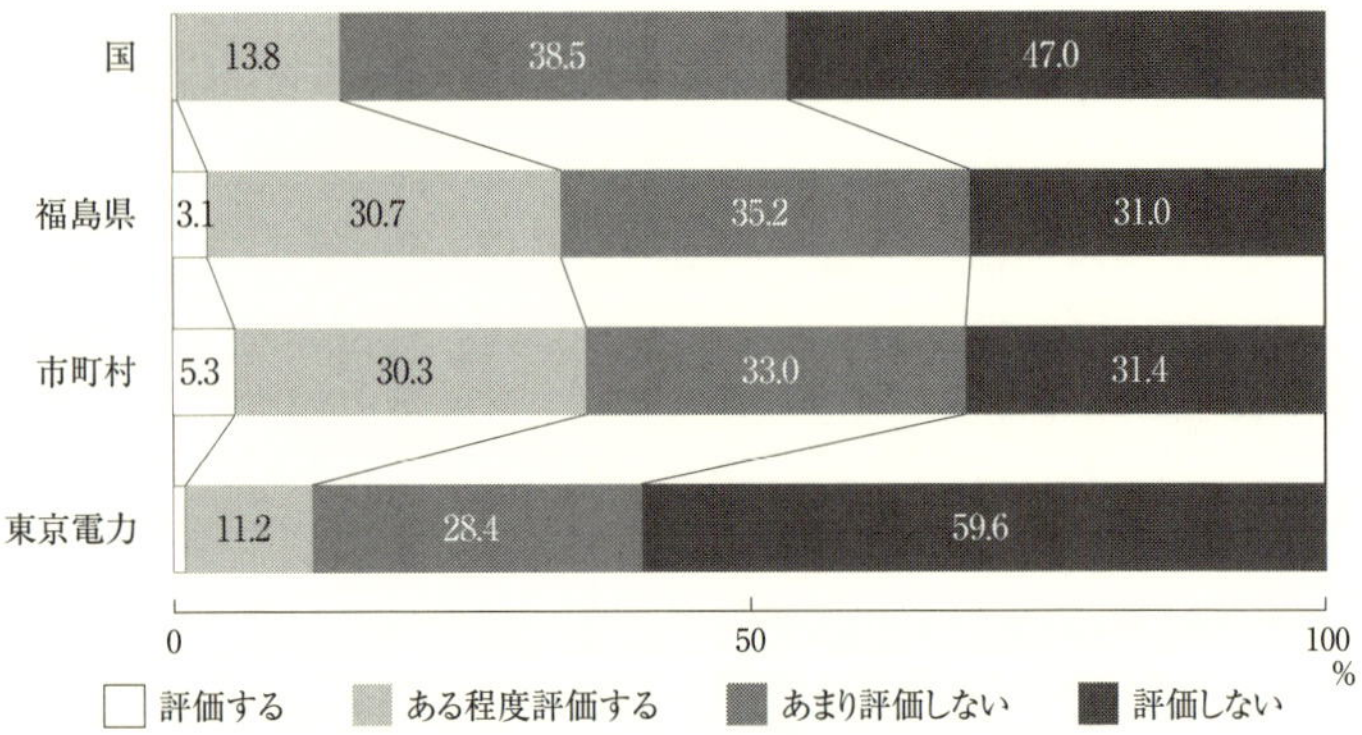

図1　国や自治体の原発事故対応の評価[2]

2　数値でみる事故後の評価

では、数値でみた場合、その評価はどのようなものだろうか。調査では、国、県、居住の市町村、そして東京電力の「原発事故後の取り組みについてどの程度、評価しますか」とたずねた。図1がその結果だ。事故対応への評価は全体的に厳しいものがある。とくに、国と東京電力に対しては、たいへん厳しい評価がされている。「ある程度評価する」をくわえても肯定的な評価は国で一四・七%、東京電力で一二・一%であり、それ以外は否定的な評価となっている。県と市町村に対する評価も否定的なものが多い。しかし、肯定的な評価は県で三三・九%、市町村で三五・八%となっている。国や東電と比較した場合、自治体に対しては肯定的な評価が多い。

では、九つの市町村別にみた場合、その評価はどのように異なるのだろうか。図2にその結果を示した。その評価は、かなりのばらつきがある。[3] 評価が低いのは、国

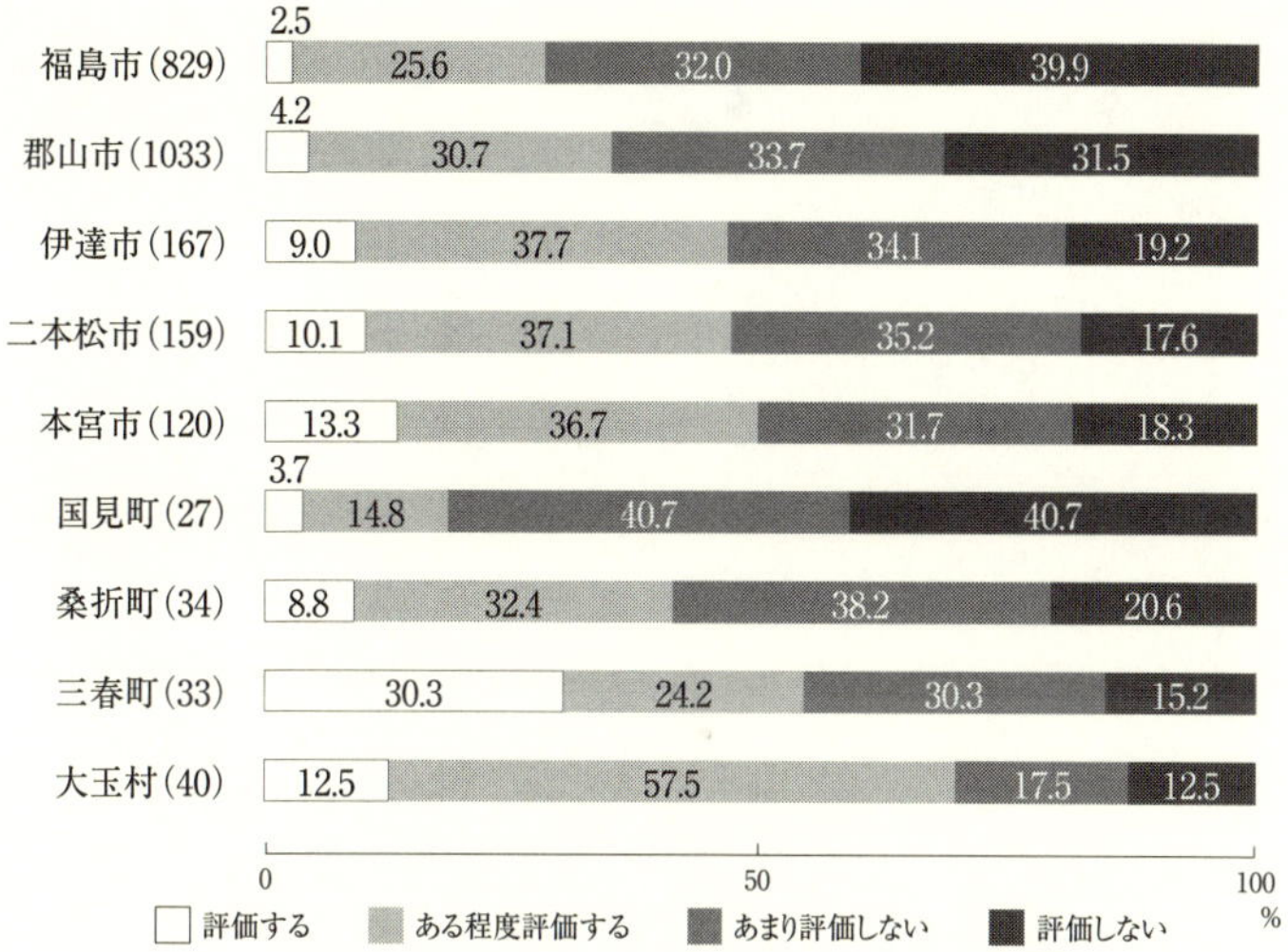

図２　国や自治体の原発事故対応の評価

見町、ついで、福島市、郡山市、桑折町の順だった。逆に、大玉村、三春町は評価が高い。ただし、これを市町村ごとの事故対応の積極さ・熱心さがそのまま反映した結果だと理解するのは適切でない。もちろん、その影響はあるだろうが、それ以外に評価を左右する要因はないのだろうか。そのような視点で考えてみたい。

　たとえば、放射線量はどうだろう。線量が高い地域は、それだけ対応しなければならないことも多くなる。対応可能な人員や資源には限度があるから、線量の高い地域ほど、じゅうぶんな対応ができていないという

(2) 調査時点で対象地域に住んでいる人のみ。
(3) ただし、対象者の少ない地域では誤差の範囲が大きくなるため、数値の解釈には注意が必要である。

評価になるのではないか。

図3は、市町村ごとに平均値を求め、事故対応への評価との関連を確認したものだ。横軸が線量の平均値、縦軸が市町村に対する評価の平均値になっている（「評価する」＝4点、「評価しない」＝1点）。線量の低い三春では評価が高く、線量の高い福島では評価が低い。このように一定の関連はみられる。しかし、国見は線量はそれほど高くないが、評価は低く、二本松や本宮は線量が高いけれども評価はそれほど低くない。線量の高さと評価とは完全に一致するわけではない。

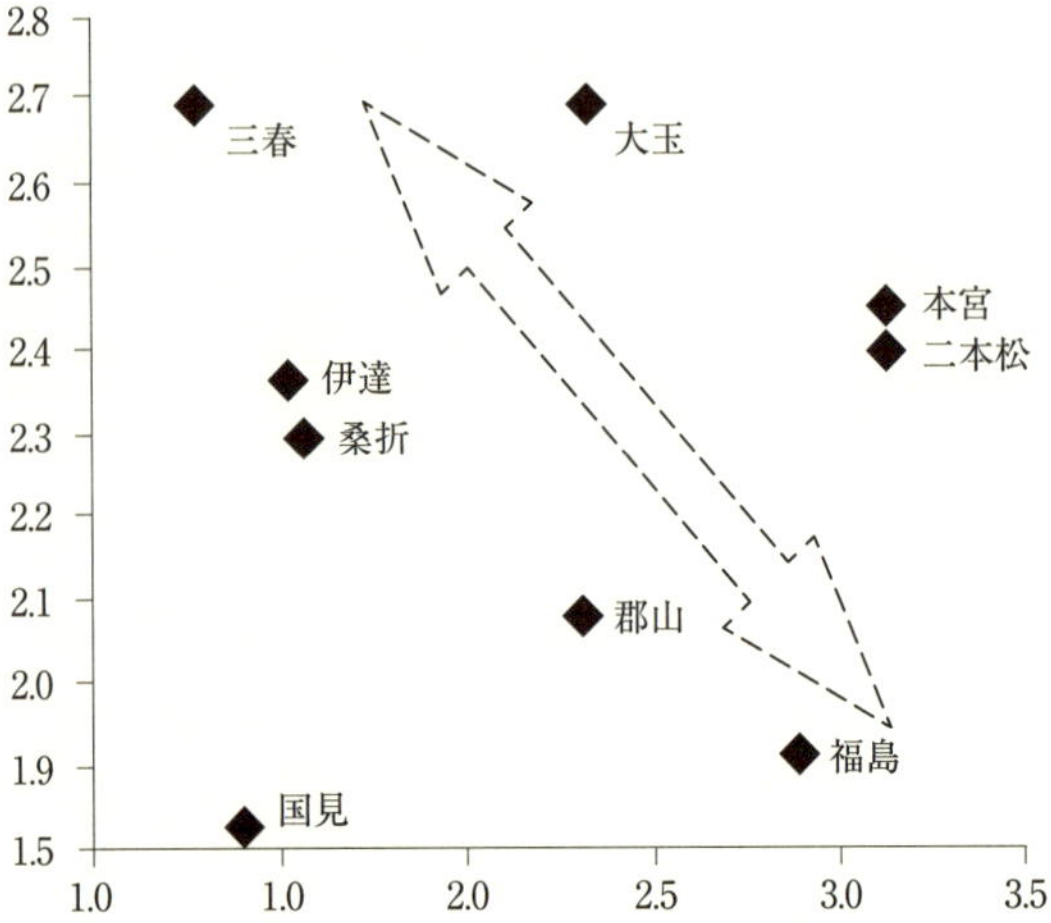

図３　地域線量（平均）と自治体に対する評価（平均）

市町村の規模も関係するのではないか。規模の大きい自治体は、予算も多いが、サポートを必要とする住民も多い。規模が大きくなればなるほど、「身近」な感覚も薄れ、きめ細やかな対応もしにくくなるかもしれない。さまざまなサポート体制を整備したとしても規模の大きな自治体だと、利用のしやすさという点でも支障が出るかもしれない。

「市内にペップキッズができ、市では満足したつもりのように見えますが、私の地域では遠く、ママさん達はあまり利用していません。小さくてもいい、各行政センターに遊べる施設、スペースを設けて欲しいというのが、私の地域のママさん達の意見なのです」（郡山市）

「友人が本宮市に住んでいますが、何をするにも対応が早く、なぜ郡山市は……という思いをしたか分かりません」（郡山市）

「屋内無料遊具施設を各町内会に作ってほしい」（福島市）

「室内遊び場が増えて来ているが、子どもの数の割合に比べ、少なすぎる（特に郡山市、福島市）」

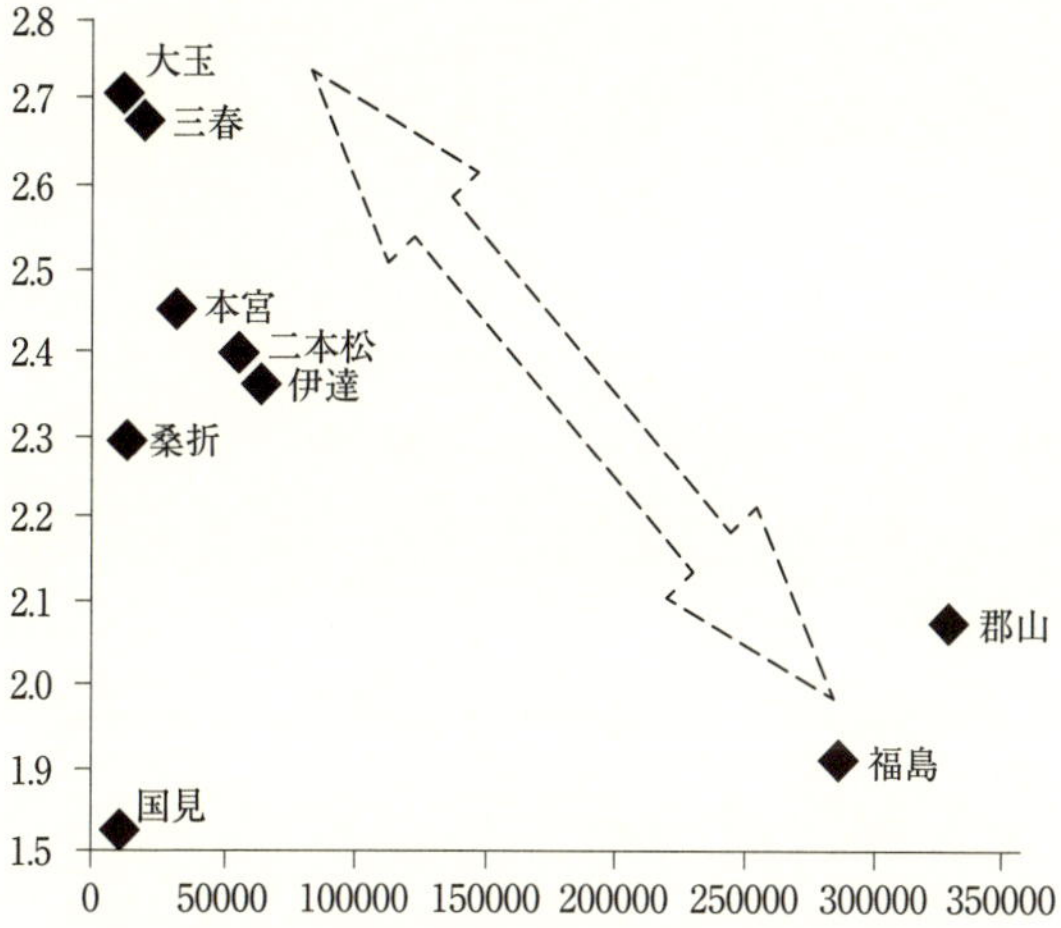

図４　自治体の人口と自治体に対する評価（平均）

図４は、横軸を各自治体の人口（二〇一二年五月時）としたものである。ここからわかると

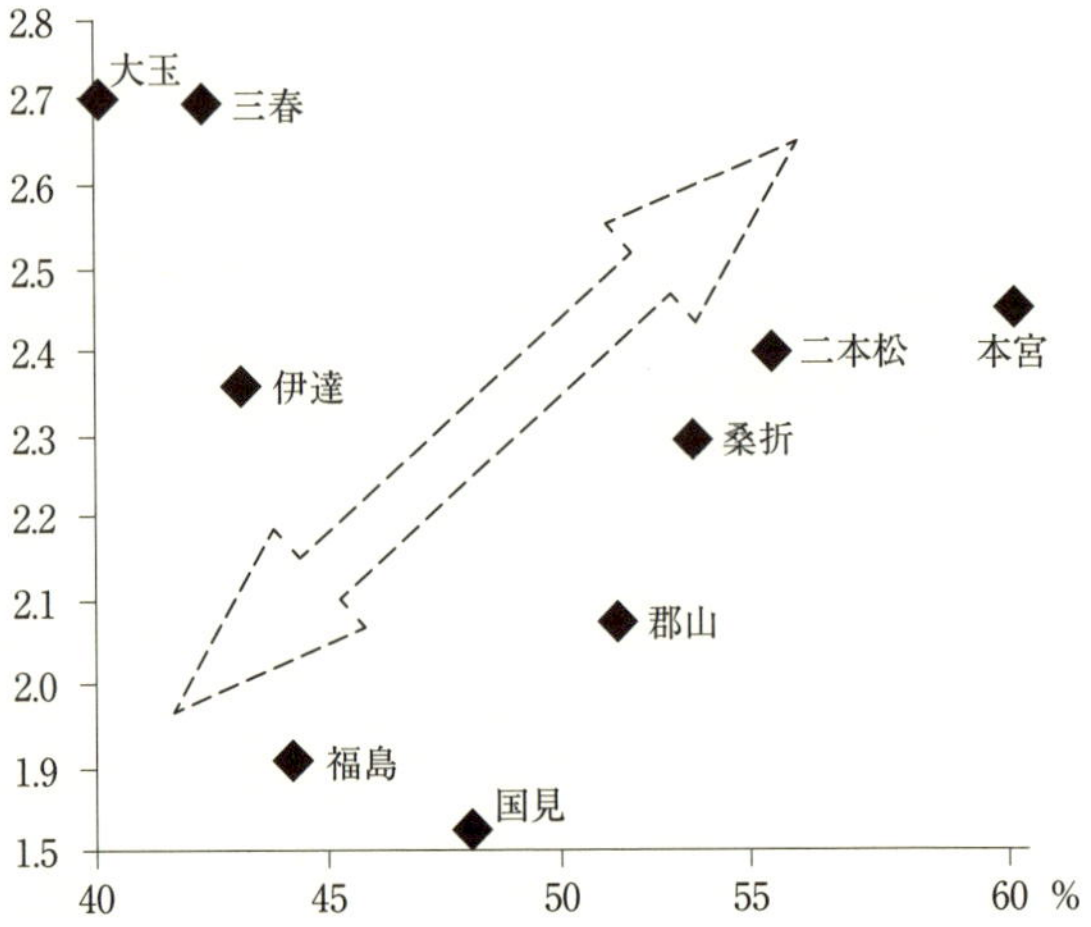

図5　育児関連サービス利用率と自治体に対する評価（平均）

おり、福島と郡山という大規模自治体とそれ以外の市町村では評価の平均値に違いがみられる。くわえて、大玉、三春という町村と伊達、二本松、本宮という市のあいだには若干ながら平均値に違いがみられる。ここからすると、自治体の規模も評価に関連しているのではないか。ただし、国見と桑折はやや外れた位置にある。

　あわせて、日常的な育児サポートとの関連も確認してみよう。調査では「市町村が提供している育児関連サービス（ファミリーサポートや支援センター）」を利用しているかどうかをたずねている。その利用率と事故対応の評価との関連を図5に示した。

　図をみると、育児関連サービスの利用率もまた、自治体に対する評価と関連しているようだ。利用率が半分以下の福島、国見で評価が低く、逆に利用率が六割近い本宮は市のなかではもっとも評価が高い。ここでは、伊達と三春、大玉がやや外れた位置にある。

以上のように、自治体の評価は、各市町村の事故対応そのものへの評価とあわせて、地域の線量、自治体の規模、そして日常的な育児関連サービスの利用率と関連していることがわかった。この結果からすると、地域の除染、広域自治体におけるきめ細やかなサービス、育児関連サービスの充実といったことが、小さな子どもをもつ母親にとって、自治体への信頼を高めることになると推察される。

もちろん、自治体だけにその責任を負わせてはいけない。調査の回答者もよく認識しているように、より大きな責任を負っているのは国と東京電力である。国や県はとくに、小規模な自治体において、事故後の対応が十分に行えないで苦労しているところはないか、大規模な自治体において、きめ細やかな対応を取ることに困難をかかえていないか、といった点についても、できる限りのサポートをすべきである。

3 行政不信とコミュニティ意識

ここまでの分析で、国、自治体、東電に対する評価は厳しいものがあること、とくに、国と東電に対する評価はきわめて厳しいことを確認した。具体的には対応の不十分さ、遅さがよく指摘され、東電に対しては補償を求める意見が非常に多かった。また、「安全だ」というアピールがかえって不信感を募らせていることもうかがうことができた。また、市町村に対する評価には、ばらつきがあり、地域の線量、自治体の規模、育児関連サービスの利用率が関連していることがわかった。

では、行政に対する不信感は地域にどのような影響をもたらすのだろうか。最近の研究では、地域に対する愛着や周囲の人々に対する信頼感が政治や行政に対する信頼と関連することが指摘されている。(4) そのどちらが原因でどちらが結果であるか、については議論があるが、原発事故による放射能汚染や自治体に対する不信感が地域に対する愛着とどのように結びついているか、分析を試みた。

まず、原発事故以前と調査時点でともに同じ地域に居住している人に限定して、地域に対する愛着度をみた。調査では、「私はこの地域が好きである」という項目について、「あてはまる」「どちらかといえばあてはまる」「どちらかといえばあてはまらない」「あてはまらない」の四択で回答してもらった。事故以前について、「あてはまる」と回答したのは六一・四%であったが、調査時点ではそれが三八%まで減少している。もっとも、「どちらかといえばあてはまる」まで加えると、現在でも七六・六%の人が「この地域が好き」と回答している。しかし、残念ながら事故の影響で愛着度が減少してしまったのは確かなようだ。

では、愛着度の減少は、放射能汚染や自治体に対する評価と関連しているのだろうか。図6をみると、そのどちらも関連していることがわかる。より影響が大きいのは放射能汚染だ。地域の汚染が深刻だと考えている人は、そうではないと考えている人よりも愛着をもつ割合が明らかに

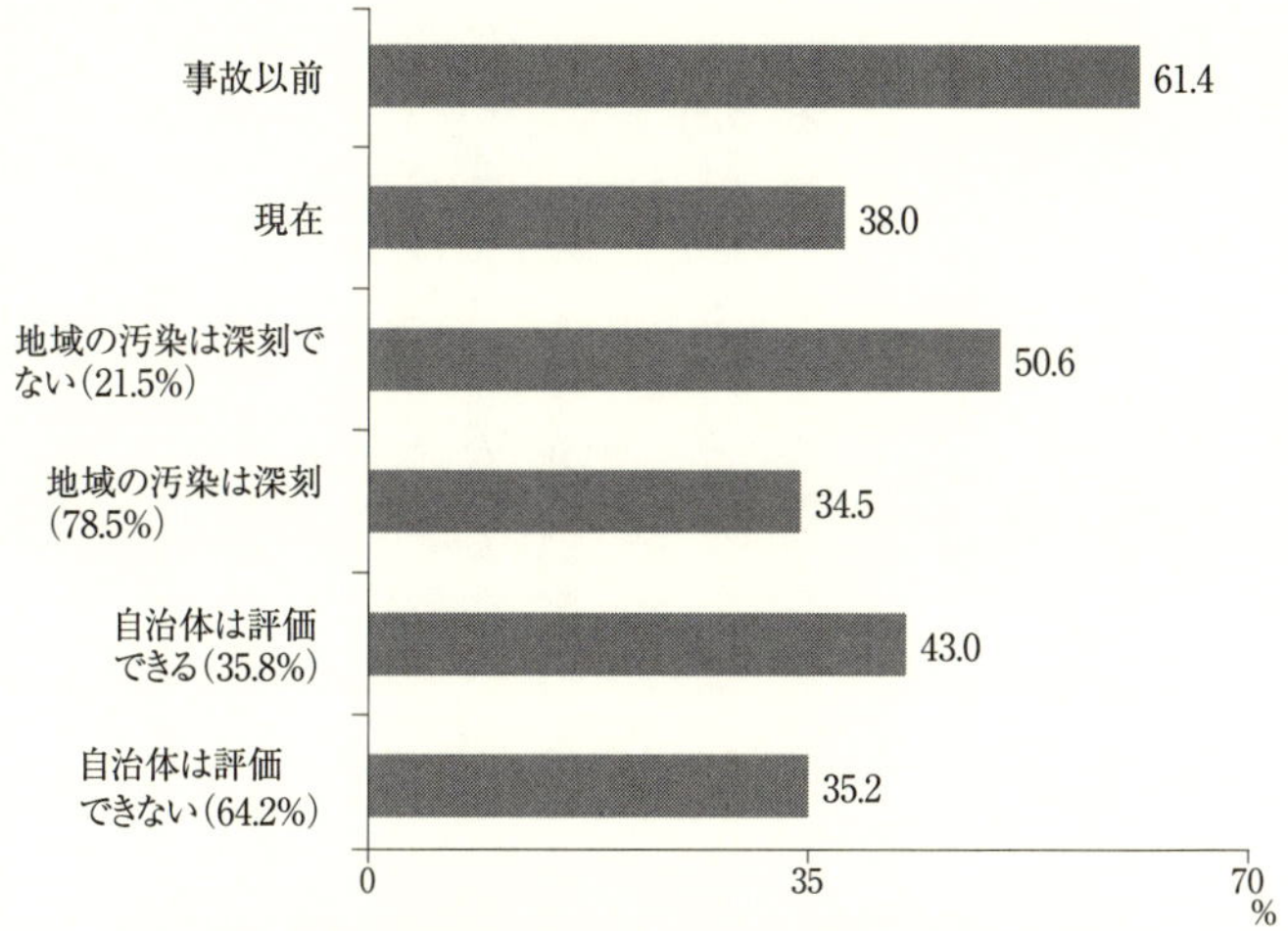

図６　地域への愛着の減少（「私はこの地域が好きである」に「あてはまる」と回答した割合）

少ない（三四・五％と五〇・六％）。また、市町村は評価できないと考えている人は、評価できると考えている人よりも愛着をもつ割合が少ない（三五・二％と四三・〇％）。このように、放射能汚染と自治体に対する評価は地域への愛着度と関連しており、なおかつ、地域の汚染は深刻だと考えている人、市町村は評価できないと考えている人は、調査の対象となった母親たちのなかでは多数を占めているのだ。

この結果から考えるならば、放射能汚染対策はもちろんだが、市町村の信頼回復もとても重要であるといえるだろう。行政と住民と

（4）稲葉陽二、二〇一一年、『ソーシャル・キャピタル入門』、中央公論新社

の信頼関係がじゅうぶんでなければ、さまざまな施策もうまく効果が出ないかもしれない。くわえて、行政に対する不信がずっと続くようであれば、避難をせずにこの地域で生活することを選んだ人たちの地域への愛着をも失わせることになりかねない。住民の愛着が失われてしまうならば、地域の再生・復興はより困難なものとなるだろう。

国や自治体は、本書に載せられたような母親たちの切実な声に耳を傾けてほしい。それは時間と労力のかかることかもしれないが、これらの声をふまえた施策がなされなければ、信頼の回復はいつまでたってもなしえないのではないか。これからの時代を担う人たちの地域への愛着までも失ってしまわぬよう、真摯に向き合ってほしい。

「放射能を安心している人はきっと居ないと思うけれど、すごく不安になっている人で動ける人はもう母子避難などして居ないし、不安でも移動出来ない人が、それともっと大切な人(お父さんとのきずな)家族の重みを大切と考えて、ここに住みつづける人々、意識をしっかりと持ち、正しく怖がる知識を得ようという人、さまざまな考えの人たちが、知恵や情報を出し合って、見つけあっていけるかなと思います。そこ、もっとオープンに出来て、もっと気軽に色んな立場の人が話ができてそれを全ての立場の人が、応援しあえるような世の中になって欲しいよねと思います」

終章　終わらない被災の時間

1　放射能汚染リスクのストレス反応メカニズム

これまで第1部と第2部で紹介してきた内容を踏まえて、ここでは、現段階の暫定的な調査研究の知見をまとめておきたい。第1部第1章で指摘したとおり、原発事故の場合、放射能被ばくの不可視性、長期持続性、社会的差別を伴うといった特徴があり、特有のストレス反応メカニズム（機序）を呈するものと考えられる。結論を先取りして述べると、放射能への被ばくそのものが、直ちに被害の程度を決めるわけではなく、心理社会的要因ならびに社会経済的要因が相互に関連し、複雑に絡み合って、具体的な被害を規定する。特に、放射能被ばくの不可視性を背景要因とし、怨恨感情、情報不信・不安、健康不安、差別不安、生活への影響、社会経済的な被害などが相互に関連し、認知的評価、リスク対処行動、ストレス反応を規定する。これらの関連を図示すると、次のようになる。

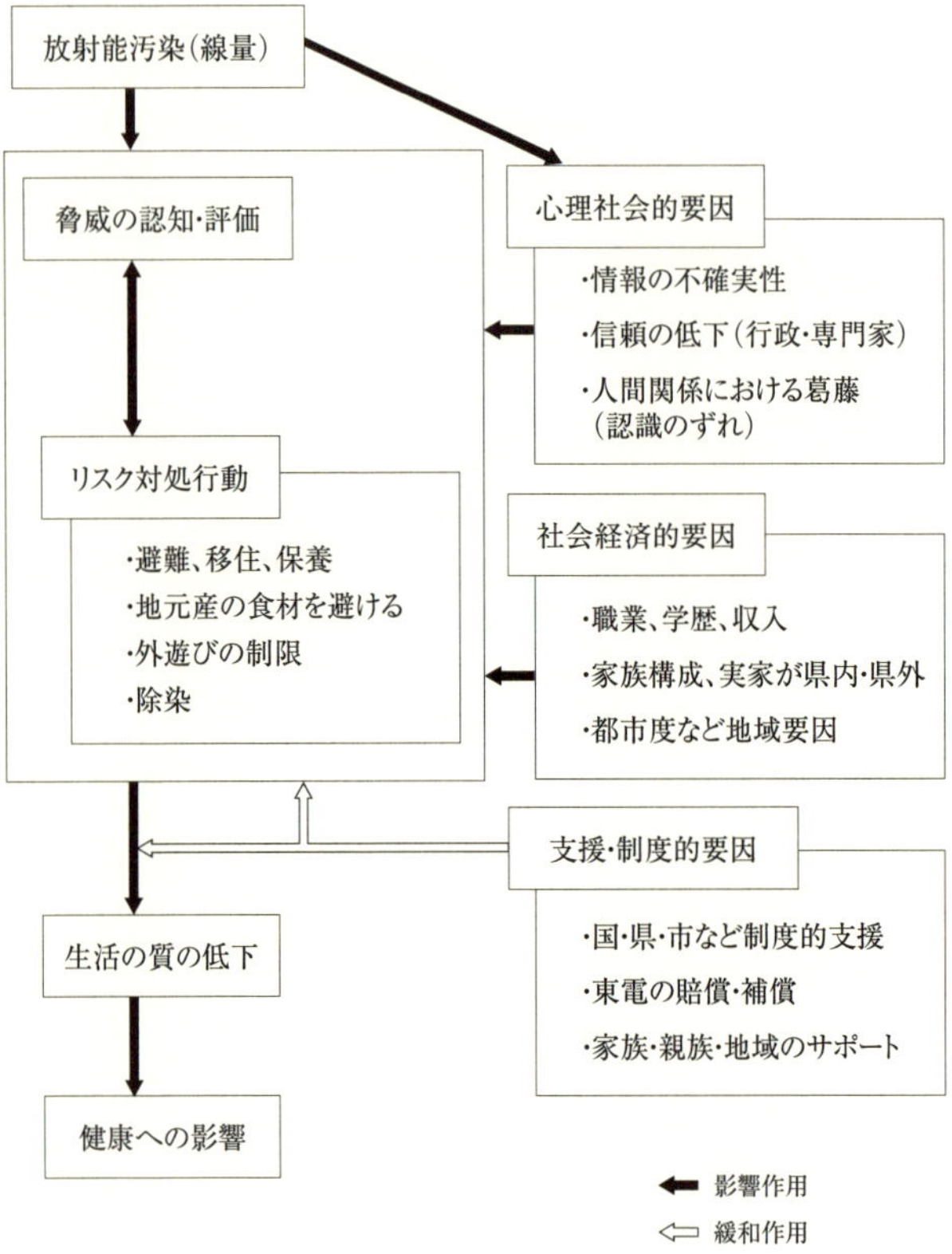

2 情報の不確実性

原発事故により、福島県中通り地域は、これまで暮らしてきた生活空間の放射能被ばくのリスクが高まった。このことが親子のこれまでの生活を大きく変え、これまで述べてきたとおり、原発事故から二年となる調査時点においても、親は子どもの外遊びや食生活など日常生活において不安を抱えながら暮らしている。その際、地域の放射線量が高いか低いかといった点に加えて、放射能の健康への影響をめぐる情報の不確実性が親子にとって大きな不安要因となっている。

第一に、放射能に関して、誰の、どの情報を信じればよいかわからないという情報の不確実性、第二に、行政や東京電力、医療関係者、専門家などの「信頼の低下」などが心理社会的要因にあたる。その結果、将来、後悔しないために何か対策や行動をとりたいが、どの方法が正しいかわからない状況が事故当初から継続している。情報内容の矛盾や情報発信主体に対する不信は、不的確な対処行動の原因となり、これを解消することは容易ではない。また、苦痛を伴う不安やストレスに加えて、あきらめの感情を生んでいる。福島が忘れられていく不安、もっと知ってほしいという要望、関心が薄れることによって今後サポートしてもらえなくなるのではないかという危惧へつながっている。

3　人間関係における葛藤（認識のずれ）

夫婦、両親や親族との間に「放射能が安全かそうでないか」「避難するべきかそうでないか」「どのように子どもを守っていくか」などについて認識のずれがあり、人間関係に苦しむ声が多い。意見の対立による葛藤《かっとう》と軋轢《あつれき》が生じ、関係の破綻にいたるケースもある。また、近所の友人や知人との間にも考え方の相違があるため、意見の対立や関係の悪化に発展することも少なくない。争いを避けるため本音や不安を口にできない、あるいは考えを押し付けられるというストレスが生じている。外部の人との関係では、福島県出身者であるということによる差別や偏見の不安が多く指摘されている。これは、ほとんどの子どもをもつ親が感じている、子ども達の将来に対する不安となっている。

4　リスク対処行動をとることによって、さらに不安・ストレスが生じる

放射線に対する恐怖に前述したような心理社会的要因が加わることによって、不安やストレスが増幅されるが、こうした不安、ストレスに対して、「避難・移住・保養」、「地元産の食材を避ける」、「子どもの外遊び制限」、「自ら行う除染」などのリスク対処行動がとられる。リスク対処行動は社会経済的要因が大きく関わり、「職業・学歴・収入」といった経済的要因、「家族構成」、

成」、「実家が県内か県外か」、「都市度など地域要因」に左右される。家族構成においては、子どもの学齢によっては転校が困難なケースもみられ、それが足かせとなることが多々ある。例えば、学齢期の年長きょうだいがいる場合、子ども自身が環境を変えることへの抵抗を示すことが多く、避難へのハードルが高くなる。また避難に踏み切った結果、子どもが新しい環境に適応できず避難先から戻ってくるケースもみられる。また、実家が県内にあるか県外にあるかによって避難に対する意識に差があり、県外にあることが中長期の避難の可能性を高めている実情がある。

外遊びの制限によって、週末や休暇を利用して放射線量の少ない地域へと出かけていく保養への関心は高いが、経済的な負担が重くのしかかる。地元産食材を避けること、自費での除染同様、いつまで続けられるのかという不安・ストレスへとつながっていく。

このように、リスク対処行動をとることによって経済的負担が生じ、逆に生活の質が低下する場合も往々にしてありえる。その生活環境の悪化を防止する外的支援として「国・県・市など制度的支援」、「東電の賠償・補償」、「家族・親族・地域のサポート」が挙げられるが、寄せられた自由回答を見る限り、十分でない実情が浮き彫りになっている。行政に対しては対応の遅さ、不十分さ、不合理さなどが指摘されている。社会保障への関心も高まっており、子どもの健康や経済的な不安を社会保障の次元で取り組んでほしいという気持ちの表れであると考えられる。東電からの賠償の打ち切りに対する不満や、子どもの将来の健康被害に対する賠償が適切になされるかという不安、実害に対し賠償されないことに対する不満や賠償範囲の線引きに対する不満が多く伝わってくる。また、補償金だけではなく室内の遊び場の拡充など、ハード面での支援を望む声も聞かれる。保養プログラムに大きな需要があるにもかかわらず供給が十分でなく、むしろ減少傾向にあるため、その拡充を求める声も多い。

これらさまざまな要因の結果、生活の質が低下し、それに起因するさまざまな健康への影響が発生している。子ども達にみられる健康への影響に関して、親からは「家族が離れ離れになることによる情緒不安定」「外遊びの制限よる体力の低下・ストレス・体重増加」などの意見が見られた。また、国内外で用いられている尺度を用いた評価では、同年代に比べて、かんしゃくを起こしやすい、他の子とけんかになったりいじめたりする、大人に対して口答えをするなどの攻撃的・反社会的な行動に代表される外在化問題行動を抱えていることがわかった。原発事故との因果関係は不明であるが、甲状腺のしこり（嚢胞《のうほう》）、鼻血、運動・体力不足、皮膚異常、風邪をひきやすいなどが指摘されている。子どもの健康被害に対しては、継続的な検査による早期発見と予防が適切に実施されることが望まれる。

一方、親への健康影響は、放射能汚染に起因する不安・ストレスが精神的健康の低下に表れてきている。放射能被ばくによる子どもの現在及び将来の健康と差別への不安、人間関係から感じるストレス、経済的負担によって生じる家族内の放射能対処をめぐる認識のずれや葛藤《かっとう》を原因とする愁訴《しゅうそ》・体調不良も指摘されている。また、母親からは出産に関する不安（胎児の健康不安）の声も聞かれる。放射能が流産（死産）の一因となるとの疑念を払拭できずにいる人もいる。

原発事故後の福島県中通り九市町村の親子の放射能被ばくに関する認知的評価、対処行動、生活の質の低下、それによる健康への影響の発生との関連を図式化したのが前記（二五〇頁）の図である。今後、同一対象者への第二回調査と第三回調査を分析し、これらの要因とストレス反応メカニズムを解明することによって、実態把握を行うとともに、支援策を検討することに資することとしたい。

あとがき

二〇一一年三月、福島の母親たちが幼い子どもを抱え、これからの生活を案じて途方にくれていた時、私は福岡で育児休暇をとり、生まれて四ヶ月になる双子の育児に奔走していた。震災が起こり、その後の原発事故で福島が大変なことになっているようだとは、名古屋にいる夫から時折聞いていたものの、私自身はテレビのニュースに目をやる余裕すらなかった。福島と福岡という距離、それは同じく幼い子を持つ母親でありながらも、福島の母親が体験したであろう原発事故後の苦悩を考えると、実際の距離以上に、埋めがたい溝があるかもしれない。そのことこそが、「福島子ども健康プロジェクト」の立ち上げから現在に至るまで、私自身のこのプロジェクトにおける立ち位置を問うているようにも思う。

「福島子ども健康プロジェクト」の調査事務局を務める私のもとには、二〇一三年の一月下旬、第一回調査の調査票を送付してから、調査対象者から計四七件の問い合わせがあった。そのうちのほとんどは、調査主体と調査趣旨の信頼性を確認するものであった。特に、事務局が福岡にあるため「なぜそんな遠い所から福島について調査しようとするのか」「目的は何だ。興味本位でやっているだけではないか」というもの、そして「今までたくさんの調査に協力してきた。しかし、これまで一度も結果をもらったことなどない。私たちを単なるモルモットと考えているのだろう」との質問であった。

こうした問い合わせに、私は概ね次のような回答をしてきた。第一に、私を含む本プロジェクトメンバーは、これまで福島と似たような経験をしてきた水俣病の調査研究に長年関わってきたこと、第二に、調査結果の報告書を必ず送付し、現地での調査結果の報告会を開催する予定であること、第三に、調査結果を広く社会に公表し、福島の親子の現状を知らせ、必要な支援策を提案すること、最後に、私自身も幼い子どもを持つ母親であるため、福島の親子のために少しでも役に立てることがないかと考えていることを伝えた。その結果、ほとんどの母親は、初めこそ口調が厳しかったものの、少し納得されたのか、「それでは、回答するかどうか考えてみます」と言っていただけた。

数ある問い合わせのなかでも、忘れることができない電話がある。福島市内に居住しているというその母親は、怒りのためか、そしてこみあげる涙を必死にこらえているためか、最初から声が震えていた。「なぜ福島県がやっているような調査を何度もするのか。いっしょにやればいいじゃないか。文科省からお金が出ていると言っているが、それならば、そういうお金を子どものために使ってくれないか。こんな個人情報を福岡までばらまかなくてはいけないなんて怒りが収まらない」との内容であった。私が口を挟む隙などなく、最後には私からの言葉を遮るように「遠いし、電話代がかかるので」と言って電話を切られてしまった。

調査をすると、必ず数人の方から苦情が来る。私もこれまで数々の調査を実施してきた経験から、ある程度の苦情には冷静に対応できる自信がある。しかし、この電話に関しては、電話が切れた後、これまで体験したことがない言いしれぬ悲しみに襲われた。この母親が単に苦情を申し立てているのではなく、心底子どものことを思い、それでもどうしようもない現状を嘆き苦しみ絶望していることは、言葉の端々から伝わってきた。幼い子どもを育てている母親だから、福島の母親の痛みが共有できるのではなかろうかと思っていた私の考えはただの傲慢だったのだろうか。私にできることは何なのだろうか。

私たちの「福島子ども健康プロジェクト」設立の目的は、原発事故による放射能汚染とそのリスクにより日常生活に支障や制約を強いられている福島の親子の現状に向き合い、福島の親子と研究者がお互いの知識と体験を持ち寄って、協働して問題解決の糸口を模索していきたいと考えたことにある。いわば、この調査は、福島県民健康調査という行政主導の調査とは違い、行政や企業から独立した研究者と福島の親子がともに手を携えて進めていくプロジェクトを目指したのである。残念ながら、二〇一五年現在においても、本プロジェクトは、私たちが理想とする形態にはほど遠い状態にある。その最大の理由は、もちろん、私たちの働きかけが十分でないことにある。私たちは、調査実施前から現在に至るまで、福島県内の子育て中の母親（保護者）に直接会って話を伺ったり、調査対象者への調査結果の送付や報告会を行ってきたりした。そのうちの数十人とは、その後も連絡を取り合い、現地からの情報を随時知らせていただいている。今後も地道に現地に赴き、調査結果の送付と面接などを通じて、一人でも多くの母親（保護者）と関係を築き上げていくことが必要だと思う。

二〇一四年一月に実施した第二回調査、そして二〇一五年一月から実施している第三回調査においても、自由回答には、「私たちはモルモット扱いされているように感じる」、「子ども達にバースデイカードやクリスマスカードを送るより具体的な支援をしてほしい」、「この調査に協力した結果、何かが変わったということがあるのか」などの記述が散見される。調査回答者の多くは、子どもへの補償の継続、室内遊び場の増設、除染の進行など、目に見える形での支援を私たちに期待している。もちろん、私たちもこのプロジェクトの研究成果を公表することにより、そのような支援策につながることを切に願っている。ただ、残念ながら私たち研究者が出来ることは、原発事故後の福島の親子の声と生活状況を記録し、それを社会に伝えていくことくらいである。そういう自分たちの役目と限界を見極めるしかない。福島原発災害を生き抜いた親子の記録を残すという、私たちが目指す息の長い作業を理解していただけるだろうか。私たちと協働してその作業を続けていただけるだろうか。

本書は、誰よりも「福島子ども健康プロジェクト」の調査対象者のみなさんに向けて企画制作されたものである。調査票送付により、震災と原発事故を思い出し、不快な気分になられた方もおられたかもしれない。伏してお詫び申し上げたい。また、第一回、第二回、第三回の調査に、それぞれ参加していただいた方には、心から感謝申し上げたい。、今後も私たちとともに原発事故後の福島の親子の記録を残すという作業を続けていただければと思う。

二〇一一年十月の「福島子ども健康プロジェクト」の立ち上げ、それに続く二〇一三年一月の

第一回調査の実施にあたっては、多くの方々からご助言とご尽力をいただいた。「子どもたちを放射能から守る全国ネットワーク」の事務局（東京）のIさん、福島市内にある幼稚園の園長夫妻、福島市飯坂町の母親によるサークルを主催するKさんからは、貴重なお話を聞かせていただき、また調査票についてもご助言をいただいた。また、試作版としてつくったアンケート調査票を利用し、上記福島市飯坂町の母親によるサークルの主催者・関係者、福島市内の保育園関係者、白河市の子育て中の母親、桑折町の幼稚園の保護者、いわき市の母親グループにご協力いただき、プレ調査を実施することができた。調査にあたっては、郡山市を除く八市町村、「コープふくしま」、福島民報社、福島民友新聞社から後援をいただいた。二〇一四年九月の調査結果報告会においては、福島市と郡山市からご助言や施設の提供をいただいた。また、福島市議会議員のH氏には、多方面において多大なご協力とご支援いただいた。このように、本調査は、大勢の方のご尽力により成り立っている。改めて心より感謝申し上げたい。

また遅々として進まない執筆作業を根気強く待っていただいた石風社の福元満治さんにも感謝申し上げたい。福元さんの力強い応援がなかったら、本の完成には至らなかっただろう。

最後に、この場を借りて、日々お世話になっている、「福島子ども健康プロジェクト」事務局の井上美紀さん、吉原由樹さん、川西美香子さんに御礼を言いたい。調査データ整備、図表の製作、調査対象者への連絡などでこのプロジェクトを支えてくれている。また、本書の製作に先立って、調査票の自由回答を何度も読み返し、その分類作業をサポートしてくれた柴尾知宏君（第六八期司法修習生）と落合玲奈さん（福岡大学法科大学院）、本の草稿を丁寧にチェックしてくれた橋本由紀さん（中京大学成研究室）、佐藤磨美さん（福岡大学薬学部）、竹山由夏さん（福岡大学薬学部）にも御礼申し上げたい。また、福岡大学に調査研究の事務局を置くことを快く許可し、何かと便宜をはかっていただいた福岡大学医学部衛生・公衆衛生学教室の守山正樹教授ならびに教室の皆さんに心より御礼申し上げたい。

本調査研究の資金源

①科学研究費・基盤研究（B）「原発災害における母親のリスク対処行動の規定要因の探索と支援策についての研究」（福岡大学医学部・守山正樹、福島大学共生システム理工学類・永幡幸司、いわき明星大学人文学部・高木竜輔、東海大学健康科学部・田中美加の各氏との共同研究）

②科学研究費・基盤研究（C）「災害ストレスに脆弱な母子に対する心理社会的支援とそのためのシステム構築」

③二〇一四年度中京大学特定研究助成「原子力市民防災学の構築：福島とチェルノブイリの教訓を未来へ」

なお、「福島子ども健康プロジェクト」の研究目的、速報値、新聞報道などに関しては、ホームページ（www.fukushima-child.org）を参照されたい。

調査の回答者へこれまで送付した調査記録物

「福島原発事故後の親子の生活と健康に関する調査報告書（速報）」二〇一三年七月

「福島原発事故後の親子の生活と健康に関する調査報告書（速報）」二〇一四年七月

「個票　〇〇ちゃん／〇〇くんの保護者様の原発事故後の生活変化」二〇一四年十二月

「1,200 Fukushima Mothers Speak ――アンケート調査の自由回答にみる福島県中通りの親子の生活と健康」中京大学現代社会学部紀要抜刷　二〇一四年十二月

「700 Fukushima Mothers Speak ――二〇一四年アンケート調査の自由回答にみる福島県中通りの親子の生活と健康」中京大学現代社会学部紀要抜刷　二〇一四年十二月

「福島子ども健康プロジェクト」の既刊論文

成元哲・牛島佳代・松谷満、2013、終わらない被災の時間――原発事故後の福島県中通り九市町村の親子の不安、リスク対処行動、健康度、中京大学現代社会学部紀要、7(1): 109-167.

牛島佳代・成元哲、2013、育児支援ネットワークと母親の健康に関する日韓比較研究、中京大学現代社会学部紀要、7(1): 59-88.

松谷満・牛島佳代・成元哲、2013、福島原発事故後の健康不安・リスク対処行動の社会的規定因、中京大学現代社会学部紀要、7(1): 89-108.

松谷満・牛島佳代・成元哲、2014、自治体別に見る福島原発事故後の意識と行動―福島子ども健康プロジェクト二〇一三年調査報告、中京大学現代社会学部紀要、7(2): 151-174

成元哲、2014、放射能災害下の子どものウェルビーイング——福島原発事故後の中通りの親子の生活と健康調査から、東海社会学会年報、6: 7-24.
成元哲・牛島佳代・松谷満・阪口祐介、2014、放射能災害下の子どものウェルビーイングの規定要因——原発事故後の福島県中通り九市町村の親子の生活・健康調査から、環境と公害、44 (1) : 41-47
成元哲・牛島佳代・松谷満、2014、1,200 Fukushima Mothers Speak ——アンケート調査の自由回答にみる福島県中通りの親子の生活と健康、中京大学現代社会学部紀要、8 (1) : 91-194.
牛島佳代・成元哲・松谷満、2014、福島県中通りの子育て中の母親のディストレス持続関連要因——原発事故後の親子の生活・健康調査から、ストレス科学研究、29: 84-92.
松谷満・成元哲・牛島佳代・阪口祐介、2014、福島原発事故後における「自主避難」の社会的規定因——福島県中通り地域の母子調査から、アジア太平洋レビュー、11 : 68-77.
成元哲・牛島佳代・松谷満、2015、700 Fukushima Mothers Speak ——二〇一四年アンケート調査の自由回答にみる福島県中通りの親子の生活と健康、中京大学現代社会学部紀要、8 (2) : 1-74.

二〇一五年二月十二日

福島子ども健康プロジェクト

牛島　佳代

福島原発事故後の親子の生活と健康に関する調査

福島子ども健康プロジェクト

この度は、文部科学省科学研究費の助成を受け、福島市、郡山市、二本松市、伊達市、桑折町、国見町、大玉村、三春町、本宮市の中通り９市町村の３歳児をもつお母様（不在の場合は、保護者）を対象に、福島原発事故後の親子の生活と健康を把握する目的でアンケート調査を行うこととなりました。この調査の結果を踏まえて、小さなお子さんが健やかに成長する環境を作っていきたいと考えています。本調査票に記載された個人情報は、統計的に分析された上で公表するため、個人が特定されることはありません。調査票がお手元に届きましたら、恐れ入りますが、おおむね２週間を目安にご返送くださるようお願いします。

＊本調査は以下の市町村・新聞社・団体から後援を得ています。
福島市、二本松市、伊達市、桑折町、国見町、大玉村、三春町、本宮市
福島民友新聞社、福島民報社、コープふくしま

私たちはこのアンケート調査に協力します。

お子様のお名前（ふりがな）：＿＿＿＿＿＿＿＿＿＿（＿＿＿＿＿＿＿＿＿＿）

お母様（不在の場合は、保護者）のお名前：＿＿＿＿＿＿＿＿＿＿（お子様との続柄＿＿＿＿＿）

今日（このアンケートに答える日）の日付：　平成＿＿＿年＿＿＿月＿＿＿日

お子様の生年月日：　平成＿＿＿年＿＿＿月＿＿＿日　　性別　：　男の子　・　女の子

ご住所　：　〒＿＿＿＿＿＿＿＿＿＿＿＿＿＿＿＿＿＿＿＿

電話番号（自宅、携帯）　：　（＿＿＿＿＿）＿＿＿＿＿－＿＿＿＿＿

はじめに、お子さんの生活状況と健康状態についてお聞きします

問1　このアンケートは、生年月日が2008年（平成20年）4月2日から2009年（平成21年）4月1日までのお子さんを対象にしています。対象になっているお子さんの身長・体重等を教えてください（母子健康手帳をご参照ください）。

	身長	体重	出産週数
出生時	（　　　）cm	（　　　）g	（　　　）週
3歳児健診時（未受診の場合は現在）	（　　　）cm	（　　　）kg	

問2　そのお子さんは何人きょうだいの何番目ですか。

（　　　）人きょうだいの（　　　）番目

2－1　長子と末子の年齢を教えてください。お子さんがお一人の場合は、空欄で結構です。

長子（　　　）歳、　末子（　　　）歳

問3　そのお子さんのここ半年くらいの間の起床・就寝時間を教えてください。

起床：おおよそ　午前（　　　）時　（　　　）分
就寝：おおよそ　午後（　　　）時　（　　　）分

問4　そのお子さんは、保育園・幼稚園・託児所などにいつ頃から、週何日、通っていますか。

平成（　　　）年（　　　）月から通っている
平均して、週（　　　）日、通っている
「まだ通っていない」場合は、こちらに○をつけてください（　　　）

問5　そのお子さんは、一日に平均して何時間くらい屋外で遊んでいますか。それぞれの時期について、あてはまるもの一つに○をつけてください（保育園などでの屋外遊び時間を含む）。

	まったく遊ばない	30分以内	1時間以内	2時間以内	2時間以上
原発事故～半年間	1	2	3	4	5
ここ半年間	1	2	3	4	5

問6　そのお子さんのここ半年くらいの間の健康状態について、あてはまるもの一つに○をつけてください。

1．良い　　3．あまり良くない

2．まあまあ良い　　4．良くない

1

問7　そのお子さんのここ半年くらいの行動についておうかがいします。それぞれの項目について、あてはまるもの一つに○をつけてください。

	あてはまらない	まあ あてはまる	あてはまる
他人の気持ちをよく気づかう	1	2	3
おちつきがなく、長い間じっとしていられない	1	2	3
頭がいたい、お腹がいたい、気持ちが悪いなどと、よくうったえる	1	2	3
他の子どもたちと、よく分け合う（おやつ・おもちゃ・鉛筆など）	1	2	3
カッとなったり、かんしゃくをおこしたりする事がよくある	1	2	3
一人でいるのが好きで、一人で遊ぶことが多い	1	2	3
素直で、だいたいは大人のいうことをよくきく	1	2	3
心配ごとが多く、いつも不安なようだ	1	2	3
誰かが心を痛めていたり、落ち込んでいたり、嫌な思いをしているときなど、すすんで助ける	1	2	3
いつもそわそわしたり、もじもじしている	1	2	3
仲の良い友だちが少なくとも一人はいる	1	2	3
よく他の子とけんかをしたり、いじめたりする	1	2	3
おちこんでしずんでいたり、涙ぐんでいたりすることがよくある	1	2	3
他の子どもたちから、だいたいは好かれているようだ	1	2	3
すぐに気が散りやすく、注意を集中できない	1	2	3
目新しい場面に直面すると不安ですがりついたり、すぐに自信をなくす	1	2	3
年下の子どもに対してやさしい	1	2	3
よく大人に対して口答えする	1	2	3
他の子から、いじめの対象にされたり、からかわれたりする	1	2	3
自分からすすんでよく他人を手伝う（親・先生・子どもたちなど）	1	2	3
よく考えてから行動することができる	1	2	3
他の人に対していじわるをする	1	2	3
他の子どもたちより、大人といる方がうまくいくようだ	1	2	3
こわがりで、すぐにおびえたりする	1	2	3
ものごとを最後までやりとげ、集中力もある	1	2	3

問８　あなたとそのお子さんとのふだんの生活についておうかがいします。それぞれの項目について、もっとも近いもの一つに○をつけてください。

	ほぼ毎日	週に3～4回	週に1～2回	月に1～3回	めったにない
お子さんと一緒に遊ぶ機会（子どもと向き合って過ごすこと）	1	2	3	4	5
お子さんと一緒に買い物に行く機会	1	2	3	4	5
お子さんに本を読み聞かせる機会	1	2	3	4	5
童謡やお子さんの好きな歌を一緒に歌う機会	1	2	3	4	5
お子さんと公園など散歩に行く機会	1	2	3	4	5
お子さんと同じくらいの年齢の子どもを持つ友人や親戚と訪問し合う頻度	1	2	3	4	5
お父さん（または父親代わりとなる人）の育児に参加する頻度	1	2	3	4	5
お子さんが両親（または母親、父親の代わりとなる人）と一緒に食卓を囲んで食べる機会	1	2	3	4	5

問９　そのお子さんにここ半年くらいの間に次のような症状が見られましたか。それぞれの項目について、あてはまるもの一つに○をつけてください。

	よくある	ときどきある	あまりない	まったくない
頭痛	1	2	3	4
腹痛・胃痛	1	2	3	4
嘔吐・下痢	1	2	3	4
食欲不振	1	2	3	4
せきが出る	1	2	3	4
のどの痛み	1	2	3	4
皮膚のかゆみ	1	2	3	4
鼻血	1	2	3	4
発熱	1	2	3	4
風邪	1	2	3	4
疲れやすい	1	2	3	4
眠れない（夜中に目を覚ます）	1	2	3	4

9－1　ここ半年くらいの間に、上記の症状で医師の診断を受けたものはありますか。ある方は、その診断名をお書きください。

1. ない
2. ある　→　（　　　　　　　　　　　　　　　　　　）

3

次に、福島原発事故後の生活についてお聞きします

問１０　ご自宅の放射線量について、原発事故後と現在のもっとも高い線量を教えてください。わからない場合は、「？」を記入してください。単位はμＳｖ（マイクロシーベルト）。

	原発事故〜半年間	現在
ご自宅の室内	（　　　　）μSv	（　　　　）μSv
ご自宅の周囲	（　　　　）μSv	（　　　　）μSv

問１１　原発事故直後、事故半年後、この一ヶ月間、以下のようなことはありましたか。それぞれの項目について、選択肢のなかからもっとも近い数字一つを記入してください。

選択肢：１．あてはまる　２．どちらかといえばあてはまる　３．どちらかといえばあてはまらない　４．あてはまらない

	原発事故直後	事故半年後	この１ヶ月間
地元産の食材は使わない			
洗濯物の外干しはしない			
放射線量の低いところに保養に出かけたいと思う			
できることなら避難したいと思う			
放射線の健康影響についての不安が大きい			
福島で子どもを育てることに不安を感じる			
原発事故によって親子関係が不安定になった			
放射能への対処をめぐって夫（配偶者）との認識のずれを感じる			
放射能への対処をめぐって両親との認識のずれを感じる			
放射能への対処をめぐって近所や周囲の人と認識のずれを感じる			
原発事故の補償をめぐって不公平感を覚える			
原発事故後、何かと出費が増え、経済的負担を感じる			

問１２　福島原発事故後、避難した経験はありますか。

１．はい　　→　１２−１にお答えください

２．いいえ　→　問１３へ

１２−１　（問１２に１とお答えの方に）どれくらいの期間、避難しましたか。複数回、避難した場合は、合計の期間を教えてください。

１．１ヶ月未満　　　　　　４．６ヶ月以上〜１年未満

２．１ヶ月以上〜３ヶ月未満　５．１年以上〜１年６ヶ月未満

３．３ヶ月以上〜６ヶ月未満　６．１年６ヶ月以上

問１３　福島原発事故後、あなたの住んでいる地域（地区会・町内会・自治会の範囲）で、どれくらいの人が避難していると思いますか。あてはまるもの一つに○をつけてください。

１．ほとんどいない　　３．２割以上

２．１割程度　　　　　４．わからない

問１４　福島原発事故後、保養（日帰り、週末、長期休暇中など一定期間、放射線量の低い場所でリフレッシュすること）にどれくらいの頻度で出かけていますか。それぞれの時期について、あてはまる番号一つに○をつけてください。

原発事故〜半年間	１．頻繁に出かけた	２．何度か出かけた	３．出かけたことがない
ここ半年間	１．頻繁に出かけている	２．たまに出かけている	３．出かけていない

問１５　保養や避難をするかどうかを決める際に、参考にした情報源は何ですか。あてはまるものすべてに○をつけてください。

１．役所、保健所、医療機関の情報　４．インターネットの情報　７．講演会・勉強会の情報

２．テレビの情報　５．雑誌の情報　８．口コミ

３．新聞の情報　６．本の情報

１５−１　保養や避難をするかどうかの行動を決定づけたものは何ですか。あてはまるものすべてに○をつけてください。

１．自分自身の判断　　４．近所の人の誘い

２．家族・親戚の勧め　５．周囲の流れ（周りがそうするから）

３．友人・知人の勧め　６．その他（　　　　　　　　　　）

問１６　あなたとお子さんの健康状態は、福島原発事故による放射能の影響をどの程度受けていると思いますか。それぞれの欄に、選択肢のなかからもっとも近い数字一つを記入してください。

選択肢：１．影響がある　２．少し影響がある　３．ほとんど影響がない　４．影響がない

	現在の身体の健康	現在の心の健康	将来の身体の健康	将来の心の健康
あなた				
お子さん				

5

お住まいの地域の環境と人間関係についてお聞きします

問１７　あなたのお住まいの地域の状況について、原発事故以前と現在のそれぞれの項目について、選択肢のなかからもっとも近い数字一つを記入してください。

選択肢：１．あてはまる　２．どちらかといえばてはまる　３．どちらといえばあてはまらない　４．あてはまらない		
	原発事故以前	現在
私はこの地域が好きである		
この地域は自分のまちだという感じがする		
この地域に住んでいることに誇りを感じる		

問１８　あなたのお住まいの地域は、放射能による汚染はどの程度深刻だとお考えですか。

１．深刻である
２．ある程度深刻である
３．あまり深刻ではない
４．深刻ではない

問１９　原発事故後の取り組みについてどの程度、評価しますか。それぞれの項目について、あてはまるもの一つに○をつけてください。

	評価する	ある程度評価する	あまり評価しない	評価しない
国	1	2	3	4
福島県	1	2	3	4
お住まいの市町村	1	2	3	4
東京電力	1	2	3	4

問２０　あなたは、お住まいの市町村が提供している下記の育児関連サービスを利用していますか。あてはまるものすべてに○をつけてください。

１．ファミリーサポート
２．児童館・児童センター
３．子育て支援センター
４．子育てサークル
５．母親クラブ
６．放課後児童クラブ

２０－１　上記の他に、市町村に取り組んでほしい育児関連サービスはありますか。

（　　　　　　　　　　　　　　　　　　　　　　　　）

問２１　あなたは、次にあげる団体や組織に加入していますか。あてはまるものすべてに○をつけてください。

１．地区会・町内会・自治会
２．趣味・娯楽・スポーツなどの団体
３．ボランティア・市民活動団体
４．宗教の団体や会
５．親子会、PTA
６．子育てサークル、ママ友サークルなど

問２２　あなたの生活において、何かと助けになってくれる人は何人いますか（同居家族を含む）。

（　　　　　）人

以降の質問では、その方々のうち、思い浮かんだ順に５人までについてお聞きします。１人目の方から順に、Ａさん（　　　）、Ｂさん（　　　）、Ｃさん（　　　）、Ｄさん（　　　）、Ｅさん（　　　）とします。５人に満たない場合は、思い浮かぶ方々の人数分だけ、お答えください。上記の（　　）内は、その方々がどなたであるか、ご自分でわかるように、イニシャルや愛称などをご記入ください。

２２－１　上で上げていただいたそれぞれの方とは、どのような間柄にあたりますか。あてはまるもの一つに○をつけてください。

	Ａさん	Ｂさん	Ｃさん	Ｄさん	Ｅさん
夫または妻	1	1	1	1	1
自分の親	2	2	2	2	2
夫または妻の親	3	3	3	3	3
子ども	4	4	4	4	4
きょうだい	5	5	5	5	5
その他の家族・親せき	6	6	6	6	6
近所の人	7	7	7	7	7
職場や仕事関係の人	8	8	8	8	8
同じ組織や団体に加入している人	9	9	9	9	9
友人	10	10	10	10	10
インターネットで知り合った人	11	11	11	11	11
その他（　　　　　　）	12	12	12	12	12

２２－２　それぞれの方の性別はどちらですか。あてはまるもの一つに○をつけてください。

	Ａさん	Ｂさん	Ｃさん	Ｄさん	Ｅさん
男性	1	1	1	1	1
女性	2	2	2	2	2

２２－３　それぞれの方の年齢を、下記に記入してください。わからない場合は、おおよその年齢で結構です。

	Ａさん	Ｂさん	Ｃさん	Ｄさん	Ｅさん
年齢	（　　）歳	（　　）歳	（　　）歳	（　　）歳	（　　）歳

22－4　それぞれの方とあなたは、どのくらいの頻度で話をしますか（電話やメールなどを含む）。あてはまるもの一つに○をつけてください。

	Aさん	Bさん	Cさん	Dさん	Eさん
ほとんど毎日	1	1	1	1	1
少なくとも週１回	2	2	2	2	2
少なくとも月１回	3	3	3	3	3
年に数回	4	4	4	4	4

22－5　それぞれの方はどちらにお住まいですか。あてはまるもの一つに○をつけてください。

	Aさん	Bさん	Cさん	Dさん	Eさん
同居・敷地内別居	1	1	1	1	1
隣近所に	2	2	2	2	2
それ以外の市町村内に	3	3	3	3	3
県内に	4	4	4	4	4
県外に	5	5	5	5	5

22－6　それぞれの方からどのようなサポート（援助）を受けていますか。あてはまるものすべてに○をつけてください。

	Aさん	Bさん	Cさん	Dさん	Eさん
重要なことを話したり、悩みを相談したりする	1	1	1	1	1
人手がいるときに気軽に手伝いを頼める	2	2	2	2	2
共通の趣味や娯楽を持っている	3	3	3	3	3
一緒に余暇や休日を楽しむ	4	4	4	4	4
何かについて、自分を頼ってくれる	5	5	5	5	5
育児の相談にのってくれる	6	6	6	6	6
外出中に子どもの世話をしてくれる	7	7	7	7	7
まとまったお金を貸してくれる	8	8	8	8	8
放射能の影響について、話したり相談したりする	9	9	9	9	9

あなたの健康についてお聞きします

問２３　ここ半年くらいの間のあなたの健康状態について、あてはまるもの一つに○をつけてください。

１．良い　　　　３．あまり良くない
２．まあまあ良い　　４．良くない

問２４　ここ半年くらいの間に次の症状がありましたか。それぞれの項目について、あてはまるもの一つに○をつけてください。

	よくある	ときどきある	あまりない	まったくない
頭痛	1	2	3	4
腹痛・胃痛	1	2	3	4
嘔吐・下痢	1	2	3	4
食欲不振	1	2	3	4
せきやたんが出る	1	2	3	4
のどの痛み	1	2	3	4
皮膚のかゆみ	1	2	3	4
鼻血	1	2	3	4
肩こり	1	2	3	4
腰痛	1	2	3	4
手足の関節が痛む	1	2	3	4
生理の異常	1	2	3	4

２４－１　ここ半年くらいの間に、上記の症状で医師の診断を受けたものはありますか。ある方は、その診断名をお書きください。

1.　ない
2.　ある　→　（　　　　　　　　　　　　）

問２５　あなたはどのくらいの頻度でお酒（アルコール含有飲料）やたばこをのみますか。対象となっているお子さんの妊娠中と現在、それぞれ、あてはまる数字一つを記入してください。

選択肢：１．毎日　２．週に数回　３．月に数回　４．月に数回以下　５．のまない

	妊娠中	現在
お酒（アルコール含有飲料）		
たばこ		

問２６　原発事故直後、事故半年後、この１ヶ月間、以下のようなことはありましたか。それぞれの項目について、選択肢のなかからもっとも近い数字一つを記入してください。

選択肢：１．よくある　２．ときどきある　３．あまりない　４．まったくない

	原発事故直後	事故半年後	この１ヶ月間
普段と比べて食欲が減ったり、増えたりしている			
いつも疲れやすく、身体がだるい			
寝つけなかったり、途中で目が覚めたりすることが多い			
災害に関する不快な夢を見ることがある			
憂うつで気分が沈みがちである			
イライラしたり、怒りっぽくなったりする			
ささいな音や揺れに、過敏に反応してしまうことがある			
災害を思い出させるような場所や、人、話題などを避けてしまうことがある			
思い出したくないのに災害のことを思い出すことがある			
以前は楽しんでいたことが楽しめなくなった			
何かのきっかけで、災害を思い出して気持ちが動揺することがある			
災害についてはもう考えないようにしたり、忘れようと努力したりしている			

問２７　原発事故直後、事故半年後、この１ヶ月間、どれくらいの頻度で次のことがありましたか。それぞれの項目について、選択肢のなかからもっとも近い数字一つを記入してください。

選択肢：１．いつも　２．たいてい　３．ときどき　４．少しだけ　５．まったくない

	原発事故直後	事故半年後	この１ヶ月間
神経過敏に感じた			
絶望的だと感じた			
そわそわ、落ち着かなく感じた			
気分が沈み込んで、何が起こっても気が晴れないように感じた			
何をするのも骨折りだと感じた			
自分は価値のない人間だと感じた			

あなたご自身のことについてお聞きします

問２８　あなたの年齢を教えてください。

［　　　　］歳

問２９　あなたの性別を教えてください。

1．女性　　　　2．男性

問３０　あなたの婚姻状況を教えてください。

1．既婚（有配偶者）　　2．既婚（離・死別）　　3．未婚

問３１　同居されているご家族の、あなたからみた続柄について、このなかからあてはまるものをすべてに○をつけてください。

１．配偶者
２．子ども
３．父
４．母
５．祖父
６．祖母
７．配偶者の父
８．配偶者の母
９．配偶者の祖父
１０．配偶者の祖母
１１．本人の兄弟姉妹
１２．配偶者の兄弟姉妹
１３．その他（具体的に　　　　　　　）

問３２　あなたとあなたの配偶者のご実家はどちらですか。

１．現住所と同じ
２．同一市町村内（もしくは近隣の市町村）
３．県内の他地域
４．県外

あなた［　　　　］　配偶者［　　　　］

問３３　震災発生時のお住まいはどちらですか。同一市町村内の引越しも所在地を記入してください。

１．現住所と同じ
２．現住所と異なる　→　下記に、所在地を記入してください

（＿＿＿＿＿都道府県＿＿＿＿＿市町村＿＿＿＿＿＿＿）

問３４　現在のお住まいに住みはじめてから何年くらい（延べ年数）経ちますか。

［　　　　］年　［　　　　］ヶ月くらい

３４－１　あなたはこれからも現在の地域に住み続けたいと思いますか。

１．ずっと住み続けたい
２．当分の間は住み続けたい
３．できれば他の地域に引っ越したい
４．すぐにでも他の地域に引っ越したい

問３５　現在のお住まいの住居の種類について教えてください。

１．持ち家
２．賃貸住宅
３．社宅・公務員住宅等の給与住宅
４．借間・その他

11

問３６　あなたとあなたの配偶者の震災前と現在のご職業は、次のどれにあてはまりますか。それぞれについて、あてはまる番号を記入してください。

１．管理職・・・・・・会社・団体の役員や課長以上の管理職、議員、駅長など
２．専門・技術職・・・弁護士、医師、看護士、保育士、教師、僧侶、税理士、研究・開発職など
３．事務職・・・・・・総務・企画事務、経理事務、ワープロ・オペレータ、校正など
４．販売・営業職・・・販売員、小売店主、飲食店主、販売店主、外交員、外回りの営業など
５．サービス職・・・・調理人、美容師、タクシー運転手、ウエイター、クリーニング職など
６．生産工程・労務職・・工場作業者、建設作業員、清掃員、トラック運転手、整備士、大工など
７．保安職・・・・・・警察官、消防士、警備員など
８．農林漁業・・・・・農業、漁業、養畜、林業、造園師、植木職など
９．無職

	震災前	現在
あなた		
配偶者		

３６−１　震災前と現在のあなたとあなたの配偶者の雇用形態は次のどれですか。それぞれについて、あてはまる番号を記入してください。

１．フルタイム雇用者（常時雇用者）
２．パート・アルバイト・契約社員・派遣社員
３．自営業主、またはその家族従業者
４．専業主婦（主夫）
５．会社の経営者・役員
６．失業中

	震災前	現在
あなた		
配偶者		

問３７　あなたとあなたの配偶者が最後に卒業した学校はどちらですか。それぞれについて、あてはまる番号を記入してください。

１．中学校
２．高校
３．専修学校（専門課程）
４．高専・短大
５．大学・大学院

あなた［　　　］　　配偶者［　　　］

問３８　あなた個人の分を含めて、同居している家族全体で去年１年間の収入（世帯年収）（税込み、仕送りなども含む）はどれくらいですか。

１．200 万円未満
２．200 万円〜400 万円未満
３．400 万円〜600 万円未満
４．600 万円〜800 万円未満
５．800 万円〜1, 200 万円未満
６．1, 200 万円以上

問３９　お宅の現在の家計の状態についてどのようにお考えですか。

1．ゆとりがある
2．どちらかといえばゆとりがある
3．ふつう
4．どちらかといえば苦しい
5．なかり苦しい

長い時間、ご協力いただき、ありがとうございました。この貴重なご意見をもとに、今後、小さなお子さんを持つお母様たちが、原発事故や子育てに関する不安を自由に語り合う場を作りたいと考えております。下記、ご自由にご意見をお書きください。

著者紹介

成 元哲（そん うぉんちょる）

1966年生まれ。東京大学大学院人文社会系研究科博士課程単位取得満期退学、修士（社会学）。現在、中京大学現代社会学部教授、「福島子ども健康プロジェクト」代表。1992年、韓国から日本の公害・環境問題を勉強するために来日。以来、原発建設の是非を問う新潟県巻町の住民投票運動、埼玉県所沢市のダイオキシン汚染問題、不知火海沿岸地域の水俣病問題などを勉強してきた。福島の地酒が大好きな双子の父。

序章／第1部／終章

主要著書
「巻原発住民投票運動の予言――リスク社会の啓示」『現代思想』（2011年）
「水俣病大量申請を生み出す社会的要因の探索」『中京大学現代社会学部紀要』（2008年）
『社会運動の社会学』（共編著、2004年、有斐閣）

牛島 佳代（うしじま かよ）

1969年生まれ。熊本大学大学院医学研究科博士課程単位取得退学、博士（医学）。現在、福岡大学医学部講師、「福島子ども健康プロジェクト」事務局。学生時代から水俣に通いはじめて二十数年、水俣病被害者への聞き取りとアンケート調査を通じて、水銀曝露による「身体の病」とともに、「社会の病」としての水俣病を描こうとしてきた。双子の母。

第2部第1章／第2部第2章／あとがき

主要著書
「不知火海沿岸地域住民の健康度を規定する社会的要因の探索――水俣病補償者割合という地域特性に着目して」『環境社会学研究』（2012年）
Association between early methylmercury exposure and functional health among residents of Shiranui Sea communities in Japan, International J Environ Health Research（2012年）
Effect of Minamata Disease status and the perception of unfairness on ill health and inequalities in health among residents of Shiranui Sea communities, Stress & Health（2010年）

松谷 満（まつたに みつる）

1974年生まれ。大阪大学大学院人間科学研究科博士後期課程単位取得退学。博士（人間科学）。現在、中京大学現代社会学部准教授。「福島子ども健康プロジェクト」副代表（本人いわく、「代表の暴走を止めるブレーキ役」)。福島県原町市（現南相馬市）生まれ、中学から高校までは福島市渡利で過ごす。大学入学を機に福島を離れ、都会での生活を満喫するも、原発事故以降、生まれ育った福島を強く意識するようになった。三児の父。

第2部第3章／第2部第5章／第2部第7章

主要著書：
「『ポピュリズム』の支持構造――有権者調査の分析から」『歴史評論』(2012年)
「誰が橋下を支持しているのか」『世界』(2012年)
『再帰的近代の政治社会学――吉野川可動堰問題と民主主義の実験』(共著、2008年、ミネルヴァ書房)

阪口 祐介（さかぐち ゆうすけ）

1981年生まれ。大阪大学大学院人間科学研究科博士後期課程修了。博士（人間科学）。現在、桃山学院大学社会学部准教授。「福島子ども健康プロジェクト」統計解析担当。大学院生時代から現在まで、犯罪被害や失業、環境汚染といったさまざまなリスクに対する人々の不安感とそれを和らげる社会的要因について調査研究を行ってきた。2013年に初めての子どもが生まれ、放射能汚染リスク下の親子の生活に関心を持つに至った。一児の父。

第2部第3章／第2部第4章／第2部第6章

主要著書：
「犯罪リスク認知の規定構造の時点間比較分析――犯罪へのまなざしの過熱期と沈静化期」『犯罪社会学研究』(2013年)
「失業リスクの趨勢分析――非正規雇用拡大の影響と規定構造の変化に注目して」『ソシオロジ』(2011年)
「環境保護の支持と環境リスク認知の国際比較分析――二つの環境への関心の異なる規定構造」『ソシオロジ』(2009年)

終わらない被災の時間

原発事故が福島県中通りの親子に与える影響《ストレス》

二〇一五年三月二十日　初版第一刷発行

編著者　成　元哲
牛島佳代
松谷　満
阪口祐介

発行者　福元満治
発行所　石　風　社
福岡市中央区渡辺通二―三―二四
電　話　〇九二（七一四）四八三八
ＦＡＸ　〇九二（七二五）三四四〇

印刷・製本　シナノパブリッシングプレス

＊表示価格は本体価格。定価は本体価格プラス税です。

中村 哲

ペシャワールにて［増補版］ 癩《らい》そしてアフガン難民

数百万人のアフガン難民が流入するパキスタン・ペシャワールの地で、ハンセン病患者と難民の診療に従事する日本人医師が、高度消費社会に生きる私たち日本人に向けて放った痛烈なメッセージ

【8刷】１８００円

中村 哲

医者 井戸を掘る アフガン旱魃《かんばつ》との闘い

＊日本ジャーナリスト会議賞受賞

「とにかく生きておれ！ 病気は後で治す」。百年に一度といわれる最悪の大旱魃に襲われたアフガニスタンで、現地住民、そして日本の青年たちとともに千の井戸をもって挑んだ医師の緊急レポート

【12刷】１８００円

中村 哲

医者、用水路を拓く アフガンの大地から世界の虚構に挑む

＊農村農業工学会著作賞受賞

養老孟司氏ほか絶讃。「百の診療所より一本の用水路を」。百年に一度といわれる大旱魃《かんばつ》と戦乱に見舞われたアフガニスタン農村の復興のため、全長二五・五キロに及ぶ灌漑用水路を建設する一日本人医師の苦闘と実践の記録

【4刷】１８００円

ジェローム・グループマン
美沢恵子 訳

医者は現場でどう考えるか

「間違える医者」と「間違えぬ医者」の思考はどこが異なるのだろうか。臨床現場での具体例をあげながら医師の思考プロセスを探索する医療ルポルタージュ。診断エラーをいかに回避するか——患者と医者にとって喫緊の課題を、医師が追求する

【5刷】２８００円

冨田江里子

フィリピンの小さな産院から

近代化の風潮と疲弊した伝統社会との板挟みの中で、多産と貧困に苦しむ途上国の人々。フィリピンの最貧困地区に助産院を開いて13年、一人の助産師の苦闘の日々を通して、人間本来の豊かさとは何かを問う奮闘記

１８００円

富樫貞夫

水俣病事件と法

水俣病問題の政治決着を排す一法律学者渾身の証言集。水俣病事件における企業、行政の犯罪に対し、安全性の考えに基づく新たな過失論で裁判理論を構築、工業化社会の帰結である未曾有の公害事件の法的責任を糺す

５０００円